习作单元教学

我 有 招

吴江君◎主编

立足语文统编教材
专注习作单元研究

浙江工商大学出版社
ZHEJIANG GONGSHANG UNIVERSITY PRESS

·杭州·

图书在版编目(CIP)数据

习作单元教学我有招 / 吴江君主编. — 杭州：浙
江工商大学出版社，2024.5
ISBN 978-7-5178-6001-3

Ⅰ. ①习… Ⅱ. ①吴… Ⅲ. ①作文课－教学研究－小
学 Ⅳ. ①G623.242

中国国家版本馆 CIP 数据核字(2024)第 080948 号

习作单元教学我有招

XIZUO DANYUAN JIAOXUE WO YOU ZHAO

吴江君　主编

策划编辑	杨　戈
责任编辑	厉　勇
责任校对	韩新严
封面设计	胡　晨
责任印制	包建辉
出版发行	浙江工商大学出版社
	(杭州市教工路 198 号　邮政编码 310012)
	(E-mail：zjgsupress@163.com)
	(网址：http://www.zjgsupress.com)
	电话：0571 - 88904980,88831806(传真)
排　　版	杭州朝曦图文设计有限公司
印　　刷	杭州宏雅印刷有限公司
开　　本	787mm×1092mm　1/16
总 印 张	15.75
总 字 数	373 千
版 印 次	2024 年 5 月第 1 版　2024 年 5 月第 1 次印刷
书　　号	ISBN 978-7-5178-6001-3
定　　价	65.00 元

本书编委会

顾　问：滕宝明

主　编：吴江君

编　委：(排名不分先后)

雷　平　　汪雪群　　叶海燕　　陈小丹

骆潇筠　　何玉娟　　陈锦梅　　陈燕薇

胡一阳　　刘静萱　　金瑛琦　　陈筱青

张利珍

序

　　《习作单元教学我有招》与大家见面了,这是吴江君老师带领团队,经过多年小学语文习作单元教学实践所取得的沉甸甸的成果。吴老师作为一位乡村教师,专注于习作单元教学,探索出了一条有个人鲜明特色的教学之路,实属不易,令人敬佩。

　　习作单元的编写设计是小学语文统编教材的亮点之一。其旨在改变传统的以阅读为中心的教材编写体例,在重视培养学生阅读能力的同时,更多地关注表达能力,让阅读与习作形成一个整体,有机交融,同构共生。

　　教材这一改革,对一线语文教师来说是一大挑战。吴江君老师敢于应战,一直把习作单元教学作为课题进行潜心研究,练就了自己的"绝招"。从义乌市前店小学到义乌市佛堂小学,她在探索中学习,在研究中发展,设计了一系列有梯度、有目标的训练,激发学生的习作欲望,培养学生的习作能力。

　　我认为,本书有以下亮点,集中体现了吴江君老师研究团队的智慧。

　　第一,注重新理念渗透。《习作单元教学我有招》中,每个年级、每个单元、每个案例都采用大主题单元策略。在大主题单元视域下,既注重全册教材的纵向联系,又注意单册教材的横向联系,有个性化的教材解读,有前沿的课例设计,有量化可操作的习作评价等丰富内容。为发展学生核心素养的大主题单元教学,以单元主题为目标的教学评价,整合相关学习资源,设计相应的情境任务。如六年级下册的习作单元:

板块	"精读课文"《匆匆》《那个星期天》	"交流平台"与"初试身手"	"习作例文"	"习作"
主题	让真情在笔尖流露	情以物迁、辞以情发	笔尖下的情感我做主	让真情自然流露

　　本书依据学生的认知能力,结合学段的习作要素,提升学生的习作能力,发展学生的综合素养,落实大主题单元理念,达到《义务教育语文课程标准(2022年版)》的教学建议中所提到的注重听说读写的内在联系,追求语言、知识、技能、思想情感、文化修养等多方面、多层次发展的综合效应。

　　第二,注重教材体系。纵观每一个习作单元,都是紧密围绕培养学生的某一项习作能力展开教学,由"精读课文"、"交流平台"与"初试身手"、"习作例文"和"习作"四个板块组成。每个板块既相对独立,又相互联系,内容编选有密度,体系编排有层次。本书的课例设计十分注重教材的这一特点,使各板块各尽其职,又目标一致。如五年级上册习作单元,《太阳》《松鼠》这两篇精读课文,读中悟写,学习说明文的表达方法。"交流平台",归纳梳理,提炼说明文表达方法;"初试身手",初步实践,运用说明文的表达方法。《鲸》《风向袋的制作》两篇习作例文,模仿写法,解决说明文的习作难点。《介绍一种事物》尝试写作,践行运用,巩固说明文的表达方法。四个板块内容彼此呼应，相互关联，最终实现"把某一种事物介绍清楚"的单元目标。

第三，注重例文整合。习作例文的整合教学，是本书一大亮点。习作例文安排在"交流平台"与"初试身手"之后，是说明单元习作"共同的法则"和"共通的样式"的例子，加上旁批和课后思考题，提示学生习作的方法，为学生完成单元习作提供范例。习作例文由两篇同类型文章构成，表现手法上既存在共性，又有其个性价值。本书案例，从课文题目、词语、句子和情感表现等不同方面，运用对比的策略，突出两篇习作例文的写法共性，为学生指出明晰的写作路径。通过对比，更能彰显习作特点，凸显作者各自的写作个性。这样两篇习作例文整合教学，既确保学习的质量，又帮助学生内化丰富的表达样式，有效提升了课堂效率。

第四，注重策略操作。本书立足教材，依据课标，充分发挥各板块的作用。每一个教学环节都经过团队老师们的深思熟虑，并亲自实践。每一个板块都展示具体的教学流程与教学方法，并附有设计意图，让一线教师不仅知其然，还知其所以然。特别像"交流平台"与"初试身手"这样的新板块，一线教师生怕"炒冷饭"，重复之前的内容，又担心泛泛而谈，未能达成教学目标。本书解决了一线教师的这一困惑，为一线教师提供了切实可行的操作方法。又如习作评价，每个单元都有具体的量化标准，使教师、学生可操作，可评估，学生也可以据此进行深入修改，进一步完善习作，真正实现了"教—学—评"一体化。

小学生习作能力的培养是一项复杂的长效工程。本书诠释了吴江君老师及其团队对习作单元教学认真严谨的钻研精神，为习作单元的教学提供了很好的参考模板。愿吴江君老师的教学研究之路越走越宽，越走越长！

滕宝明

2024 年 1 月

目 录

三年级上册

炼就一双慧眼

——习作单元解读

观察是习作的基础,可以说没有观察就没有习作。小学语文三年级上册第五单元,是统编教材的首个习作单元,其主题就是"观察"。

一、教材解读

1.篇章页解读

从篇章页(如图1所示)的内容来看,我们可以明确本单元的教学目标是学会观察。阅读要求是"体会作者是怎样留心观察周围事物的",习作要素是"仔细观察,把观察所得写下来"。

观察可以让我们拥有发现美的眼睛。拥有了发现美的眼睛,我们就会发现生活中的美! 通过观察,我们可以发现生活中的美好,还可以发现平凡生活中的星辰大海!

图1 篇章页

2.单元内容解读

我们可以留心观察周围的哪些事物? 怎样观察叫仔细观察? 怎样写下观察所得呢? 单元内容已为我们一一呈现,详见表1。

表1 单元内容解读

类型	题目	观察对象	观察内容	观察方法
精读课文	《搭船的鸟》	旅途中的翠鸟	1.下雨的场景 2.翠鸟美丽的外形 3.翠鸟敏捷地捕鱼	用眼看 用耳听
	《金色的草地》	草地上的蒲公英	1.蒲公英带给"我"和弟弟快乐的场景 2.草地颜色的变化及其原因	用眼看 用耳听 用心想
交流平台			1.只要留心观察周围的事物,我们就会有新的发现 2.细致的观察可以让我们对事物有更多更深的了解	

续　表

类型	题目	观察对象	观察内容	观察方法
初试身手			你在生活中观察到了什么？用几句话写下来和同学交流吧！ 1.雨停了，我和妈妈去买菜，在路上看到好几只小蜗牛正慢悠悠地过马路…… 2.表姐送给我一个芒果。它的皮是黄色的，摸上去很光滑。放到鼻子边闻，有一股淡淡的香味。剥开皮尝一下，是一种很特别的香甜的味道……	
习作例文	《我家的小狗》	自己家的小狗	1.小狗的样子 2.小狗跑得快 3."我"教小狗认字 4.小狗喜欢哼哼叫和汪汪叫 5.小狗与火车赛跑	用眼看 用耳听 用心想
	《我爱故乡的杨梅》	家乡的杨梅	1.春天杨梅的生长 2.端午节后杨梅的形状、大小、颜色变化 3.杨梅的味道	用眼看 用口尝
习作	《我们眼中的缤纷世界》	最近观察时印象最深的一种事物或一处场景	1.观察时要细致一些 2.观察时不仅用眼睛看，用耳朵听，还可以用手摸，用鼻子闻，有时还可以尝一尝 3.观察时要注意事物的变化	

通过梳理，可以发现：

（1）观察的对象非常丰富。可以是动物，可以是植物，也可以是人物；可以是自然现象，也可以是一个场景。这些事物有些是本来就知道的，通过观察就更加了解了；有些是不期而遇的，只要留心观察就会有所发现。留心观察周围的事物，就不怕没有材料可写。

（2）观察方法有用眼看、用耳听、用鼻闻、用口尝、用手摸等。运用多角度、多感官观察，可以观察得更加仔细。

（3）观察的角度可以多元，比如事物的样子、动作、颜色、形状、变化等，运用一定的观察方法，发现观察对象某方面的特点，就可以称得上仔细观察。细致观察后，就不用担心没有内容可以写。

3.单元整体解读

"精读课文"、"交流平台"与"初试身手"、"习作例文"和"习作"四个部分组成了本习作单元。"单元导语"明示语文要素；"精读课文"读中悟写，学习方法；"交流平台"归纳梳理，提炼方法，"初试身手"运用方法，初步实践；"习作例文"模仿写法，解决难点；"习作"实践运用，巩固方法。各部分之间衔接紧密，环环相扣，构成了一个完整的语文学习任务链。

这样的语文学习任务链，符合一般的学习规律：学课文，体会方法—提炼方法，初步运用—学例文,巩固方法—运用方法,完成习作。教学中遵循这样的规律,有助于学生养成留心观察的习惯和提高仔细观察的能力。

多个语文学习任务,逐步推进,螺旋上升。"初试身手"中只要求写几句话,抓住重点即可,降低了难度,有助于学生克服写作时的畏难心理。"习作"虽然要求完成整篇文章,但写完后只需把自己认为写得好的部分读给小组同学听,不需要全文都完美,这样有助于调动学生习作的兴趣。

二、教学策略

1. 主题引领策略

作为一个完整的语文学习任务链,学习主题在导向目标、激发兴趣、定位内容等方面都具有引领的作用。

篇章页的教学,引出"生活中不缺少美,只是缺少发现美的眼睛"这句话,交流其含义,体会拥有发现美的眼睛多么重要,从而进一步明确"发现美的眼睛"就是会观察的眼睛。这一环节教学目标明确,激发了学生学习的兴趣。紧接着,提出这个单元主要学习"体会作者是怎样留心观察周围事物的"和"仔细观察,把观察所得写下来",让学生发现其中关键的学习内容,明确单元学习目标。

精读课文的教学,尤其要突出主题引领作用。习作单元的精读课文教学不同于一般单元的精读课文。字词教学应适当淡化,字词认读只要能帮助学生读通课文就行。重点在于梳理课文内容之后,引导学生明白课文内容就是作者观察所得,是观察内容,进而发现作者采用了什么观察方法、仔细观察了哪些方面,感受到留心观察和仔细观察的收获。比如,《搭船的鸟》重点观察了两个方面:一是翠鸟颜色的绚丽,各个部分的颜色都非常漂亮;二是翠鸟捕鱼动作的连续,展现翠鸟捕鱼非常敏捷。只要留心观察,原本一只站在船头的普通的翠鸟就成了非常人性化的搭船的鸟。正因为作者观察到了翠鸟美丽的外形和灵巧捕鱼的场景,才呈现了我们读到的文章。

习作例文,就是学生习作中可以借鉴模仿的范例。《我家的小狗》多么有趣可爱,《我爱故乡的杨梅》多么形象逼真,两篇例文读起来饶有趣味!我家的小狗、家乡的杨梅可以写成文章,那我家的小猫、仓鼠,家乡的苹果、桃子……能不能写成文章?当然能!这是写作对象上的模仿。迁移这两篇习作例文中的观察方法能让你的作文更具体可感。

2. 用"活"教材

本单元的两篇精读课文和两篇习作例文语言浅显,活泼有趣,各有侧重,在选择观察对象、培养观察习惯、养成观察方法、提升观察能力等方面,都非常适合学生借鉴和模仿。

精读课文和习作例文之后的习题紧扣单元主题,突出训练重点,也是很好的教材资源,详见表2。

表2 梳理课后练习

类型	题目	课后练习	发现与使用
精读课文	《搭船的鸟》	1.读课文,想想作者对哪些事物作了细致观察,说说你是从哪里看出来的 2.读下面这段话,注意加点的词语,想象翠鸟捕鱼的情景	通过整理,发现每一课的课后练习都提到了"细致观察"或"仔细观察",可见学习细致观察是写作的重中之重。怎样体会到细致观察呢?可以整理课文中的事物,可以补充相关内容,可以填写表格,可以想象描写的场景,还可以从语句中体会
	《金色的草地》	1.朗读课文,一边读一边想象课文描写的场景 2.仔细读读第3自然段,把下面的内容补充完整,体会作者观察的细致 3.我们只要稍加留意,就会发现事物是变化的。如,向日葵会随着太阳转动,含羞草被触碰后会"害羞"地低下头……你留意过哪些事物的变化?和同学交流	
习作例文	《我家的小狗》	经过仔细观察,作者发现了"王子"的淘气可爱。把你觉得它淘气可爱的部分找出来和同学交流	采用适当的方法体会细致观察只是第一步,更重要的是感受通过细致观察获得的有趣生动的形象或情景:翠鸟捕鱼的迅捷,"王子"的淘气可爱,金色草地的变化……
	《我爱故乡的杨梅》	认真读读课文,填写下面的表格,体会作者观察的细致	

值得注意的是,习作单元中的例文还采用了批注的形式。不难发现,几处批注都着眼于观察,帮助学生理解仔细观察一定会有所得:发现"王子"学"狗"的时候叫得最欢,竟敢跟火车赛跑;杨梅生长的变化,味道的诱人。在精读课文的教学中可以采用批注之法,还可以让学生在习作中采用批注进行评价,详见表3。

表3 梳理批注

习作例文	批注1	批注2
《我家的小狗》	作者观察得真仔细,他发现"王子"学"狗"的时候叫得最欢	"王子"竟敢跟火车赛跑,真有趣
《我爱故乡的杨梅》	作者把杨梅的变化观察得多仔细啊	作者把杨梅的味道写得这么具体可感,让人想亲自尝一尝它的滋味

3.因"材"施教

如果说主题引领让习作单元教学统一到一个整体上,那么具体到每篇课文、每篇例文、每项内容上,教学应该根据其特点,突出重点,有所侧重,详见表4。

表4 梳理教学侧重点

类型	题目	侧重点
精读课文	《搭船的鸟》	留心观察偶遇的动物、自然场景,仔细观察动物的外形和动作
	《金色的草地》	留心观察熟悉的植物、人物,仔细观察事物的变化,体会文中人物的感受

续　表

类型	题目	侧重点
交流平台		结合精读课文,总结归纳观察的要求:留心就有新发现,仔细就会加深了解
初试身手		片段式写话:通过仔细观察,用几句话写出在生活中的新发现
习作例文	《我家的小狗》	留心观察家养的动物,仔细观察,发现它的特点
	《我爱故乡的杨梅》	留心观察家乡的特产,仔细观察,发现变化,品尝味道
习　作		在近期观察的基础上,进行整篇写作,写后交流自认为写得好的部分,说说观察的感受。体现一个完整的写作过程

三、教学建议

1.重视实践

"习作"是习作单元学习成果的集中体现。留心观察和细致观察是为了更好地完成这一目标,精读课文、交流平台、初试身手、习作例文的学习都是紧密围绕这一教学目标的。所以,目标意识要贯穿习作单元教学的始终,让学生在读中学观察、学写作,让学生在写中会观察、会写作。在教学中激发学生留心观察的兴趣,使其形成细致观察的意识,把观察和写作分解到每一篇课文中,落实到每一课时中,反复实践。为了更好地达成这一目标,可以采用"观察记录单"的形式进行观察和记录,详见表5。

表 5　观察记录单

观察对象		观察地点		观察时间	
观察所得:_____					

2.重视评价

"习作"中除了要求"让我们把最近观察时印象最深的一种事物或一处场景写下来",还要求"写完后,把你认为写得好的部分读给小组同学听,展示你的观察所得""交流习作之后,试着用一句话说说最近的观察感受,和同学分享心得"。

学习课文—观察记录—写下所得—评价诊断,这是一个循环往复的过程,它们互相促进,共同提高。教学中可以采用交流、展示的方法进行评价,也可以采用表格的形式进行自评、他评,还可以采用批注的方式进行评价、修改,详见表6。

表6 习作评价

评价标准	达到标准的请画上一颗星		
	自己评	同学评	大人评
留心观察事物或场景			
细致观察有新发现			
书写工整、美观			

3.注重联系

让我们来看看三年级上册除习作单元外的其他单元习作的安排,详见表7。

表7 梳理其他单元习作

单元	题目或主题	写作要求
一	猜猜他是谁	选择一个同学,用几句话或一段话写一写他,写出他有哪些特别的地方
二	写日记	和同学交流:写日记有什么好处?日记里可以写些什么?日记的格式是怎样的? 准备一个日记本,开始写日记吧!坚持写下去,你一定会大有收获
三	我来编童话	看到上面这些词语,你的脑海里浮现出怎样的画面?你想到了什么样的故事?发挥想象,把故事写下来
四	续写故事	下面的图讲了什么事情?接下来可能会发生什么?请你把故事写完
六	这儿真美	让我们把身边的美景介绍给别人吧!写之前仔细观察,看看这个地方有些什么,是什么样子的
七	我有一个想法	生活中有哪些问题引起了你的关注?你有什么想法?从自己发现的或同学列举的问题中选择一个写一写
八	那次玩得真高兴	回忆一下,你当时是怎么玩的?把你玩的过程像放电影一样在脑海里回想一遍,然后写下来

原来,习作单元不是孤立存在的,而是前有铺垫——写一写同学的特别之处,写日记,后有巩固——介绍身边的美景,发现生活中的问题,回忆一次玩的过程。在以后的习作中,也会用到观察,而且观察对象会扩大,观察的细致程度会加深,观察的收获会增加。当然,相信学生的写作能力和水平也会随之提高。

基于儿童视角　学习细致观察

——《搭船的鸟》教学设计

【教材解读】

作者和母亲坐小船偶遇一只鸟,成就了一篇别有趣味的文章——《搭船的鸟》。义为"乘坐"的"搭"字,赋予了鸟儿以人性和灵性,饶有趣味。课文题目有趣,源于作者留心观察、细致观察,运用善于观察的眼睛,捕捉到了这搭船的"乘客"外形的美丽、捕鱼的敏捷。

从文章内容来看,作者以儿童的视角来描写他眼中的翠鸟,语言浅近、朴实,文风恬淡、清新,表达清晰有序,给人以难忘的印象,也为本单元习作《我们眼中的缤纷世界》奠定了写作基础。

【教学目标】

1.认识"父""鹦"等4个生字,读准多音字"啦",会写"搭""亲"等12个字。

2.通过品读描写翠鸟的语句,了解"我"对翠鸟的外形、动作所作的观察,感受"我"观察的细致,初步体会留心观察的好处。

3.能借助观察记录单,学习作者观察翠鸟的方法,来观察身边的事物,并记录观察所得。

【教学重点】

了解"我"对翠鸟的外形、动作所做的观察,感受"我"观察的细致,初步体会留心观察的好处。

【教学难点】

学习作者观察翠鸟的方法,来观察身边的事物,并记录观察所得。

【教学过程】

一、观察图片,引出文题

1.对比图片(如图1所示),观察特点。

（a）鹦鹉　　　　　　　（b）翠鸟

图 1　鹦鹉和翠鸟

7

你认识这两种鸟吗？这两种鸟有什么异同？（引导学生从身形、羽毛颜色、嘴巴等方面进行观察）

2.揭题读题,明确题意。

"搭船"的"搭"在字典中有 4 种意思(如图 2 所示),应选哪一种？

指导"搭"的书写。

搭 dā ㄉㄚ ❶支起,架起:～棚子|～架子|～桥。[搭救]帮助人脱离危险或灾难。❷共同抬:把桌子～起来。❸相交接。1.连接,接续:两根电线～上了。2.凑在一起:～伙。3.搭配,配合:粗粮细粮～着吃。4.放在支撑物上:把衣服～在竹竿上|身上～着一条毛毯。❹乘坐车船、飞机等:～载(zài)|～车|～船|～班机。

图 2 "搭"字意思

【设计意图】课的伊始,运用图片引导学生对比观察翠鸟与鹦鹉的异同引出课文题目,激发学生学习的内在动力。再通过理解"搭"字,体会拟人化写法凸显出的翠鸟富有灵性的形象。

二、认识字词,整体感知

1.自由读课文,要求借助拼音读准生字,读通句子,边读边思考:作者细致观察了翠鸟的哪些方面？

2.检查字词。

出示第一组词语

船篷　船舱　船头

出示小船图片,学生指一指"船艄、船头、船舱"的相应位置。

沙啦沙啦地响　用力地摇　静悄悄地停

注意多音字"啦"的读音,体会短语的特点,并照样子说一个。

3.梳理内容。

作者细致观察了翠鸟的哪些方面呢？

根据学生回答进行板书:外形　捕鱼

【设计意图】影响理解文本的最重要的因素是词汇,丰富的词汇量可以提升学生对文本的感知能力,也能提高表达能力。该环节在词语学习设计上颇具特色,第一组通过对事物的认识丰富词汇量,第二组通过理解短语的结构进行积累,为后续理解作者细致观察作铺垫。

三、合作观察,品味语言

1.读第 2、4 自然段,你发现了什么？

小组合作,完成表1,交流汇报。

预设一:聚焦外形,学习抓住特点有序观察。

这简简单单的几句话,就把翠鸟的色彩之美印在了我们的脑海之中(板书:美),作者有什么妙招呢？填写"观察启示"部分。

交流:(1)观察有序;(2)抓住特点。

小结:看来,观察事物的时候既要有序(整体—局部),又要抓住特点,把观察所得写得生动鲜活。

预设二:聚焦动作,学习紧扣特点细致观察。

表 1　观察记录单

观察内容	观察启示
翠鸟	抓住特点 有序观察 细致观察
船上	
彩色的小鸟 羽毛　翠绿 翅膀　蓝色 长嘴　红色	
冲、飞、衔、站、吞	

这些动词中,你觉得哪一个用得特别传神?

预设:"冲"字写出了这只小鸟的动作干脆、利落……

2.学生观看翠鸟捕鱼的视频,体会翠鸟捕鱼动作的敏捷。

3.小结:我们观察事物除了要抓住特点、有序观察外,还要细致观察。(板书:细致观察)

【设计意图】本单元作为习作单元,阅读层面的语文要素为"体会作者是怎样留心观察周围事物的"。这个环节的设计直奔核心,凸显要素,利用观察记录单的填写,既能引导学生把握要点,感受翠鸟色彩之美、捕鱼之快,又让学生发现了抓住特点、有序观察、细致观察的方法。

四、总结拓展,迁移运用

1.小结:通过这堂课的学习,我们知道了作者通过抓住特点、有序观察、细致观察,描写了一只搭船的鸟,它既拥有外形的色彩之美,又具有捕鱼的动作之快。

2.让我们运用这些观察方法,课后观察身边的一种动物,在"观察记录单"(详见表 1)上简要记录观察所得。

【板书设计】

《搭船的鸟》板书设计如图 3 所示。

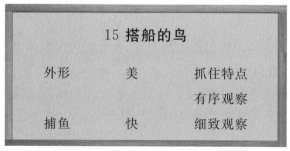

图 3　《搭船的鸟》板书设计

【设计意图】此板书既揭示了教学重点,又提炼了观察的方法,是学生梳理文脉的框架图,课文的内容和形式一目了然,让学生观察有法可依,为本单元的习作奠定积累素材的基础。

关注变化　提高观察能力

——《金色的草地》教学设计

【教材解读】

《金色的草地》是三年级上册习作单元的第二篇精读课文,讲述了生活在苏联乡下的小朋友观察到窗前草地上长满了蒲公英,观察到玩耍蒲公英带来的乐趣,观察到蒲公英的花瓣开合引起的草地颜色的变化。课文展示了周围的事物——蒲公英带来的快乐和留心观察、仔细观察带来的惊喜。

课文的插图,展现了兄弟俩在草地上吹蒲公英绒毛的情景。画面色彩鲜艳,人物形象活泼生动,有助于学生直观了解草地的样子,感受草地给兄弟俩带来的快乐。文章语言平实精简,浅显易懂,并透露出孩子童真的气息。

【教学目标】

1.认识"蒲""英"等 6 个生字,掌握"盛""耍"等 13 个生字,正确读写"玩耍""一本正经""引人注目"等词语。

2.读懂蒲公英变化之美,感受作者的细致观察,体会作者对蒲公英的喜爱。

3.激发学生乐于观察大自然的感情,培养细致观察的兴趣。

【教学重点】

感受作者对事物变化的细致观察。

【教学难点】

抓住蒲公英在一天之内不同时间段的变化,体会细致观察的重要性,懂得只有细心观察,才能发现事物的本质和生活的美。

【教学过程】

一、前搭后引

1.上节课,我们学习了《搭船的鸟》,看到了一只色彩艳丽、行动敏捷、人见人爱的翠鸟,这一切都要归功于作家郭风的留心观察和精彩描写。这节课,我们学习苏联普里什文的《金色的草地》(出示课文题目)。

2.它会给我们带来哪些惊喜的场景和观察上的启示呢?让我们一起走进课文。

【设计意图】联系已学课文,调动学生已有的知识经验,明晰本课主要学习任务——观察。这样开门见山地导入课文,更加有助于学生明确学习目标,实现语文课堂的高效学习。

二、了解文路

1.课前大家都与课文进行了对话,请翻到课本第67页,看课后的生字认读表,同桌互认生字,有错的帮助纠正。

大家请看大屏幕上的两组词(出示):

假装   一本正经   玩耍
合拢   张开   观察

2.谁可以选择其中一组词连起来说一句话。

3.大家交流中多次谈及一种植物,那就是——蒲公英。

蒲公英是一种植物(出示蒲公英的图片),它随处可见,很多同学都认识,也玩过,课前也查找了资料,谁来简要介绍一下?(蒲公英为多年生草本植物。全株含白色乳状汁液,叶子倒披针形,羽状分裂,花黄色,结瘦果,褐色,有白色软毛,根状茎入药。)

4.“蒲公英”犹如本文的纽带,文章共有4个自然段,每一个自然段都与它息息相关,请概括小标题。(板书:长满蒲公英 互吹蒲公英 观察蒲公英 喜欢蒲公英)

5.课文主要写了哪些事?(本文主要讲述金色的草地带给“我”和弟弟的快乐以及草地的神奇变化)

【设计意图】在预习的基础上,字词的拓展训练让学习变得高效。两组词语的呈现既检查了学生字词的掌握情况,又对课文内容进行了梳理,为学生整体感知课文提供了抓手。在“蒲”字的教学中,不仅指导字形书写,还借助预习资料进行蒲公英的介绍,将字词学习融入课文内容、交流表达之中。

三、落实要素

1.想象“互吹蒲公英”的场景。

默读兄弟俩“互吹蒲公英”的场景。这一场景让我们感受到什么?(兄弟俩很开心)

(交流兄弟俩很开心,从“装着”“一本正经”“喊”“使劲”“吹”“假装打哈欠”等描写中都可看出)

如果你手头有相机,你想拍哪一个特写镜头?

引逗弟弟(取乐)   回敬哥哥(还击)

作者为什么能让自己这份快乐跃然纸上?(留心观察)

让我们把他们的天真、调皮、童真童趣通过朗读展示出来。

2.体会观察细致。

留心观察让快乐的场景跃然纸上,留心观察还会带来什么惊喜呢?让我们走进“观察蒲公英”。

假如你家门前出现了一片草地,开满了花,你会观察什么?作者的观察与你的有什么不同呢?一边读,一边完成观察单(详见表1)。

表 1　蒲公英的观察单

时间	蒲公英的颜色	蒲公英的状态	变化的原因
早上			
中午			
傍晚			

　　师生交流,完成表格填写。

　　请横着看,你知道了什么?(每个时间段蒲公英生长的状况)

　　请竖着看,第一列,你发现了什么?(作者在持续观察)第二、三列你又发现了什么?(蒲公英颜色、状态的变化,作者在留心观察)最后一列,你从中明白了什么?(观察除了要留心外,还要善于思考)

　　与自己的观察进行比较,我们可以感受到作者从早到晚都在观察蒲公英,这样持续观察,可见他观察多么用心;从蒲公英颜色的变化及蒲公英状态的变化,可见他对事物的观察多么细心;在观察的基础上,进行思考,可见他多么尽心。

　　请同学们完成课后第 2 题。

　　早上,草地_____,因为蒲公英_____;

　　中午,草地_____,因为蒲公英_____;

　　傍晚,草地_____,因为蒲公英_____。

　　检查后再读第 3 自然段,感受语言。

　　【设计意图】这个板块,将阅读理解、学习观察、表达实践三者整合。想象画面品读交流,帮助学生品味草地带来的快乐;提取信息完成表格,训练学生阅读理解的能力;探究过程感受奇妙,旨在学习作者留心、细致观察周围事物并有序叙述观察所得的方法,将单元语文要素落到实处。

四、要素化能

　　大自然是神奇的,也是神秘的,我们只有带着一颗善于观察、仔细思考的心,才能发现大自然的奥秘,感受大自然的风光,领略大自然的美好。用自己学到的观察方法去观察自己喜欢的事物,如,向日葵会随着太阳转动,含羞草被触碰后会"害羞"地低下头……并把观察情况写在观察记录单中(详见表 2)。

表 2　观察记录单

对象	时间		发现	

【**设计意图**】语文课堂教学的根本目的在于实践与运用。这个板块,教师引导学生迁移观察方法,用眼睛、耳朵多角度地观察发现,培养留心、细致观察的意识与能力,并尝试有序、细致地记录观察所得,在实践中提升观察与表达的能力。

【板书设计】

《金色的草地》板书设计如图1所示。

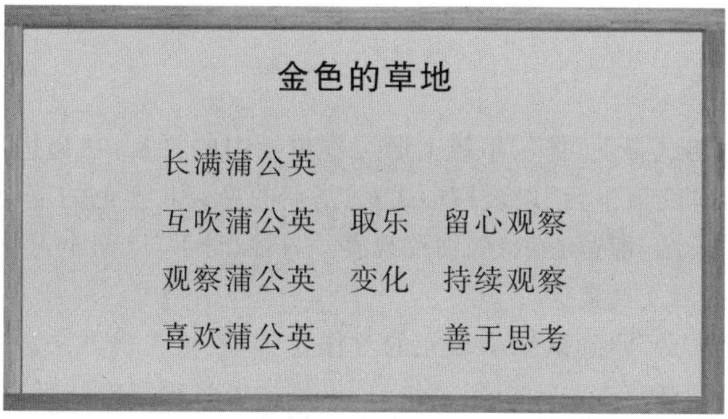

图1 《金色的草地》板书设计

【**设计意图**】本板书简洁明了,以小标题的方式提示课文叙述的事情,有助于学生把握文章的主要内容,准确揭示观察的方法,帮助学生掌握观察方法。

学会观察　学会记录

——"交流平台"与"初试身手"教学设计

【教材解读】

"交流平台"与"初试身手"是三年级上册习作单元中的栏目,在递进式的单元结构中具有承上启下的作用。"交流平台"以表格形式对《搭船的鸟》和《金色的草地》两篇精读课文的观察方法进行归纳、总结,即留心观察、细致观察。"初试身手"以两个习作片段为例,落实留心观察和细致观察的语文要素。

学生借助"交流平台"明确认知本单元的习作要素,习得观察方法。"初试身手"是学生实践的平台,将习得的观察方法运用到习作中,也是学生将观察方法转化成可操作、可习得的观察技巧的过程,可为后续的"习作"打好基础、做好铺垫。

【教学目标】

1.借助"交流平台",体会细致观察和留心观察的好处。

2.运用观察方法,试写片段,体验"初试身手"的成就感。

3.借助观察记录单,积累习作素材,养成留心观察、细致观察的好习惯。

【教学重点】

总结归纳观察的方法,并能运用方法,将观察所得描写清楚。

【教学难点】

运用观察方法,将观察所得描写清楚。

【教学过程】

一、游戏导入,品观察之乐

逐一出示三组图片,玩"找不同"的游戏。

同学们,请认真观察图1,快速找出不同之处。

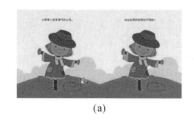 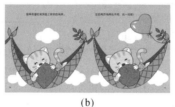 

(a)　　　　　　　　　(b)　　　　　　　(c)

图 1　找出图中不同之处

老师采访:你们有什么秘诀把不同之处找得又快又准呢?

预设:有序地看,仔细地看,专注地看,一处一处对比着看……

小结:用眼看是观察中一种重要的策略,学会观察可以让我们有与众不同的发现;我们这个单元的学习重点就是——学会观察!(板书:学会观察)

【设计意图】从学生熟悉的"找不同"游戏导入,不仅趣味盎然,而且能够训练学生的观察能力,与教学目标相吻合;通过采访,将学生生活中常用的观察方法梳理清楚。

二、交流归纳,探观察之法

1.发现"留心观察"的好处。

本单元的两篇课文,我们观察了两种事物:一种是动物——翠鸟,另一种是植物——蒲公英。这两篇课文给我们带来了怎样的观察启示? 让我们一起走进"交流平台",看看编者的发现。

逐句出示,请学生自读,说说发现。

▲一次平常的探亲之旅,因为留心观察,作者认识了一个可爱的新朋友——会"搭船"的翠鸟。

▲窗前的草地对作者来说再熟悉不过了,但作者稍加留意,就发现了奇妙的变化。

作者为什么能够发现搭船的鸟和金色的草地呢?(留心观察)

出示"交流平台"总结的语句。

▲留心周围的事物,我们就会有新的发现。

再读读这两句话。你从哪里看出他们有留心观察的好习惯?(关注:平常的探亲之旅,再熟悉不过)

小结:这两处地点一个是偶然经过,一个是日常所见。看来,无论什么地点,无论什么时间,只要你留心观察,再平常、再熟悉的事物都能发现意外的惊喜啊!(板书:留心观察)

2.发现"细致观察"的好处。

细致的观察可以让我们对事物有更多更深的了解,具体情况如图 2 所示。

15

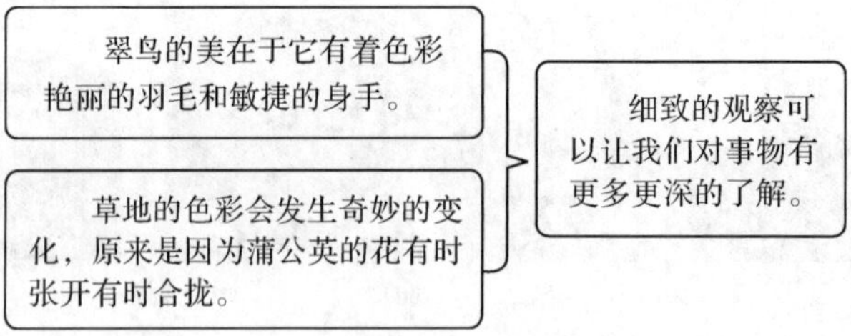

翠鸟的美在于它有着色彩艳丽的羽毛和敏捷的身手。

草地的色彩会发生奇妙的变化，原来是因为蒲公英的花有时张开有时合拢。

细致的观察可以让我们对事物有更多更深的了解。

图2 "细致观察"的好处

除了留心观察,作者为了对观察对象进行全方位、立体化的了解,还运用了什么妙招?自己读一读"交流平台"的绿色背景部分。(板书:细致观察)

两篇课文,作者分别细致地观察了什么呢?(艳丽的羽毛、敏捷的身手、草地的变化)请你从课文中快速地找出相关段落。

3.多角度观察。

两篇课文,我们发现作者都用了一个细致观察的好办法——用眼看。那请你再读一读,作者看到的内容一样吗?(颜色、行动、变化)

小结:多角度地细致观察,可以让我们对事物有更多更深的了解。

除了用眼看这种细致观察的方法,你还知道哪些细致观察的方法呢?

(随机归纳"用手摸、用鼻闻、用嘴尝、用耳听"等细致观察的方法并板书)

小结:你们看,细致观察就是把我们的五官都运用起来多感官地观察,从颜色、形状、大小等多角度观察,这样的细致观察,可以让我们对事物有更多更深的了解。

【设计意图】本环节的设计充分发挥了"交流平台"的作用。在交流中帮助学生树立万物皆可留心观察、留心观察即有新发现的认知,再结合精读课文,联系生活认知,提炼出细致观察的方法,实现观察可操作、可实践的目标。环环相扣,层层深入,妙哉!

三、现场观察,用观察之法

1.选用所学的观察方法,小组合作,现场观察玉米、橘子、桂花、薯片。

(每样事物分别安排两个观察小组,共八个小组)

观察要求:每组确定一个记录者,负责记录。组内成员选用黑板上的观察方法,每观察到一点,就用一个关键词记在观察记录单中(详见表1),不能重复。

表1 观察记录单

观察对象	观察方法	观察所得
	用眼看	

2.反馈合作情况(两个小组之间对比)。

(1)各小组记录员用手势示意本组共观察到了几点,比一比哪组观察所得最多。

(2)请观察所得最多的一组汇报,观察同一对象的另一组补充。

教师示范:把观察对象相同的两张观察记录单放一起,在观察所得一样的内容后打钩,不一样的由两组同学互相补充。

(3)学着老师的方法,请观察同一对象的小组互相交流,对观察所得进行修改或补充。

(4)投影出示学生观察记录单,小结观察所得。

小结:根据同学们的观察记录单,我们发现,不同的事物我们选择的观察角度可以不同,同一事物我们选择的观察角度也可以不同。正因为如此,我们才会发现世界不一样的美。

【设计意图】让实物进入课堂,激发学生的观察兴趣;选择不同类别物品,拓展学生的观察视野;对比同一物品的观察结果,实践观察方法。学生在真实的观察实践中积累观察经验:观察收获多是得益于细致观察,细致观察可以通过多感官、多角度的观察来实现。

四、初试身手,写观察之得

1.借助观察记录单,选用细致观察的方法,把观察所得写下来。时间为八分钟。(习作稿附后)

2.小组互评。

出示评价标准:留心观察☆　细致观察☆　语句通顺☆

根据评选依据,评出最佳观察者和记录者。

3.学生展示,教师随机点评。

【设计意图】评价要与教学目标一致。在本环节中,设计的评价标准依旧紧扣"观察"这一语文要素,从"学观察"到"用观察",使"留心观察、细致观察"这一目标落地、扎根、开花。

五、迁移运用,拓观察之法

同学们,通过今天"交流平台"与"初试身手"的学习,你在观察方面有了什么收获呢?

预设:只要留心,任何事物都可以观察,可以多感官、多角度地进行细致观察等。

小结:万事万物都可以是我们的观察对象,可以是某一场景,可以是飞禽走兽,也可以是瓜果蔬菜……学会观察,养成留心观察、细致观察的好习惯,我们就能发现生活中的美。让我们做生活中的有心人。

【设计意图】总结本节课所得,对观察方法进行一次再回顾。通过教师小结,激发学生观察生活的兴趣,明确万事万物都可以成为观察对象,是对后面大作文——《我们眼中的缤纷世界》做的一个铺垫。

【板书设计】

"交流平台"与"初试身手"板书设计,如图 3 所示。

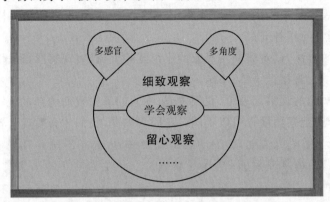

图 3 "交流平台"与"初试身手"板书设计

【设计意图】板书设计紧扣"观察"这一语文要素,让学生在收获观察方法之时,又体验观察之乐,同时发现生活处处都可留心观察。将板书设计成小熊形状,有趣可爱,感受观察时时有惊喜!

附习作稿

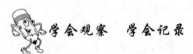

借助观察记录单,在自己的观察所得中选择所需要的内容,写成一段话!

留心观察☆　　　　　　　细致观察☆　　　　　　　语句通顺☆

以文为例　读写转化

——《我家的小狗》《我爱故乡的杨梅》教学设计

【教材解读】

"习作例文"安排在"精读课文"、"交流平台"与"初试身手"之后，"习作"之前，其重要性如下。

其一，实现习作方法从"读中学"到"写中用"的实质性转变。就三年级上册第五单元而言，如果说"精读课文""交流平台""初试身手"重在引导学生体会、总结和尝试运用"作者是怎样留心观察周围事物的"，那么在"习作例文"中就是综合全面地运用之前所学的观察方法，重点在于"把仔细观察和留心观察所得写下来"。留心观察和仔细观察这一重要的写作方法从单元开始的精读课文到单元结束的习作，完成了从"读中学"到"写中用"的闭环过程。习作单元重在习作，所有学得的习作方法都必须在习作中得以体现，习作例文集中体现了习作方法在写作中的运用。

其二，给学生真正自主独立习作以可借鉴模仿的示例。《我家的小狗》和《我爱故乡的杨梅》这两篇习作例文有哪些方面可以作为示例呢？一是身边的事物都可以留心观察。家养的小狗和故乡的杨梅都是"我"身边的事物，都是"我"熟悉的事物，只要留心观察就会有所发现，其他身边的事物亦然。二是只要仔细观察，就会有更多更深的了解。习作例文从旁批和课后思考题两个方面提示这一点。《我家的小狗》的旁批是"作者观察得真仔细，他发现'王子'学'狗'的时候叫得最欢""'王子'竟敢跟火车赛跑，真有趣"。课后思考题是"经过仔细观察，作者发现了'王子'的淘气可爱。把你觉得它淘气可爱的部分找出来和同学交流"。《我爱故乡的杨梅》的旁批是"作者把杨梅的变化观察得多仔细啊""作者把杨梅的味道写得这么具体可感，让人想亲自尝一尝它的滋味"。课后思考题是"认真读课文，填写下面的表格，体会作者观察的细致"。不难发现，旁批和课后思考题反复提示"仔细观察"。只要仔细观察，就能够发现其他事物更多的方面。只要运用留心观察和仔细观察，就能够写出有趣的文章。

【教学目标】

1.通过对比学习，发现留心观察的习作对象和内容。
2.通过学习批注，体会仔细观察在习作中的运用。
3.通过小组合作，深化仔细观察在习作中的运用。

【教学重点】

发现留心观察和仔细观察在习作中的运用。

【教学难点】

体会仔细观察在习作中的运用。

【教学过程】

一、对比学习,实现留心观察对象和内容的转移

1.对比文题。

本单元,我们学习了《搭船的鸟》《金色的草地》这两篇精读课文。接下来,我们将要学习两篇习作例文(出示文题《我家的小狗》《我爱故乡的杨梅》)。比较两篇精读课文和两篇习作例文的题目,它们有什么相同之处?

预设:习作例文与精读课文都是观察动植物,都是观察"我"周围的事物,这两篇习作例文中都有"我"字,小狗、杨梅显然是作者十分熟悉的。身边熟悉的事物,只要留心观察,都可以写入我们学习的课文和创作的文章。

2.对比内容。

留心观察,作文可以写哪些方面的内容? 补充表1和表2,对比内容,说说发现。

表 1　观察动物

类别	题目	内容
精读课文	《搭船的鸟》	①羽毛色彩艳丽 ②捕鱼动作敏捷
习作例文	《我家的小狗》	①长得最花、毛色最漂亮 ②学认字 ③跟火车赛跑

表 2　观察植物

类别	题目	内容
精读课文	《金色的草地》	①互吹蒲公英 ②草地的颜色变化
习作例文	《我爱故乡的杨梅》	外形、颜色、味道的变化

预设:阅读精读课文,我们可以了解到作者留心观察的事物的样子、变化和相关事例。同样,通过习作例文,我们发现作文也可以写留心观察到的事物的样子、变化和相关事例。

【设计意图】留心观察的对象和内容是精读课文的学习内容,同样也是习作例文中习作的对象和内容,如何实现两者之间的转变? 对比学习,一招即可解决。精读课文中留心观察的对象和内容是旧知,对比能够帮我们巩固。通过对比,自然顺利地把旧知迁移到新课——习作例文中,形成新的知识。

二、聚焦批注,实现仔细观察从方法向操作的转变

1.请大家快速浏览这两篇例文,与两篇精读课文进行比较,在版面上有什么不同?(习作例文旁边有批注)

2.出示例文的批注(详见表3),交流发现。

表3　课文批注

《我家的小狗》	《我爱故乡的杨梅》
作者观察得真仔细,他发现"王子"学"狗"的时候叫得最欢	作者把杨梅的变化观察得多仔细啊
"王子"竟敢跟火车赛跑,真有趣	作者把杨梅的味道写得这么具体可感,让人想亲自尝一尝它的滋味

预设:批注中都点出了作者仔细观察。写作需要仔细观察,只有仔细观察了,才会有许多有趣生动的发现,写下来就是生动有趣的文章。这两篇习作例文都充分体现了作者的仔细观察。

3.习作中怎样体现仔细观察呢? 找出与批注相对应的语句读一读,看看作者是怎样写出仔细观察的内容的。

▲我教它念"狗"的时候,它叫得最欢。它准是在想,这是在说它自己呀!

预设:作者写"王子"学"狗"字时叫得最欢,还写了所猜测的"王子"当时的想法。给我们的启示是细致观察有时候可以加上自己的想法。(板书:观之有感)

▲杨梅圆圆的,和桂圆一样大小,遍身生着小刺。等杨梅渐渐长熟,刺也渐渐软了,平了。摘一个放进嘴里,舌尖触到杨梅那平滑的刺,是那样细腻而柔软。

预设:作者通过长时间持续观察,抓住了杨梅的特征,生动具体地写出了杨梅的外形变化。与《金色的草地》连续观察的方法一脉相承。这就是小妙招啊!(板书:持续观察)观察时把杨梅与桂圆进行比较,把杨梅生长的前后阶段进行比较,清晰地写出了杨梅的变化与特点。(板书:善于比较)

【设计意图】以"批注"为引子,聚焦"观察仔细"。明晰习作对象"有趣可爱""真实可感"与"仔细观察"间的因果关系,引导学生认识细致观察能够发现更多的内容,能使习作更加有趣、真实可感。通过学习例文中的精彩描写,发现习作中表现仔细观察的多种方法——观之有感、持续观察、善于比较,让仔细观察变得具体形象,转化为可操作的写法。

三、小组合作,发现仔细观察的多样方法

1.作者写杨梅的颜色和味道,也是仔细观察的结果。小组合作,体会作者观察的细致。

合作要求:根据课文中的语句,找出关键词句填空;根据表4,组内每名成员都说说作者仔细观察体现在哪些方面;每个小组推荐一名成员汇报小组学习成果。

表4　课文语句分析

杨梅	特点
外形	圆圆的,和桂圆一样大小,遍身生着小刺,成熟后刺变软变平
颜色	先是淡红,随后深红,最后几乎变黑。果肉新鲜红嫩
味道	没有熟透时又酸又甜。熟透后甜津津的,酸味还是有的

预设:作者为什么能把杨梅的形状、颜色、味道的特点写得具体生动? 作者长时间持续观察,善于比较,这是仔细观察的第一个方面。作者运用眼、嘴进行多感官的观察,这是仔细观察的第二个方面。作者写的时候用上"先、随后、最后"等表示时间先后的词语,做到按一定的顺序介绍,可见仔细观察还需要有顺序。(板书:多感观察　观之有序)

小结:让我们做个生活的有心人,去观察生活、发现生活。下节课我们将运用这些方法去写写自己最近观察的动物或植物。

【设计意图】小组合作、表格辨析的学习方式能突出学生的主体地位,培养主动参与的意识,激发学生的求知欲。学生在自主学习中明白真正了解一样事物需要持续观察,要从不同角度,调动不同感官观察事物的变化过程,将方法转化为实践行动。

【板书设计】

"习作例文"板书设计如图1所示。

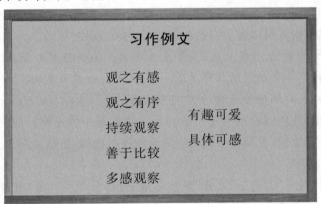

图1　"习作例文"板书设计

【设计意图】好的板书可以吸引学生的注意力,加深学生对所学知识的理解和记忆,给学生以美的享受。此板书的设计,板块分明,既有课堂主题,又有简明清楚的作文方法,还有写作的目标。条理清晰,层次分明,有助于加深学生对知识点的理解。

观察万物　书写精彩

——《我们眼中的缤纷世界》教学设计

【教材解读】

　　三年级上册第五单元的习作《我们眼中的缤纷世界》，是首次以习作单元形式出现的习作。教材采用图文结合的方式，编排标题、场景、要求、交流与分享等内容，完整地呈现了习作的流程。

　　本次习作紧扣习作单元主题"观察"，教材中七次出现"观察"一词。"这段时间""最近观察"等词语明示了本次习作承接了本习作单元的"精读课文""交流平台""习作例文"中留心观察的要求，图画场景（如图1所示）形象地展示了留心观察的事物和场景。交流分享中"试着用一句话说说最近的观察感受"明确了在习作中要巩固细致观察的方法。

图1　"习作"部分图画场景

　　本次习作既是对读的延伸、运用和内化，又是对本习作单元"留心观察和细致观察"的总结和提升——是基于留心观察和细致观察的一次语言实践活动，也是学生习作能力的一次综合性训练。

【教学目标】

　　1.懂得世界是缤纷的，只要观察就会有新发现。

　　2.能够畅谈观察所得、书写观察所得。

　　3.培养留心观察和细致观察的意识。

【教学重点】

　　说、写自己的观察所得。

【教学难点】

　　在习作中体现对事物的细致观察。

【教学流程】

一、观察的必要：从世界到习作

　　1.（课件先出示各种花朵的图片，再出示句子）有人说："一花一世界。"

2.(课件出示句子)我说:"一( )一世界。"学生补充并用彩色粉笔板书在指定位置。

预设:叶、草、水、云、雨、衣……

小结:从交流和板书中发现,我们周围的世界是五彩缤纷、丰富多彩的。一个事物就是一个世界,哪怕再微小!

4.如何把缤纷的世界变成习作?这需要重要的一步,你认为是哪一步?

引导学生说出留心观察和细致观察。世界如此缤纷,只要我们留心观察、细致观察,就会发现世界的美!这节课我们来学习习作——《我们眼中的缤纷世界》。(板书:我们眼中的缤纷世界)

【设计意图】从真实世界的丰富多彩到学生习作的精彩纷呈需要两步。第一步:引导学生认识世界的缤纷。这一步以一句话"一花一世界"和一种常见事物"花"引入,引导学生了解世界与文字的联系,在学生补充"一( )一世界"的同时拓展世界的外延。第二步:引导学生认识习作需要观察。这一步在讨论"把缤纷的世界变成习作需要重要的一步,你认为是哪一步?"中展开,配以形象的板画,化抽象为具体。

二、观察的实践:畅谈观察所得

1.这次习作在课本的第 72 页(课件出示,如图 2 所示),请翻到这一页,自己默读。

2.习作页上的内容比较多,老师选取了其中的一句:这次习作,就让我们把最近观察时印象最深的一种事物或一处场景写下来。(课件出示句子)

聚焦要点,解读要求:大家明白这句话的意思吗?

(1)为什么要写印象最深的?

预设:因为世界如此丰富多彩,许许多多的事物都会给我们留下印象。写作时选择印象最深的,写出来的内容往往更精彩。

(2)为什么要写最近观察的?时间远一点可以吗?

预设:因为最近的印象清晰一些,间隔时间久远的印象会变模糊;当然,不是最近观察但印象深刻的也行。另外,我们最近在学习课文、习作例文时运用观察方法进行了细致观察。

3.既然意思都明白了,那就说说你最近观察时印象最深的一种事物或一处场景吧!

学生互相追问细节,充实内容。

图 2　习作页

(1)老师想问问其他同学是不是也观察到了这个。(突出留心观察就是观察到事物的与众不同)

(2)我很想知道它是什么样子的。(引导学生说出事物的颜色、大小、形状、味道、样子变化等,突出观察的仔细)

(3)它会活动吗?(引导学生说出事物活动的动作,突出观察的仔细)

(4)边交流事物的样子或活动边询问:你觉得怎样?你想说什么?(引导学生说出主观的感受,突出观察的主观性与细致)

4.下面我们来观察一种事物,它就在你的眼前,随着老师的手势看过来,是什么?(黑板)

预设:(1)仔细观察黑板的颜色、四周的边框和大小。

(2)谁来摸一摸黑板?

(3)黑板会变化、活动吗?谁来让黑板动起来?(请学生拉动黑板)

(4)黑板都是这个样子的吗?(引导学生说说老师书写等引起黑板的变化)

5.在我们的教室里,你还留心观察到什么?仔细观察,写下一段话。

【设计意图】从生活到习作,"说"起着至关重要的桥梁作用,能说就会写。如何在"说"中体现观察的留心和仔细,需要老师的发现和引导。此环节中,老师在发现学生观察对象的与众不同和观察内容的别出心裁时,及时表扬学生观察的留心和细致,针对学生"说"的情况引导学生说得仔细,在仔细的"说"中引导学生留心生活,仔细观察教室中的事物。

三、观察的再实践:书写观察所得

1.怎么写印象深刻的事物或场景呢?课文给我们提供了很好的范例,请欣赏。(课件展示课文范例)

课文范例:

(1)样子:后来雨停了。我看见一只彩色的小鸟站在船头,多么美丽啊!它的羽毛是翠绿的,翅膀带着一些蓝色,比鹦鹉还漂亮。它还有一张红色的长嘴。——《搭船的鸟》

我得好好写写我们家的小狗,它叫"王子",是我们村子里长得最花、毛色最漂亮的一只狗。它跑得特别快,我总也追不上它。不过"王子"很乖,它总是在前面等着我。——《我家的小狗》

(2)变化:有一天,我起得很早去钓鱼,发现草地并不是金色的,而是绿色的。中午回家的时候,我看见草地是金色的。傍晚的时候,草地又变绿了。这是为什么呢?我来到草地上,仔细观察,发现蒲公英的花瓣是合拢的。原来,蒲公英的花就像我们的手掌……——《金色的草地》

(3)场景:我和弟弟常常在草地上玩耍。有一次,弟弟跑在我前面,我装着一本正经的样子,喊:"谢廖沙!"他回过头来,我就使劲一吹,把蒲公英的绒毛吹到他的脸上。弟弟也假装打哈欠,把蒲公英的绒毛朝我脸上吹。就这样,这些并不引人注目的蒲公英,给我们带来了不少快乐。——《金色的草地》

2.让我们把教室里观察到的印象最深的一种事物或一处场景写下来并进行修改吧。

（习作稿见后）

【设计意图】课文范例的欣赏在于建立课文和习作之间的紧密联系,帮助学生树立课文是习作的范例、向课文学习习作的意识。通过对课文的欣赏再次搭建学生课文学习和自主习作的桥梁,再次让学生体会如何在习作中体现留心观察和细致观察的方法。

四、观察的验证:分享学生习作

1.(课件出示交流要求)小组交流:先轮流朗读,再推选一名同学代表小组全班交流。

2.从推选的同学中选择几名进行习作展示并朗读,评议:从哪儿感受到了作者的留心观察和细致观察?

预设:从观察对象不同、地点不同、时间不同体会留心观察;从观察内容的独特和丰富程度、观察感官运用情况,体会细致观察。

【设计意图】让所有的学生都学起来,不落下一个——小组交流做到了!从面向全体的小组交流到选择学生的重点交流,聚焦点转向了单元重点"观察"。观察需留心,观察要细致——交流紧扣观察要求,帮助学生树立观察的意识和掌握观察的方法,真正让缤纷的世界成为精彩的习作内容!

【板书设计】

《我们眼中的缤纷世界》板书设计如图 3 所示。

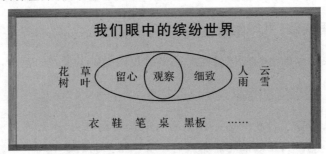

图 3 《我们眼中的缤纷世界》板书设计

【设计意图】板书为课堂的点睛之笔! 此板书用眼睛形状点明学习重点——留心和细致观察。用多种颜色表示世界缤纷。缤纷的世界就在我们的身边,需要观察。从眼中的缤纷世界到笔下的精彩习作需要观察! 板书形象直观且生动地展现了本课的学习重点!

附习作稿

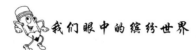 我们眼中的缤纷世界

让我们把最近观察时印象最深的一种事物或一处场景写下来。

三年级下册

学习想象　描绘奇思妙想

——习作单元解读

想象是写作的主要表现方式,也是学生思维能力的重要组成部分。统编教材语文三年级下册第五单元的主题——大胆想象,旨在启发、鼓励学生大胆想象,培养学生的想象力等思维能力,激发学生的写作兴趣。

一、教材解读

1. 篇章页解读

"想象力比知识更重要",爱因斯坦的这句话足以体现出教材对培养学生想象力的重视程度。语文要素是"走进想象的世界,感受想象的神奇"。习作要素是"发挥想象写故事,创造自己的想象世界"。

不仅如此,篇章页的插图体现了想象力的奇妙,糖果、甜甜圈组成的星球宇宙,正是学生的甜蜜世界。

"走进想象的世界,感受想象的神奇"这一语文要素指向想象能力的培养,发展学生想象能力是小学阶段语文学习的长线目标。从二年级到六年级,随着年级的升高,该目标呈螺旋式上升,形成序列(详见表1)。

表1　梳理涉及想象的语文要素

册次	单元	语文要素
二年级上册	第七单元	展开想象,获得初步的情感体验
二年级下册	第二单元	读句子,想象画面
二年级下册	第四单元	运用学到的词语把想象的内容写下来
二年级下册	第八单元	根据课文内容展开想象
三年级上册	第三单元	感受童话丰富的想象
三年级下册	第一单元	试着一边读一边想象画面
三年级下册	第五单元	走进想象的世界,感受想象的神奇
四年级上册	第一单元	边读边想象画面,感受自然之美
四年级上册	第四单元	感受神话中神奇的想象和鲜明的人物形象
六年级上册	第一单元	感受课文中丰富的想象,深入理解内容
六年级上册	第七单元	借助语言文字展开想象,体会艺术之美

从教材的编排体系中,可见"想象"在各册内容间具有关联性。"走进想象的世界,感受想象的神奇"是在低段"获得体验"的基础上,进一步深入感受想象的神奇,提升阶段性目标,并为中、高段通过想象细致感受自然之美、人物形象和理解内容打下基础。

2.单元内容解读

本单元编排了两篇精读课文《宇宙的另一边》《我变成了一棵树》和两篇习作例文《一支铅笔的梦想》《尾巴它有一只猫》,从不同角度、以不同方式讲述了神奇有趣的想象故事。这些新奇、大胆的想象,充分激发学生想象的兴趣,创造属于自己的想象世界。同时,教材紧扣语文要素,安排了"交流平台"与"初试身手"、"习作"等环节。通过一系列习作活动,让学生的习作表达能力拾级而上,详见表2和表3。

表2 梳理想象内容

类型	题目	想象对象	想象内容	想象方法
精读课文	《宇宙的另一边》	倒影	宇宙的另一边所有的事物与这一边的相反	反向想象
	《我变成了一棵树》	树	"我"变成一棵树后的奇妙经历	代入式想象
习作例文	《一支铅笔的梦想》	铅笔	依据铅笔的特点,想象成为芽儿、伞、豆角、丝瓜、船篷、撑杆、标枪等	根据特征想象
	《尾巴它有一只猫》	猫	反着去想,尾巴就能有一只猫	反向想象

表3 梳理要求

内容	要求
交流平台	1.梳理回顾课文中有趣的想象,激发学生想象的兴趣,强调想象的好处 2.揭示想象角度变化的神奇和用处的神奇,打开学生想象的思路
初试身手	1.通过手指画练习让学生在涂涂画画中展开想象 2.提供两个故事开头"续编故事",让学生在实践中感受想象的乐趣,体会大胆想象的快乐
习作	1.参考题目以植物、动物或人物为角色,引导儿童编写故事 2.围绕题目大胆想象,生成习作内容 3.相互交流评价,提出修改建议,提升想象品质 4.通过展示习作成果来树立信心、激发热情

通过表格中的内容,我们发现了本单元的编排特点:

(1)紧扣想象。本单元紧扣"想象"安排每一个内容。"单元导语"明确了单元的语文要素和习作要素,两篇精读课文引导学生学会从不同视角去大胆想象,感受想象的奇妙;"交流平台"梳理和归纳了想象的方法;"初试身手"则在实践中,让学生初步运用想象的方法练习表达;"习作例文"通过范文让学生感知想象的表达方法;"习作"通过综合运用,让学生创作自己的想象作文,形成单元学习的成果。可见,整个单元围绕"想象",内容上环环相扣,能力上层层递进。

(2)想象有源。想象要有日常性,就是既要有熟悉、共通之处,又要有陌生、不同之处。纵观本单元的课文,无论是倒影、大树,还是铅笔、猫,都是学生平常生活中熟悉的事物、场景。课文和习作例文中的各种想象内容包罗万象,既有天差地别的倒影世界,又有一棵树的神奇经历,还有颠倒奇异的独特想象。通过归纳发现,这些想象来源于生活中的事、自然界的景等各种事物,所有的想象都能在现实中找到呼应的逻辑,显得奇而不乱。一言以蔽之,就是想象来源于日常生活。

(3)想象有法。本单元不仅注重想象的神奇,更注重想象视角的多元,意在引导学生学习想象的方法,为学生的习作搭建支架。《宇宙的另一边》的联系生活反向想象,《我变成了一棵树》的代入体验式想象,《铅笔的梦想》的根据物体特征展开想象等,都为培养学生的想象进行了方法指导,以此展示想象视角,诱发学生展开大胆想象,提示学生可依据事物的一些鲜明特征展开想象或者直接将自己想象成其他事物,使学生逐渐意识到运用这些方法大胆想象,可以创造出许多现实中不存在的事物。

二、教学策略

1. 抓规律,明白写什么

本单元的主题是"大胆的想象",往学生写作上迁移,就是教学生去想象,把想象写下来。怎样想象?精读课文和习作例文给学生展示了不同的想象视角。以《宇宙的另一边》为例,很远很远的地方,宇宙的另一边,是这一边的倒影。倒影是我们生活中极为常见的现象,倒影和事物本身是对应的。课堂中,教师紧扣"倒影"一词,通过图片理解倒影,梳理倒影(详见表4),学生通过对比辨析,便不难发现想象的相对、相反、相应的规律。

表4　梳理倒影

角度	宇宙的这一边	宇宙的另一边
我的生活	拿出作业	
	上楼	下楼
		看着这一边的星空
	上语文课	
		加法是这样的
		乘法是这样的
自然现象	冬天下雪	夏天下雪
	太阳从东边升起	
身边的事物		石头会开花,会走路

通过归纳发现,想象来源于日常生活。一张表格,让学生感受到作者的想象神奇而丰富,从中发现了展开想象的秘密,为接下来的写作明确了想象的方向。

2.抓表达,明白怎么写

本单元的语文要素是"走进想象的世界,感受想象的神奇"。学生如何"感受"想象的神奇呢?除了抓住出人意料的故事情节、了解故事中角色的特殊技能以及把自己想象成故事中的人物外,还在于体会作者独特的表达方式。如《宇宙的另一边》这篇课文,不仅想象丰富,而且在语句的表达上别出心裁。特别是加法和乘法这两段非常独特——数学的内容竟然完全用语文的方式来加以表达,这样的写法,创造性地体现了想象的神奇魅力。课文的表述真是异想天开、出乎意料,但是仔细一想,又觉得想象合乎情理、妙不可言。调动学生日常积累的关于春天的古诗,融入课文描述的想象中,不仅建立了学生经验与课文内容的串联,更激活了学生对课文生动描述加法和乘法的理解,在诵读串联中自然而然地明白了作者是怎么写的。

教学中,教师要发现文中独特的表达方式,设计丰富的教学活动,让学生在诵读、品悟、迁移中体验想象语言的艺术,提高表达与审美素养。

3.抓向往,渗透为什么这样写

想象中总是寄托着人类的一些美好的愿望,想象的"神奇"体现于想象世界的无所不能、奇异经历以及美好愿望的实现。如《宇宙的另一边》,细读描写加法乘法的片段,从两段话的结尾"大地万物加上一场大雪又等于无数孩子的节日""最后等于'儿童散学归来早,忙趁东风放纸鸢'",我们会发现,所有的想象都是对快乐的向往。向往雪地上痛快玩耍的快乐,想象大雪覆盖了大地;向往放风筝的恣意,想象春回大地、东风拂柳……这些都是孩子快乐的天地。这样的情感和这样的愿望是能引发学生共鸣的,可以引发学生去创造自己的想象世界。当然,对于三年级的学生,不必讲得太深,点到即可。教师可以在朗读中引导学生发现,这两处描写,加法是"一个场景+另一个场景=欢快的景象",景物不断增加,得出了孩子们的快乐天地,一点点在渗透引导,学生就能在想象的世界中创造自己的快乐天地。

三、教学建议

1.聚焦单元目标,培养写作兴趣

三年级是学生写作的起步阶段,应重视培养学生的写作兴趣,鼓励他们将内容写清楚。本单元的习作训练,鼓励学生大胆想象,而对于"合理"的要求相对较小。因此在教学中,要将"大胆、新奇"作为第一目标,意在鼓励学生拓展思维、乐于表达,提升学生的语言实践能力。在具体习作过程中,学生极有可能出现各种各样的奇思妙想,甚至还会出现一些不合逻辑的地方,教师不应以"合理"为标准,否定学生的想象创作,而应立足本单元教学的整体要求及定位,激发学生的表达欲望,呵护学生的表达热情。

2.巧用助学系统,落实表达能力

统编教材中设置了一系列的助学系统,包括文中旁批、课后练习和"交流平台",以及习作例文等,这些都积极指向学生大胆想象意识的培养,提升学生的表达能力。如精读课文后的思考题(详见表5),都是先引导学生阅读交流,走进想象世界,再引导学生结合自己的日常生活经验展开想象,创作自己的故事。它们的表达都指向了梳理想象的内容,并学习像作者那样去想象,在表达实践中为写作积累经验。

表5 梳理思考题

精读课文	思考题1	思考题2
《宇宙的另一边》	课文中的"宇宙的另一边"有哪些秘密?用自己的话说一说	想象一下:"宇宙的另一边"还会有哪些秘密?和同学交流,看谁想得更奇妙
《我变成了一棵树》	默读课文,说说你觉得哪些想象有意思	如果你也会变,你想变成什么?变了以后会发生什么奇妙的事?

再如,在习作例文中出现的随文提示、批注等,都旨在提示学生需要注意想象的自然、科学和内在的逻辑,提示学生运用多种想象的方式,引导他们顺着文章思路展开想象或者运用逆向思维展开想象,为学生习作搭好支架。

3.强化读写实践,注重评改互动

习作"奇妙的想象"作为本单元综合学习成果的呈现,重点在于让学生发挥大胆想象写故事,创造自己的想象世界。教师要设计趣味性和互动性较强的读写活动,让学生在实践过程中,有进行奇妙想象的机会,激发兴趣。如《宇宙的另一边》,让学生想象生活中的减法、除法,创造自己的快乐天地。"初试身手"中,让学生在白纸上创作手指画,鼓励学生进行大胆表达。

在学生进行读写表达的同时,教师要注重对学生表达和习作的评改,时刻关注"是否展开大胆想象"这一基本要求,鼓励学生进行想象表达。此外,还应进行自己对自己、学生对学生、老师对学生的多元评价,让学生在互相学习和合作中,共同提高。当然,还可以通过班级作品展、班级想象故事大赛等形式,展示学生的作品,帮助学生树立写作信心,体会写作带来的成就感和乐趣。

让学生跟着想象放飞

——《宇宙的另一边》教学设计

【教材解读】

浩瀚的星空隐藏着多少秘密呀,曾引起无数人的奇思妙想!《宇宙的另一边》叙述了宇宙这一边的一个孩子面对星光摇曳的广袤星空展开的奇妙想象。在宇宙的另一边"倒映"着另一个"我","我"的生活场景、身边景物、学习内容和那里的自然现象是怎样的呢?宇宙这一边的"我"进行了大胆的想象。整篇课文充满童真童趣,想象丰富生动。

观察与想象是写作的两个重要内容,三年级的两个习作单元——上册的主题是"观察",下册的主题是"想象",在整个习作教学中具有基础性的核心作用,是习作教学的双引擎。《宇宙的另一边》是三年级下册习作单元的首篇精读课文,具有阅读引领和习作示范的双重价值。阅读方面需要带领孩子们"走进想象的世界,感受想象的神奇",习作方面更要引导学生"发挥想象写故事,创造自己的想象世界",为学生写想象的世界提供了文本示范。课文之后的习题有:一是课文中的"宇宙的另一边"有哪些秘密?用自己的话说一说。二是想象一下:"宇宙的另一边"还会有哪些秘密?和同学交流,看谁想得更奇妙。习题一侧重阅读目标达成,习题二倾向习作目标完成。

【教学目标】

1.会认"淌""密"等6个生字,会写"栋""梯"等12个生字,能正确理解"秘密""思绪"等10个词语。

2.通过小组合作,用自己的话说出宇宙的另一边有哪些秘密,感受丰富的想象。

3.联系生活,想象宇宙的另一边还会有哪些秘密,鼓励学生大胆想象,培养学生的想象能力。

【教学重点】

用自己的话说说宇宙的另一边有哪些秘密。

【教学难点】

拓展想象宇宙另一边的秘密。

【教学过程】

一、观赏视频,激发想象

1.同学们观看想象类视频,说说自己想说的话。

预设:

(1)这些书真是太神奇了! 会跳舞,会穿衣,会吃饭……

(2)太有趣了,我好想接着看哦!

(3)这是什么电影啊? 太好看了!

…………

2.这部动画短片叫《神奇飞书》,那些神奇的、有趣的画面都是作者想象出来的哦! 难怪爱因斯坦说"想象力比知识更重要"。第五单元"奇妙的想象",会带领我们走进想象的世界,感受想象的神奇。我们先一起去探索《宇宙的另一边》。(板书:宇宙的另一边。)

【设计意图】开课环节,学生通过观看《神奇飞书》的片段,在视觉的冲击下,调动学生的情绪、注意力和兴趣,为学生"走进想象的世界,感受想象的神奇"做了较好的铺垫。

二、预习检查,整体感知

1.课前,大家都预习过课文,课文主要讲述了什么?

预设:讲述了一个孩子看着浩瀚的星空,幻想宇宙另一边的秘密,给我们展示了一个神奇的想象世界。

2.宇宙的另一边是什么样的? 文中哪一句话点明了这个秘密?

出示:

▲星光洒进我的眼睛,在我身体里汩汩流淌,告诉我一个秘密:很远很远的地方,宇宙的另一边,是这一边的倒影。

3.句中的两个词语都带有生字,你会读吗?

流淌　秘密

4.读着读着,你发现了什么?

预设:都有相同的部件。

5.谁借助部首说说"流淌"的意思?

预设:液体流动。

6."秘密"这个词的两个字读音相同,很容易写错,你能想出什么妙招帮助区分并记住?

预设:禾苗在前山在后,禾苗长在小山上。

7.指导"密"的书写。

【设计意图】预习检查把整体感知、字词学习两个环节巧妙地整合在一起。特别是字词学习,它是语文学习的根,不能忽视。教学中根据汉字的规律,帮助学生理解记忆,增强了趣味性。

三、借助表格,梳理信息

1.作者围绕"倒影"一词,想象出宇宙另一边有哪些秘密。浏览课文,在文中用横线画出.写宇宙的另一边秘密的相关句子,然后提炼关键词,完成填空(详见表1)。

表1 《宇宙的另一边》倒影梳理

角度	宇宙的这一边	宇宙的另一边
＿＿＿＿	拿出作业 上楼 ＿＿＿＿ 上语文课 ＿＿＿＿	＿＿＿＿ 下楼 看着这一边的星空 ＿＿＿＿ 加法是这样的 乘法是这样的
	冬天下雪 太阳从东边升起	夏天下雪 ＿＿＿＿
＿＿＿＿		石头会开花,会走路

2.通过大家的努力,我们把相关的内容都找齐了,接下来男生读宇宙的这一边,女生读宇宙的另一边,轮换读。

3.读着读着,你发现了什么?

预设一:宇宙的这一边和宇宙的另一边事物是相反的。这就相当于宇宙另一边是这一边的倒影。(板书:倒影)

预设二:作者没有写宇宙这一边的加法和乘法。

思考:作者为什么不写这一部分的内容呢?

预设:因为宇宙这一边的加法和乘法我们都很熟悉,所以作者着重介绍宇宙另一边的加法和乘法。

小结:作者的想象神奇而丰富。

4.想象神奇丰富,内容较多,但并没有给人杂乱无章、天马行空的感觉。大家观察这个表格,说说作者想象了哪三方面的内容。

预设补充表格:我的生活 自然现象 身边的事物

小结:看来想象是有事实根据的,并不是异想天开的。

【设计意图】利用表格,引导学生梳理想象的内容,通过朗读、交流和归类,感受作者想象神奇丰富且有事实依据,从中发现作者从不同的角度展开想象的秘密。

四、感受想象,学以致用

1.在这些想象当中,你最喜欢哪个想象?

预设:加法 乘法

2.聚焦"加法"和"乘法"这两个自然段。选择其中一个自然段确定研究内容,根据学习单,展开小组合作学习。

> 小组合作学习学习单
> 第＿＿小组,学习内容:第＿＿自然段
> (1)找:片段中有哪些奇特的想象?
> (2)想:这些想象为什么让你们感受到特别神奇?
> (3)读:带着自己的理解读一读。
> (4)说:汇报交流。

3.交流"加法"。

(1)预设:宇宙另一边的加法与我们生活中的加法太不一样了,我们是用数字相加,答案是唯一的。而宇宙另一边是把一个一个场景加在一起。

(2)点拨:在宇宙的另一边,有哪些加法场景?

(大地万物、一场大雪、一片白茫茫、无数的孩子、打雪仗、堆雪人、滑雪、无数孩子的节日。)

是啊,一场大雪,加上孩子们快乐玩雪,就成了无数孩子快乐的节日。我们一起开心地感受这加法加出来的画面吧。

4.交流"乘法"。

(1)预设:宇宙另一边的乘法是用诗句来乘的,我们觉得很神奇。

(2)点拨:读一读,作者用到了哪些诗句? 你有什么发现呢?

这些都是描写春天的诗。诗句点明了时间——"早春二月",诗句渲染了春天的环境——春雨、春风,诗句写出了春天的景物和景色——桃花、垂柳,诗句编织出了春天孩子们放纸鸢的快乐情景。

(3)师生合作读一读。

(4)畅享改编:你能用其他描写春天的诗,也来做一做乘法吗?

预设:"早春二月"乘以"春色满园关不住,一枝红杏出墙来"等于"泥融飞燕子,沙暖睡鸳鸯"。

(5)关于春天的乘法可真美。谁还能说一说夏天的乘法?

预设:"小荷才露尖尖角,早有蜻蜓立上头"乘以"接天莲叶无穷碧,映日荷花别样红"等于"小娃撑小艇,偷采白莲回"。

5.交流:这两个自然段的想象神奇在哪儿?

预设:与我们生活中的加法和乘法真是太不一样了! 我们的加法和乘法与数字有关,答案是唯一的,而文章中用生活和古诗等来做数学题,答案丰富多彩。

【设计意图】学生通过小组合作学习,积累了文中神奇、幽默、优美的语言,领悟作者想象的奇妙和表达的丰富,也明白了如何让自己的想象更有趣。

6.让我们学着课文的样子,展开丰富而神奇的想象写一写:在宇宙的另一边,减法或除法会是怎样的呢? 选一个写一写。

预设一:书包减去作业,等于快乐的假期。

预设二:试卷减去错题等于一百分。

预设三:热闹的街道减去灯光和店铺,再减去人群,就等于冷清的街道。

…………

交流点评,感受想象的神奇!

7.学了《宇宙的另一边》,你觉得"我"是一个怎样的孩子?

预设:充满好奇心,充满童真,富有想象力。

【设计意图】借助课文的想象空间,引导学生想象宇宙的另一边减法或除法会是怎样的,让学生学习课文的表达技法,创造自己的想象世界。

五、课外阅读,拓展延伸

《宇宙的另一边》的作者是陈诗哥,他曾荣获广东省"五个一工程"优秀作品奖及"冰心儿童文学奖""全国优秀儿童文学奖"。他的作品充满了童真童趣,充满了大胆的想象,如《国王宝藏》《长翅膀的小龙》《会跳舞的房子》等,他的愿望是用故事带领孩子进入梦幻而富有哲理的童话世界。课后大家可以去阅读,享受陈诗哥带给我们的快乐。

【设计意图】拓展阅读是语文阅读教学的方向,是统编教材重要的课程理念。课外链接的设计,使课的外延扩大了,语文学习的空间也扩大了。

【板书设计】

《宇宙的另一边》板书设计如图1所示。

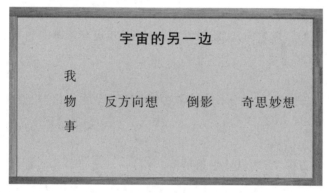

图1 《宇宙的另一边》板书设计

【设计意图】整个板书既反映课文内容、文章脉络,有助于学生对课文的理解,又揭示作者写作的方法,达到了授之以渔的效果。

换个角色　依序想象

——《我变成了一棵树》教学设计

【教材解读】

《我变成了一棵树》是"大胆想象"这一单元的第二篇课文,讲述了"我"不想吃饭,希望变成一棵树,梦想成真变成树以及变成树后发生的一连串事情。想象大胆但不脱离现实,想象奇特却不失温情。

教学中要借助文本,引导学生结合生活实际大胆想象奇妙的故事情节,从想象的内容、情节等方面体会想象世界的奇妙,同时感受想象的现实意义,能比较合理且完整地讲述故事情节,为习作做准备。

【教学目标】

1.正确认读"痒""馋"等 7 个生字,会写"状""狐"等 12 个生字,积累新词。

2.通过排列情节和交流,走进丰富的想象世界,感受想象的神奇。

3.通过寻找想象的思维方向,实践设计想象情节,知道有意思的想象。

【教学重点】

初步了解想象的三个特点——不同寻常、大胆奇特、动物人化,并尝试想象小练笔。

【教学难点】

寻找想象的思维方向,实践设计想象情节。

【教学过程】

一、激趣导入,对接想象

1.孙悟空能七十二变,如果你也会变,你想变成什么? 为什么?

2.你们的想法真有意思。有个叫英英的小朋友,与大家的年龄相仿,她也想变,她变成了什么呢? 请看老师板书课文题目。(板书:我变成了一棵树)

英英为什么想变成一棵树呢? 让我们从当代作家顾鹰写的童话故事中寻找答案。

【设计意图】从学生非常熟悉的人物——孙悟空切入,打开学生想象的闸门,引出课文题目后提出"英英为什么想变成一棵树呢"的问题,自然激发学生探究的欲望。

二、反馈预习,感知想象

1.学习生字词

同桌互相认读生字表。

(1)出示一:

> 三角形　正方形　长方形　圆形　椭圆形　菱形

读着读着,你发现这组都是表示什么的词语?(形状)哪种形状你比较陌生?借助图片认识菱形,你想到什么?

(2)出示二:

> 哐哐　丁零丁零　咕噜噜

这组词有什么特点?(都是表示声音的词)根据图片想象,照样子说一个象声词。

2.梳理情节脉络

预习时,我们与文本进行了对话,英英变成树后发生了哪些有趣的事?谁能完成课堂学习单第2题。

(长出鸟窝)——(　　　　　　　)——(　　　　　　　)——(　　　　　　　)

学生找出相应的语句或教师根据学生原生态的回答进行提炼。

邀请动物　分享食物　直流口水

同桌之间借助上面的提示,把整个童话故事连起来说一说。

【设计意图】通过对有特点的词语的检查,让学生发现每组词语的构词特点,帮助他们积累词语;依据文中有趣的事儿梳理文本,了解课文的主要内容。

三、品读课文,体会想象

1.个人品读

这篇童话共有23个自然段,从头到尾我们都能感受到趣味无穷。请同学们默读课文,在你觉得特别有意思的语句下画上横线,再大声地读几遍,读出自己的感受。

2.交流反馈

▲我心里想着,就觉得身上痒痒的,低头一看,发现许多小树枝正从我身上冒出来。呀,我真的变成了一棵树!

▲我变的树上长满了各种形状的鸟窝:三角形的、正方形的,还有长方形的、圆形的、椭圆形的、菱形的……风一吹,它们就在枝头跳起了舞。

▲我会请小白兔、小刺猬、小松鼠、小鸭子、小鳄鱼、小狐狸住在里面,如果你喜欢也可以住进来。

▲妈妈打开背包,从里面拿出好多东西:巧克力、香肠、面包、花生、牛奶……她把这些好

吃的分给小动物们。他们一起在我的鸟窝里津津有味地吃了起来。

▲"咦,下雨了。"小狐狸抬头望了望,可天空中一丝乌云都没有。

"是你的牛奶打翻了吗?"小鳄鱼问小松鼠。

"你看,这不好好的嘛。"

"那么,可能是一只虫子撒的尿。"

"不对,是大树在哭。"小白兔发现了树干上不断往下滴的水珠。

3. 指导品读

我们聚焦第一处。

出示:

▲我心里想着,就觉得身上痒痒的,低头一看,发现许多小树枝正从我身上冒出来。呀,我真的变成了一棵树!

这是介绍"我"变成树的过程,你觉得哪儿特别有趣? 请圈出来。为什么觉得有趣? 把这种有趣读出来。

4. 小组分享

我们可以用上这样的方法进行小组合作学习,请看学习要求。

> 自学:选一处自学,用上"圈—品—读"的方法感受想象的有趣。
> 共学:组长组织组员轮流发言,精彩之处共学,不足之处指正。
> 汇报:以小组为单位汇报。

通过品读交流,我们感受到了作者的奇思妙想,她创造出属于自己的独一无二的想象世界。这些想象,都是建立在现实基础上的,不是天马行空的。同时了解了想象的三个特点——不同寻常、大胆奇特、动物人化。

【设计意图】本环节让学生深入文本,通过小组合作,透过语言文字,品味有趣的想象,从中知道想象要抓住特点。

四、研读课文,引发思考

1. 你们发现了没有,课文有两句话在描写上有异曲同工之妙,很有意思。请看:

▲我变的树上长满了各种形状的鸟窝:三角形的、正方形的,还有长方形的、圆形的、椭圆形的、菱形的……风一吹,它们就在枝头跳起了舞。

▲妈妈打开背包,从里面拿出好多东西:巧克力、香肠、面包、花生、牛奶……她把这些好吃的分给小动物们。

相同之处在哪里? (从多方面表示数量之多,具体表现为总概之多、列举之多、省略之多;用这些干什么;都用了拟人。)

2. 头脑风暴,自由畅言:还有什么动物会住在鸟窝里? 动物们会在树上做什么?

3. 接下去,我们也来学一学,写一写。

铅笔盒里开大会_____:_____、_____、_____、_____……_____
_____。

【设计意图】通过比较,发现句子的秘密,为学生提供小练笔的支架,达到阅读与写作相互融通、彼此促进的目的,让语文要素落到实处。

五、课堂练笔,发挥想象

同学们,《我变成了一棵树》这个童话故事,让我们徜徉在有趣、奇妙的世界之中,这是谁的功劳?对!这是想象的魔力!

如果你也会变,你想变成什么?变成了以后会发生什么奇妙的事?完成表1。

表1　想象元素填写

为什么要变	
变后的经历	
怎样变回来	

【设计意图】通过小结和让学生从自己的愿望出发,借鉴课文思路,填写表格,让学生展开想象,为大单元习作搭桥铺路。

【板书设计】

《我变成了一棵树》板书设计如图1所示。

图1　《我变成了一棵树》板书设计

【设计意图】此板书看似简单却不简单。它是师生充分思考、共享合作的结果,是学习成果的结晶,为整堂课起到了推波助澜的作用。

大胆想象　创造神奇

——"交流平台"与"初试身手"教学设计

【教材解读】

"交流平台"以人物对话的方式,将《宇宙的另一边》和《我变成了一棵树》两篇精读课文的大胆想象和奇特想象进行了梳理和总结,明确想象可以创造现实中不存在的事物和景物,可以让我们拥有奇特的经历。

"初试身手"安排了两个激发想象的体验活动,旨在引导学生展开大胆奇特的想象。"手指画"练习,通过让学生动手实践,在涂涂画画中展开想象,帮助学生打开想象的思路,鼓励学生去尝试进行大胆奇特的想象。"续编故事"让学生抓住特点展开神奇的想象,采用接龙的方式丰富了学生的想象。"初试身手"是学生实践的平台,是学生迁移运用的过程,将习得的想象方法运用到实践中,为"大习作"打好基础。

【教学目标】

1. 利用箭头图和"交流平台"梳理和回顾课文内容,提炼出想象方法,感受想象的神奇。

2. 通过涂涂画画的形式,打开想象思路,画出想象中的事物。

3. 借助箭头图,根据故事开头,小组合作接龙编写故事。

【教学重点】

交流已学课文,初步掌握想象的方法;大胆想象,续编故事,培养学生的想象力。

【教学难点】

运用大胆想象和奇特想象创作手指画、续编故事。

【教学过程】

一、借助平台,寻想象之钥

1. 出示课文插图,重温神奇想象。

本单元的主题是想象,我们学习了两篇充满想象的文章,神奇的想象让我们看到了《宇宙的另一边》和《我变成了一棵树》,拥有了一段有趣的经历。(PPT 出示课文插图)

(1)交流课文中想象有趣、神奇的地方。

(2)对比发现想象的方法。

出示《宇宙的另一边》和《我变成了一棵树》课文导图,如图1所示。

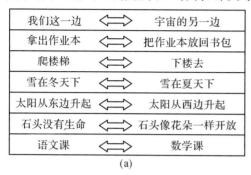
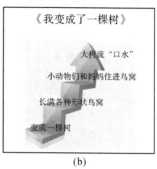

图1　课文导图

这两个故事都很有趣,带给我们很多有意思的想象。请仔细对比这两篇课文的导图,在想象的方法上,两篇课文有什么不一样吗?

小结:《宇宙的另一边》反着来想象宇宙另一边的事物,让我们感受到神奇,反着想拥有奇特的经历;《我变成了一棵树》顺着自己的愿望展开想象,带给我们一段奇妙的旅程,顺着想象实现自己美好的愿望。

提炼出关键信息并板书:反着想、顺着想

2.出示"交流平台",找找想象的金钥匙。

"交流平台"如图2所示。

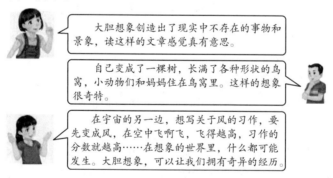

图2　"交流平台"

有三个小朋友加入了我们的讨论当中,他们也发现了想象的很多方法,大家快速默读,找一找、画一画。

交流,小结:现实中不存在的事物出现在故事中,旅程中什么神奇的事都可能发生,这样的想象太大胆了吧!正因为这样大胆的想象,才让我们看到不一样的世界,经历奇特的旅程。(板书:大胆想)

【设计意图】本环节通过交流两篇精读课文,借助"交流平台",总结梳理出想象的方法。对比课文导图,让学生直观地发现两篇课文想象的方法不同,同时让学生习得想象的方法。交流中激发学生想象的兴趣,感受到想象力是有魔法的,它可以让平常的事物,因为你的想象而变得与众不同、丰富多彩。

二、涂涂画画，拓想象之奇

"初试身手"如图 3 所示。

> **初试身手**
>
> ◎在纸上按出自己的手指印，再把它画成想象中的事物，看谁想得新奇。

图 3 "初试身手"

1. 带着金钥匙开展想象之旅。

让我们带着金钥匙开启一趟奇妙的想象之旅吧！请看大屏幕（出示手指印），你以为这只是普通的手指印吗？（教师现场作画）

2. 欣赏手指画，引导学生展开想象。

出示各种手指画。

引导：展开想象，一个普通的手指印，可以变成可爱的小动物，可以变成夺人眼球的植物，可以变成形态各异的小人儿；几个手指印，可以组成一个有趣的故事，可以变成一段奇妙的经历。

3. 学生自己画手指画。

从你们会发光的眼睛里已经看到期待了，想不想试一试？老师就请每个人都画一幅画，看谁画得新奇，待会儿就请他上台来展示。请大家拿出手指画的学习单，开始创作吧。

4. 展示、评议。

小结：同学们，你们看，普通的手指印加上寥寥几笔，再加上我们的大胆想象，就变成了会带人旅行的小鸟，变成了长头发的姑娘……这一个个新奇的角色，会给我们带来一个个奇特的故事呢。

【设计意图】欣赏各种手指画，可以丰富学生的想象，可以从颜色、形状、大小、数量等多个角度展开奇特、大胆的想象。涂涂画画环节的安排符合学生的年龄特点。在涂涂画画中，放飞学生的想象力；在展示中，肯定学生的想象力；在评议中，提升学生的想象力。

三、续编故事，用想象之法

续编故事任务如图 4 所示。

> ◎选一个开头,展开想象,大家一起接龙编写故事。
>
> ◇夏天到了,瞌睡虫王国一片沸腾。它们纷纷飞出洞口,去寻
> 　找自己的朋友……
> ◇一阵大风过后,小牧童被吹到了颠倒村。他睁开眼睛,只见
> 　树枝和树叶长进土里,树根却张牙舞爪地伸向天空……

图 4　续编故事任务

1.出示箭头图,确定想象之法。

这是两个故事的开头,根据提供的材料,你们看看分别用哪幅箭头图(如图 5 所示)来展
开想象呢?

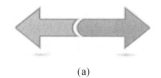　

(a)　　　　　　　　(b)

图 5　箭头图

2.依据箭头图,确定创编思路。

(1)抓住特点,顺着想。

瞌睡虫最大的本领是?——把别人哄睡。

它落在你身上,你就会——睡觉。

落到这盏灯上,灯也会——睡觉。

嗯,它也有自己的愿望呢,是——找朋友。

(2)这个故事只给出了一个开头,后面跟着的是一串省略号。这里省略了什么内容呢?

预设:瞌睡虫要去哪里?找谁做朋友?会有什么神奇的经历?结果如何?如图 6 所示。

图 6　箭头思维导图

(3)颠倒村:反着想。

颠倒村最大的特点是——万事万物都是颠倒的。

根据开头,我们看到小牧童来到了颠倒村,如图 7 所示。

| 枝叶长进土地里，树根伸向天空 | ← 树 → | 枝叶长进土地里，树根伸向天空 |

图7　小牧童在颠倒村看到的景象

那里还会有什么是颠倒的呢？

预设：原本一些挂在树上的果子会长进土里。

连植物也会颠倒过来。

人们不住在陆地上，而是住在云上。

生活习惯也发生了颠倒。

我们平时都是用脚走路的，而在颠倒村人们可能是用头走路。

3. 根据导图，续编故事。

（1）把学生分成颠倒组和瞌睡组。

接下来呀，同学们任选一个你喜欢的开头，写一个故事片段，大家一起接龙续编故事。看谁想象大胆神奇，表达清楚，请大家拿出学习单，开始你的创作。

（2）学生独立续编故事。

4. 展示、评议。

我们现在来欣赏瞌睡组的作品吧。请三名学生上台交流。

评价标准：大胆想象☆　神奇想象☆　表达清楚☆

5. 小组合作实现接龙续编故事

刚才三个同学一个接一个讲故事，这就是接龙讲故事。注意在接龙的时候，故事前后要有联系哦，过渡要自然。

现在请小组内接龙完成故事，比一比哪一组得到的团结合作☆多。

6. 读《颠倒歌》。

这是一首来自颠倒村的特别的歌谣，请你读给大家听。

颠倒歌

老鼠抓住大花猫，兔子吓跑恶老雕。

屋顶朝下天上飘，飞机落地满街跑。

大人天天上学校，小孩日日把心操。

伤心事儿满脸笑，可笑的事情真不少。

7. 说说你对想象的印象，引出爱因斯坦名言（想象力比知识更重要）。

同学们，今天值得我们开心的事情真不少，我们找到了这么多让想象更大胆更神奇的金钥匙，还打开了想象的大门，写下了瞌睡虫和颠倒村的奇特故事。如果请你用一个词说出对想象的印象，你会说什么呢？

预设：想象真奇妙。想象真奇特。想象真有趣。想象真好玩。

出示单元导读页：想象力比知识更重要。

【设计意图】充分利用箭头图,确定续编故事的方法,确定创作思路,帮助学生实现接龙续编故事。整个环节一脉相承,环环相扣。箭头图作为学生想象的抓手,让学生想象有迹可循,学以致用,为创编打下扎实的基础。

【板书设计】

"交流平台"与"初试身手"板书设计如图 8 所示。

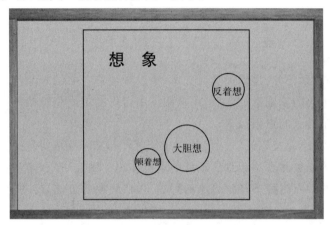

图 8 "交流平台"与"初试身手"板书设计

【设计意图】想象是七彩的,想象是神奇的。此板书紧扣"想象"这个关键词,以七彩泡泡为背景,让板书为学生的想象插上翅膀,同时把想象的方法一一呈现,可以说实现了双线教学的目标。

依托例文　徜徉想象

——《一支铅笔的梦想》《尾巴它有一只猫》教学设计

【教材解读】

　　本单元的核心教学任务,是借助单元文本,激发学生将心中的想象加工成完整故事的欲望,让学生在原有想象的基础上,尝试运用从阅读中习得的不同想象策略、方法,积累新的想象经验,写一个属于自己的想象故事。

　　与前面的两篇精读课文相比,这两篇例文的内容、语言以及结构等更接近学生当前的写作状况,能给学生的想象和表达起到比较好的示范作用。因此,在教学中要以例文为学习资源,让学生在真实的学习过程中产生想象的兴趣,领悟想象的方法,学习有意思的具体表达,提高学生编故事的能力。

【教学目标】

　　1.通过阅读,了解例文内容,进一步感受丰富而神奇的想象。

　　2.引导学生比较例文,在比较中学习不同的想象方法。

　　3.了解想象的不同途径,能从例文中学习运用想象编故事的方法。

【教学重点】

　　感受例文的趣味性,学习运用想象写作的技巧。

【教学难点】

　　比较不同的想象方法,学编故事。

【教学过程】

一、激趣导入,感受题奇

　　1.课前,大家对两篇习作例文进行了预习,它们的题目分别是《一支铅笔的梦想》《尾巴它有一只猫》。大家一起来读一读。

　　你觉得这两个题目有什么特点?

　　预设:拟得特别,赋予了铅笔以人的思维、人的活动;尾巴能有一只猫,真像天方夜谭,让人感到想象特别的奇特……

　　2.俗话说"题好一半文",这两个题目的确拟得不错,很吸引人的眼球,能激发读者的阅读欲望。你能通过朗读,来彰显这两个题目想象的奇特吗?

【设计意图】通过看题目议想象、读题目明想象这两个环节,上课伊始就把学生带入想象的天地之中,起到"转轴拨弦三两声,未成曲调先有情"的效果。

二、梳理情节,感受事奇

众所周知,奇特的想象必须通过具体的事例或者情节来反映。《一支铅笔的梦想》《尾巴它有一只猫》这两篇例文的作者是通过哪些事例来体现想象的奇特的?

交流反馈预习单(详见表1),感受事例的神奇。

表 1　预习单

课文题目	事例	事例的奇特
《一支铅笔的梦想》	溜出教室　跳进荷塘　躲进菜园 来到溪边　跑到运动场上	铅笔自由自在,做了自己喜欢做的事
《尾巴它有一只猫》	尾巴拥有一只猫	尾巴支配猫的活动,变成老大

这两位作者的创意非常新颖。铅笔的五个梦想让人产生好奇,全文语言生动而有趣,想象自然合理,不断升华的铅笔梦想,向我们展现了一个极富童趣的奇妙的想象世界。尾巴拥有一只猫,创意超脱凡俗,让人感到无比惊奇。可见,不拘泥于传统成规的事例是写好想象作文的基础。

【设计意图】通过理清例文思路,梳理想象内容,以及交流想象的奇特,不仅能够培养学生从文中提取信息的能力,而且能让知道想象要不拘形式,挑选事例必须出奇制胜。

三、赏析语句,感受写奇

1.赏析批注,体会想象。

如何去感受作者语言文字中想象的神奇魅力呢?例文旁批给我们做了较好的示范,请根据例文的旁批,找出相应的内容。

《一支铅笔的梦想》第二个旁批为:"豆角、丝瓜和铅笔一样,都是细长的。铅笔想成为'长长的豆角''嫩嫩的丝瓜',我觉得这样的想象自然、合理。"

预设:请结合旁批再读原文,说说想象自然在哪儿,合理在何处。

铅笔和这些事物都具有细长的特点,这样的想象是自然的、合理的。

《尾巴它有一只猫》旁批部分说:"像这样反方向去想象,尾巴就能有一只猫了。真有意思!"有意思在哪儿?

预设:现实中我们常常把尾巴看成是猫的附属,常说猫有一条尾巴,但是如果尾巴也有思想的话,它可以想象是自己支配着猫,尾巴"变成了老大",这样反着想,就可以说是"尾巴有一只猫"。这么与众不同的想象,你说有意思吗?我们也从中习得了一种新的思维方法和写作方法——逆向思维。

2.小组合作,感受写奇。

小组合作学习,针对例文的全篇或者有关句子,通过赏析语言,感悟想象的奇妙。

合作要求:
(1)寻找课文中想象自然合理或有逆向想象的地方,感受想象的奇妙。
(2)组内交流,派代表发言。

▲我要为小鱼虾,撑起阴凉的伞;伞上,还趴着大眼睛青蛙。有的在伞上歌唱,有的在伞下玩耍。

铅笔是一种实物,它不会思考,但在作者的笔下它这么天真、这么热情……作者采用拟人化的手法,把铅笔写活了。从而让人明白:想象要顺着事物的特点展开,才让人觉得真实可信。

▲另一条尾巴听到了,高兴地说:"哎呀,原来我有一只狗哇,真好!"原来,它是一条狗的尾巴。

由尾巴拥有一只猫的启示,到尾巴拥有一只狗的想象,从"哎呀""哇"等语气词中,感受童真童趣,这样反向想象,确实趣味无穷,引人入胜。

小结:大家通过合作学习,把自己的理解与大家分享。同时从别人的交流中得知:想象既要合理,又要超越常理;既要丰富,又要神奇。

3.比较想象,明确写法。

《一支铅笔的梦想》和《尾巴它有一只猫》的想象都十分奇特,但两者有什么不一样呢?填写表2。

表2 《一支铅笔的梦想》和《尾巴它有一只猫》比较

课文题目	事例	事例的奇特	想象方法
《一支铅笔的梦想》	溜出教室 跳进荷塘 躲进菜园 来到溪边 跑到运动场上	铅笔自由自在,做了自己喜欢做的事	依据事物的特点想象
《尾巴它有一只猫》	尾巴拥有一只猫	尾巴支配猫的活动,变成老大	运用逆向思维反向去想象

《一支铅笔的梦想》是顺着事物的特点想象,无论铅笔的梦想如何变化,想象始终围绕铅笔的特点展开;《尾巴它有一只猫》是运用逆向思维反向去想象,文章打破惯常思维展开想象,不是猫有一条尾巴,而是尾巴拥有一只猫,别出心裁。

虽然它们想象的方法不相同,但是有一个共同的特点:想象十分奇特。

【设计意图】习作例文的作用主要是给学生习作提供模仿的范例。本环节借助习作例文,引导学生通过赏析语言,学习想象作文的写作技巧,同时训练学生思维的求异性、明辨性、新颖性。

四、仿照练习,自己说奇

从两篇例文中,我们真真切切地感受到,在想象的世界里,什么都可能发生,一切都变得那么奇妙。现在我们仿照课文,从下面两个话题中选择其中一个,在小组中练说。看谁说得有趣、合理。

1.铅笔还会有哪些梦想?

第六个梦想,是_____。知道我要做什么吗? 我要_____

_____。哈,多么好玩! 多么开心!

2.除了"尾巴它有一只猫",你还想到了什么新鲜有趣的说法?

有一_____,它很自豪地说:"_____。"

【设计意图】从学文到练说,一步一步感受想象的神奇,也是从学习到实践的过程,更重要的是为后续写大作文时围绕事物展开大胆、合理的想象奠定基础。

【板书设计】

"习作例文"板书设计如图1所示。

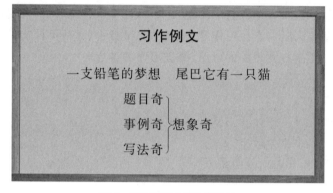

图1 "习作例文"板书设计

【设计意图】此板书根据教学过程,将两篇例文的奇特想象逐一提炼,使学生学有所获、学有所用。

大胆提问　想象故事

——《奇妙的想象》教学设计

【教材解读】

本单元的习作任务是写一个想象故事。单元习作的第一部分,提供了七个题目,旨在以富有想象力的题目激发学生的兴趣,打开习作思路。第二部分,提出习作的具体要求。首先对习作范围进行了说明,可以选教材中的题目来写,也可以自拟题目。其次强调了本次习作最主要的要求:想象要大胆。本次习作紧密结合"初试身手"。精读课文的学习,借助习作例文,有针对性地帮助学生打开想象的思路,突破习作的难点。

【教学目标】

1.借助习作例文,进一步体会丰富和神奇的想象。

2.大胆想象,写一个想象故事。

3.能欣赏同伴习作并提出修改建议。

【教学重点】

欣赏同伴习作并提出修改建议。

【教学难点】

在习作中体现大胆想象。

【教学过程】

一、回顾课文,提炼方法

1.(出示第五单元的课文题目)同学们,这是我们学习过的课文和习作例文,这些文章教给我们一项重要的习作本领,是什么?(板书:想象)

2.通过学习,我们懂得了什么?(大胆想象,想象很奇妙,可以顺着想象,也可以反着想象……)

3.想象的确是奇妙的事情!作者是怎样展开想象的?习作例文中藏着很多秘密,等着我们去发现。

出示:

▲想一想,一支老憋在抽屉里的铅笔,会有多少梦想?

▲拥有一只猫,这条尾巴真不得了。可是,一条尾巴怎么能有一只猫呢?

小结:想象从疑问开始,提问可以帮助我们丰富想象。(板书:提问)

4.这节课,我们将采用提问的方法走进习作——《奇妙的想象》,请同学们自己阅读课本第70页的内容。(板书:奇妙的想象)

【设计意图】在这一环节,带领学生从课文题目感受想象,从习作例文的句子中发现想象的秘密,引出可以用"提问"的方式展开想象。

二、学习提问,想象故事

1.创想大比拼:哇,这么多有趣的题目(如图1所示),哪一个题目最吸引你?

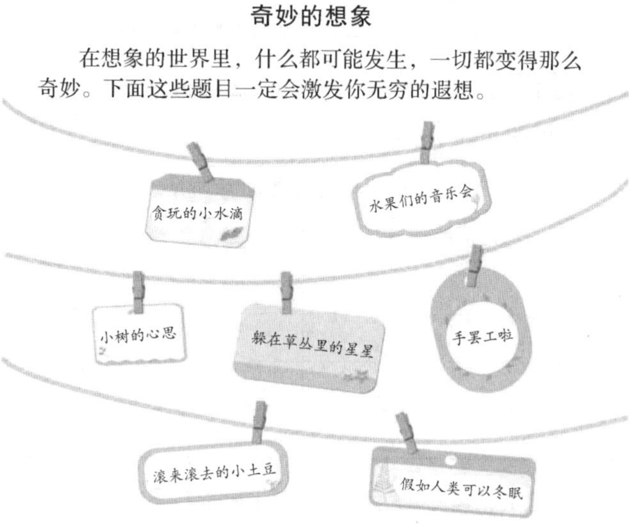

奇妙的想象

在想象的世界里,什么都可能发生,一切都变得那么奇妙。下面这些题目一定会激发你无穷的遐想。

图1 有趣的题目

交流后小结:这些题目都充满想象,具有吸引力,看来一个好的题目能够激发我们无穷的遐想。

2.这些有趣且富有想象力的题目蕴含着怎样精彩的故事呢?让我们来展开想象。

3.请看题目《躲在草丛里的星星》,你有什么疑问?

预设:

(1)星星怎么会躲在草丛里?(预设:觉得无聊;掉在草丛里……)

(2)躲在草丛里的星星在干什么?(预设:躲起来、跳舞、洗澡、看电视……)

(3)躲在草丛里的星星会遇到谁?(预设引导:可能会遇到哪些动物、植物或人?)

(4)星星后来怎么样了?(预设:回到了天上;睡在了草丛中;迷路了;交了朋友……)

小结:看来同学们都很会提问,会提问的学生都是具有丰富想象力的!而且我们知道了一个帮助我们想象的好方法——提问。

4.根据刚才的提问,就能编写一个完整的奇妙故事!请看老师的想象。(板书:故事)(课件出示图2)

老师的想象
《躲在草丛里的星星》
↓
星星觉得天空太单调了
↓
星星遇到了萤火虫
↓
星星遇到了含羞草
↓
星星遇到了露珠
↓
星星在草丛里睡着了

图 2 《躲在草丛里的星星》想象内容

5.想象是无穷的,每个人的想象都各不相同! 请你也来想象,完成"我也来想象"学习单(详见表1)中《躲在草丛里的星星》的部分。

表 1 "我也来想象"学习单

《躲在草丛里的星星》	《_____》

6.交流:谁来展示自己的想象? 学生展示丰富和奇特的想象,老师给予鼓励。

7.小组合作:(1)选择一个题目。(2)展开想象,每个组员至少口头提出一个问题。(3)根据提问,完成表格,并将表格内容连成一个想象故事。

8.交流展示:学生展示丰富、奇特、完整的想象,老师给予鼓励。

【设计意图】从教师范例引出一个想象故事,到学生个人尝试想象故事,再到小组合作想象故事,故事越来越多,逐渐扩大了想象范围。可以说,想象是儿童的天性,前面环节的学习和铺垫,都是为接下来的习作服务的。

三、书写故事,交流评价

1.同学们,听了小组的汇报交流,我们脑海中的想象一定更加丰富精彩了! 下面,拿起笔,选择一个题目写下自己想象的故事。时间为十分钟。

2.师生共评,提出建议。这个故事哪里最奇妙? 加点什么才能让故事更有意思呢,谁来支招? 师生围绕"让角色对话""完整的想象结构""场景再现"点评支招。

3.师生交流,每小组选出一个优秀的故事,进行全班交流。

4.例文引路,学生提炼修改方法,自主修改,完善习作,并将其粘贴于图书角"想象栏"内,进行互学互赏。

【设计意图】此环节在学生自主习作的基础上,引导学生组内修改、班级分享。在分享的过程中进一步开拓思路,以实现教学目标。

【板书设计】

《奇妙的想象》板书设计如图 3 所示。

图 3　《奇妙的想象》板书设计

【设计意图】板书以云朵的形状,展示提问,触发想象,书写故事,形象直观,生动有趣,揭示了想象的奥秘。

四年级上册

随学潜入"文" 润"作"细无声

——习作单元解读

四年级上册第五单元是以"我手写我心,彩笔绘生活"为人文主题的习作单元。本单元教学,旨在引导学生用心观察生活、记录生活、感悟生活,最终学会写清楚一件事。为了达成这一目的,"习作"之前,在篇章页的引领下安排了"精读课文"、"交流平台"与"初试身手"、"习作例文"。这些内容提供了哪些把一件事情写清楚的习作借鉴呢?不妨让我们从教材编写的角度,看看如何建构相对独立的习作单元体系及发挥各部分的功能。

一、写事习作的关联解析

1. 写事是习作的重要基础

写事是习作的重要基础。写一件事情,看起来简单,但要把事情写清楚,让人印象深刻,却很不简单。生活中时刻发生着许多事情,如何立意,如何选材,如何把画面转化为文字……可见,写好一件事是非常重要的一项写作能力,能把事情写清楚是最基本的习作要素。

2. 写事是习作的纵横联系

从横向角度看,本单元的习作要素与其他单元之间存在着紧密的关联。如本册第四单元的"神话故事",要求学生"了解故事的起因、经过、结果,学习把握文章的主要内容"。到了第五单元,就变成了习作要素(如图1所示)。从纵向角度看,三年级上册第五单元的习作要素是"仔细观察,把观察下所得写下来",它侧重培养学生对生活的观察能力,在写法上不作过多要求。第八单元习作内容是《那次玩得真高兴》,习作要素是"学写一件简单的事",需要把玩的过程写清楚,表达出玩时的快乐心情。三年级下册第七单元要求学生"了解课文是从哪个方面把事情写清楚的",初步学习把事情表达清楚的方法。本册第五单元要求"按照一定顺序写清楚一件事",学习把事情写清楚的方法。

图1 第五单元习作要素

从教材的安排来看,无论纵向还是横向,都体现了前后紧密结合的特点,习作要素呈螺旋状上升的趋势。

二、单元教学内容解析

1.篇章页解析

篇章页以孩童乘着七彩铅笔在天空遨游为背景,包含"人文主题"——我手写我心,彩笔绘生活,"语文要素"——"了解作者是怎样把事情写清楚的"和"写一件事,把事情写清楚"等内容。

翻阅第五单元的精读课文和习作例文,能够发现这些文章的选材都十分贴近生活,契合"我手写我心,彩笔绘生活"的人文主题。教师应引导学生做生活的有心人,细心观察,用笔描绘生活,用心感受生活,努力做到课标所指出的:"贴近学生实际,让学生易于动笔、乐于表达,应引导学生关注现实、热爱生活、积极向上,表达真情实感。"

语文要素有两个方面:一是了解作者是怎样把事情写清楚的;二是写一件事,把事情写清楚。第一个方面指向阅读中的表达,要求理解文章的写作顺序,了解作者是如何突出中心思想、如何表达感情的等。第二个方面指向习作中的表达,要求将事情写清楚。阅读和写作之间联系紧密,读是写的铺垫、准备和基础,写是读的延伸、运用和内化。

2.教学内容解析

根据单元主题要求,下面将从"写清楚"和"有顺序"两个方面进行解析。

(1)精读课文解析

习作单元的精读课文是写作的阅读课。对生字教学、语言理解与感悟等不做太多要求,侧重点在于表达方法上,运用略读课文教学的方法和策略将常规目标落实,将教学重点放在单元目标上。《麻雀》《爬天都峰》两课以课后的思考题为轴心,展开教学。

《麻雀》课后的思考题:

> ①朗读课文。说说课文围绕麻雀写了一件什么事,这件事的起因、经过和结果是怎样的。
> ②课文是怎样把下面的内容写清楚的? 找出相关句子读一读。
> ◇老麻雀的无畏
> ◇猎狗的攻击与退缩

第一个问题的设计目的是让学生了解作者是怎样按照事情的"起因、经过、结果"来写的。第二个问题则是提示学生,可以将一些关键的内容(看、听、想)写下来,比如小麻雀的无助、老麻雀的无所畏惧、猎狗的进攻和后退等,从而将事件发展过程中的关键内容写清楚。

《爬天都峰》课后的思考题:

> ①这篇课文写了一件什么事? 是按照什么顺序写的?
> ②"我"开始不敢爬,最后爬上去了。课文是怎么把"我"爬山的过程写清楚的?

第一个问题引导学生明白要按照一定的顺序把事情写清楚,顺序可以像前一课那样按照事情的"起因、经过、结果"的顺序,也可以像《爬天都峰》这样按照"爬山前、爬山中、爬上峰顶后"的顺序。第二个问题,指向课文第1～7自然段,引导学生发现作者为什么先写"我"害怕攀登,然后通过"我"和老爷爷的谈话,写两个人如何互相鼓励,最后写"我"爬山的动作,从而把自己如何爬上峰顶写清楚了。

比较两篇课文的课后练习,可以看出它们之间有相同之处,也有不同之处。它们的共性是:"了解并学习怎样按顺序把一件事情写清楚。"它们的差异体现在侧重点的不同。《麻雀》的侧重点在于让学生理解作者如何按事情发展顺序进行叙述,《爬天都峰》的侧重点是让学生明白如何根据爬山的顺序写清楚。因此,我们在习作单元的学习中,要把重点放在表达方法的学习上。

(2)"交流平台"与"初试身手"解析

本单元的"交流平台"以"学习小伙伴"的形式呈现,概括了把事情写清楚的三个要点:其一,写一件事情,要把事情的起因、经过和结果写清楚,时间、地点、人物要交代明白;其二,写事情要按照一定的顺序写;其三,运用看、听、想等手段,展现情形。为了进一步把"交流平台"总结的习作方法落到实处,我们可以复习之前写事的课文加以验证和强化,把方法巩固下来。

本单元的"初试身手"有两项要求:一是观察"开运动会"和"奶奶过生日"两幅图,二是观察家人做家务的过程,引导学生把观察到的事情写清楚。第一个要求,教学时引导学生想一想自己看到了什么、图片中的人会想些什么,想象自己置身于图片所展现的场景中会听到什么,这样就可以把图片的内容说清楚了。第二个要求,课前要布置学生仔细观察家人做家务的过程,可以用文字记录,也可以拍视频记录。教学时,先引导学生回顾《爬天都峰》的第6自然段,明确作者是怎样通过一系列动作把爬上峰顶的过程写清楚的;然后让学生借助课前记录的文字或拍摄的视频,运用课文中的写作方法,用上表示动作的词语,试着把家人做家务的过程写下来。

(3)习作例文解析

本单元安排了两篇习作例文——《我家的杏熟了》《小木船》,供学生写作时借鉴和模仿。《我家的杏熟了》一文以文本为支架,引导学生理清作者是在怎样把事情写清楚的基础上,如何抓住奶奶的动作,把"分杏"这件事写清楚的;《小木船》一文则带领学生了解作者是如何抓住重要内容把事情写得详尽、清楚的。

两篇例文均配有四次旁批(详见表1)。

表1 例文旁批

篇目	旁批一	旁批二	旁批三	旁批四
《我家的杏熟了》	开头通过"说杏""数杏",介绍了杏好、杏多	交代了事情的起因	奶奶"打杏""捡杏""分杏"的动作、语言写得很清楚	结尾交代了奶奶"分杏"这件事对"我"的影响
《小木船》	事情是围绕"小木船"来写的	简单介绍陈明和"我"是好朋友	友谊破裂的过程写得很清楚	这段话交代了"我"和陈明和好的过程

教学时,要发挥旁批的作用。如《我家的杏熟了》旁批二,"交代了事情的起因"着眼于"顺序"。又如"友谊破裂的过程写得很清楚","奶奶'打杏''捡杏''分杏'的动作、语言写得很清楚"的旁批,侧重于"写清楚"。旁批从不同角度揭示了按发展顺序写事情的要点,使学

生在此基础上领悟写事习作的方法。

（4）习作解析

单元习作《生活万花筒》的要求是"选一件你印象深的事，按一定的顺序把这件事情写清楚"。这是习作的重头戏，也是对学生阶段学习成果的检阅。

单元习作由三个部分组成，第一部分是引导学生选材，第二部分是指导写清楚，第三部分是组织评改。第一部分要让学生明确这次习作的两个要求：一是叙事必须是我们亲身经历的、我们看到的或者我们听说的；二是要按照一定的顺序写。第二部分，要让学生先梳理清楚故事的起因、经过和结果，为学生的写作提供支架。第三部分，让学生把故事读给同学听，请同学点评之后再进行修改。教师可以加入其中，指导并反馈。

三、教学思考

1.紧扣要素明目标，联系教材找梯度

聚焦四年级上册的习作单元，其篇章页明确提出要通过课文和例文的学习"了解作者是怎样把事情写清楚的"。这让教师在把握本单元的训练重点、提炼教材中的价值取向、制定具体的教学策略时，有了具象可依的支架。

"写一件事，把事情写清楚"这一习作要素到底要达到怎样的程度呢？根据《义务教育语文课程标准（2022年版）》中有关习作的教学目标，三、四年级学生习作应该以"想写，愿意写"为导向，力求将自己觉得新鲜、有意思或者印象深刻、感动的内容"写清楚"。在此基础上，统编教材对"写清楚"这一目标的达成，有一个序列性的体现，详见表2。

表2　习作序列

册次	单元	主题	习作内容	语文要素
三年级上册	八	美好品质	那次玩得真高兴	学写一件简单的事
三年级下册	二	寓言故事	看图画，写一写	把图画的内容写清楚
	三	中华传统文化	写一写过节的过程	收集传统节日的资料，交流节目的风俗习惯，写一写过节的过程
	四	观察与发现	我做了一项小实验	观察事物的变化，把实验过程写清楚
四年级上册	五	习作单元	生活万花筒	写一件事，把事情写清楚
	六	童年生活	记一次游戏	记一次游戏，把游戏过程写清楚
	八	古代故事	我的心儿怦怦跳	写一件事，能写出自己的感受
四年级下册	六	七彩童年	我学会了＿＿＿	按一定顺序把事情的过程写清楚

在这序列中，从三年级上册写简单的事，到三年级下册把图画的内容、过节的过程、实验的过程写清楚，都是为"写清楚"打基础、作铺垫。到四年级，要求把一个事件、一个游戏写得一清二楚。之后，"写清楚"不只是条理上的要求，还逐渐加入事件发生的过程和自己的感受，并要求按照一定的顺序，逐步提高"写清楚"的梯度，让学生一步步往上爬，从而达成"写

清楚"的目标。

2.精准教学找方向，读写结合搭桥梁

对"教什么"有了明确的认识，接下来要解决的是"怎么教"。众所周知，"教无定法，贵在得法"。在教学过程中，可采取多种教学策略，有针对性地进行教学。例如，运用读写结合的方法，引导学生在言语实践中学习并感受语言的表达效果；引导学生关注作者是以"怎么想""怎么说""怎么做"为支点，将事情"写清楚"的；引导学生将之前的阅读经验运用到现在的学习中。这种读与写的融合，紧紧扣住语文要素，着眼于提高学生阅读和写作的水平。

如教学本单元《麻雀》《爬天都峰》这两篇精读课文时，与之进行深度对话，让学生知道并理解按一定的顺序来写，是写清楚一件事情的前提，为读与写之间搭建桥梁，为打开习作之门提供钥匙。所以，文本教学是一种主动"勾连"的习作教学策略，也是一种提高习作水平的有效途径。

在"单元整体"的引领下，精读课文的教学不是孤立的，而是要积极主动地与单元教学目标进行"勾连"。如教学本单元《麻雀》《爬天都峰》这两篇精读课文时，既要与"交流平台"相联系，回顾两篇课文，梳理小结作者的写作方法，又要与"初试身手"相衔接，从而提高读与写的交互性。"初试身手"中的两项要求，落实了"交流平台"中的方法。单元中板块与板块之间有着读与写相互渗透的过程，要逐渐落实单元目标"把事情的经过写清楚"。

3.构建支架明路径，突破难点促提升

"把事情写清楚"中最关键最难的就是将事情"经过"写清楚。在我们平常的教学过程中，大部分老师的"招数"是加入动作、语言、神态等描写，然而效果不尽如人意。怎样才能把"经过"写得清楚明白呢？我们可以通过"叙述""描述""表述"三把钥匙来破解这个难题。

第一把钥匙："叙述"清晰。一件事的"经过"就是一种"历程"，只要写进文章里，就会给人留下深刻的印象。在《小木船》中，怎样才能把令作者难以忘怀的"友谊破裂"这个"经过"写得更加具体呢？课文第3自然段，共有三个"来回"。第一个，"我"打碎了小木船，陈明哭着要"我"赔偿。第二个，"我"上前解释，陈明勃然大怒，一脚将"我"踹开。第三个，"我"退后了一步，把陈明的小木船踩碎。三个"来回"，陈明的怒火越来越大，矛盾升级，最后，两人友谊破裂。这样三个"来回"，才让"经过"变得更加清晰，给人留下极为深刻的印象。所以，在讲述事件的"经过"时，我们可以把事件的"经过"分成若干个"来回"，从而使人物活动的轨迹更加明了、事情的发展过程更加清晰。

第二把钥匙："描述"清楚。在事件的"经过"里，人物一直处在"活动"之中。《我家的杏熟了》中对奶奶"打杏"这一行为的描述非常动人："奶奶拿了一根长竹竿从屋里出来了。她走到树下，挑熟了的杏往下打。她脚底下站不大稳，身子颤颤巍巍的。"看着这寥寥两句话，脑海中就会浮现奶奶打杏的生动画面。"脚底下站不大稳，身子颤颤巍巍的"将一个"打"图像化、视频化了。同时，在写到奶奶对我说"要记住，杏熟了……"这一细节时，作者用了慢镜头描写：首先是"嘴角露出了微笑"，然后"转过头"，这样的神情、这样的动作，让话语处于鲜活的场景中，对于读者来说更有真实感。所以，在叙述中加入一定的"描述"可以让"事情"既有故事又有情景。

第三把钥匙："表述"清楚。作者总是站在叙述者的角度上,在事情的"经过"中,加入自己的观点、情绪。这些都是"表述",它对叙述清楚事情的"经过"起着辅助作用。例如,在《麻雀》一文中,作者看见一只老麻雀为了救幼雀而敢于牺牲自己,就忍不住表达了自己的观点:"在它看来,猎狗是个多么庞大的怪物啊!可是它不能安然地站在高高的没有危险的树枝上,一种强大的力量使它飞了下来。""表述"的嵌入,能使"叙述"转向,使"危局"与"结局"中的叙事出现转折,引起波动;同时,它还能成为"叙述"的引子。因此,无论"叙述"还是"描述",作者都不能忘了"表述"自己的心情,或"惊讶",或"害怕",或"敬佩",这些都将使"经过"更加充实。

"叙述"经历了多个"来回","描述"形成了流动的"画面","表述"促进了事情变化。如此一来,"经过"被"写清楚"就水到渠成了。

4. 跟进评价有良方,提高读写有效性

评价要以教学目标为导向,为达成教学目标而服务。在学生完成习作后,老师要组织学生进行评价。具体评价可以对照习作评价卡(详见表3),先进行自我评价,对照修改,再对照习作评价卡,请小组内的同伴提出意见和建议,并再次进行修改,使习作有全面提升。

表3　习作评价卡

项目	类别	目标	完成情况(星级)
1	基本素养	书写正确、美观	☆☆☆
		语句通顺	☆☆☆
2	本单元目标达成情况	按一定的顺序写	☆☆☆
		写清楚重点内容	☆☆☆
3	一句话评价		

总之,要教好习作单元,我们教师要精准解读习作单元习作要素,明确教学的方向,协同一致地指向习作要素。教学中可以按照"学习—总结—迁移—实践"的过程,进一步发展学生的书面语言运用能力,提升写作水平。

精准目标　领悟表达

——《麻雀》教学设计

【教材解读】

《麻雀》是一篇文质兼美的文章。作者屠格涅夫按事情的起因、经过、结果,描写了一只老麻雀在庞大的猎狗面前,奋不顾身地保护小麻雀,使小麻雀免受伤害的动人故事,热情地歌颂了母爱这一强大的力量。

文章构思新颖,语言精练,编者的用意显而易见——发挥它的"例子"作用,引导学生掌握单元语文要素"了解作者是怎样把事情写清楚的"。教学时要精准把握教学目标,让学生知道可以按事情的发展顺序,把事情的起因、经过、结果交代清楚,获得表达能力的提升。

【教学目标】

1.认识"嗅""奈"等 6 个生字,会写"嗅""呆"等 13 个字,会写"打猎""猛烈"等 17 个词语,通过联系上下文、想象画面等方法,理解词语的意思。

2.通过梳理人物关系,知道可以把看到的、听到的、想到的写下来,体会把事情写清楚的具体方法。

3.抓住重点词句,感悟老麻雀为保护小麻雀而表现出的母爱的力量。

【教学重点】

梳理事情的发展顺序,把事情的起因、经过、结果写清楚。

【教学难点】

研读句子,把看到的、听到的、想到的写下来,体会课文把事情写清楚的具体方法。

【教学过程】

一、谈话导入,引出"写清楚"

1.(出示麻雀的图片)它是谁? 能否用一个词来形容它?(弱小、可爱……)这是麻雀给我们的第一印象。

2.(出示猎狗图片)那么它呢? 给你留下了什么印象?(庞大、凶猛)

3.有一天,它们相遇了。(出示课文插图)从图片中你感受到了什么?

预设:麻雀小而猎狗大,麻雀弱而猎狗强。

4.俄国作家屠格涅夫是怎么把麻雀和猎狗之间发生的事情写清楚的?(板书:16 麻雀)

【设计意图】这个环节通过出示形象直观的图片,展示麻雀与猎狗形象的对比,激发冲突,为感受老麻雀的伟大母爱张本蓄势。同时,激发学生学习的兴趣,从而引出课文题目。

二、整体感知,理顺"写清楚"

1.字词反馈,初步感知形象。

(1)归类认读生字:嗅、奈、拯、嘶、哑、庞。

这 6 个生字中有 3 个是口字旁的,其中"嘶"和"哑"都与嘴有关,谁能根据偏旁说说词义?

(2)归类学习 3 组短语。

A 呆呆地站　　　无可奈何地拍打

B 绝望地尖叫　　　嘶哑的声音

C 慢慢地走近　　　慢慢地向后退

(指名读 3 组短语)你发现了什么?

预设:这 3 组短语描写的对象就是故事中的角色——小麻雀、猎狗、老麻雀。

读了这些短语,你对角色的性格一定有所了解了!

2.借助人物,梳理故事内容。

让我们来理一理它们之间到底发生了什么事情。请大家默读课文,完成《语文作业本》第 3 题,如图 1 所示。

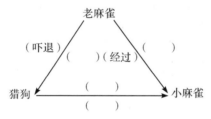

图 1　《语文作业本》第 3 题

(1)交流反馈。

(2)谁能借助示意图说一说,课文讲了一件什么事?

本文叙述了"我"在打猎回去的路上,遇到了一只弱小的小麻雀,<u>猎狗想攻击小麻雀</u>,<u>老麻雀无畏地保护小麻雀</u>,<u>把猎狗吓退了</u>。

(3)小结:同学们,抓住一件事情的起因、经过、结果,就能把这件事情说清楚。

【设计意图】本环节字词教学既关注到了学生的学情,注重汉字特点,夯实基础知识,又很自然地引出了故事中的角色。借助《语文作业本》第 3 题的示意图,学生能很快梳理出故事的起因、经过、结果,并说清楚主要内容。

三、聚焦主角,探究"写清楚"

1.每个故事都会有一个主角。在这个故事中,老麻雀给你留下了什么印象?(勇敢无畏)

2.面对凶猛的猎狗,老麻雀表现得勇敢无畏,作者是怎么写的呢?默读课文,画出相关的语句,并写一写你的感受。

3.交流反馈。

(1)预设一:突然,一只老麻雀从一棵树上飞下来,像一块石头似的落在猎狗面前。

①交流:读句子,说感受。

②比较句子,说不同。

▲突然,一只老麻雀从一棵树上飞下来,像一块石头似的落在猎狗面前。

▲突然,一只老麻雀从一棵树上飞下来,落在猎狗面前。

"像一块石头似的",说明了老麻雀的速度之快、力量之大和救子心切。从动作描写"落",也可以看出老麻雀飞得快,内心着急。

③小结:同学们,这就是比喻的作用,作者用比喻写出了老麻雀为救孩子而展现的母爱力量的强大。当小麻雀遇到危险时,正是这种强大的力量,促使老麻雀(引读)——从一棵树上飞下来,像一块石头似的落在猎狗面前。

④小结学法:刚才我们是怎样学习的?(圈—品—读)

除了这句话表现了老麻雀勇敢无畏,还有其他句子同样突出了它的勇敢无畏。采用"圈—品—读"的方法在四人小组中交流其他画出来的句子。

(2)预设二:老麻雀用自己的身躯掩护着小麻雀,想拯救自己的孩子。它准备着一场搏斗,可是因为紧张,它浑身发抖,发出嘶哑的声音。

大家圈出描写老麻雀动作的词语,读一读,说说从这些动词中你体会到了什么。(老麻雀不惜牺牲自己的性命也要拯救孩子)

朗读指导:把你的理解融入句子中再去读一读。

(3)小结:在老麻雀看来,猎狗是个庞大的怪物,它知道自己不能打败它,但仍然毫不犹豫地从树上飞下来,奋不顾身地去拯救自己的孩子。爱的力量,让身躯弱小的老麻雀变得如此高大,如此勇敢无畏。带着这些感悟,我们一起再读读第4、5自然段。

(4)作者是如何把这种无畏的爱写具体的呢?我们把描写老麻雀的语句梳理到导学单(详见表1)中,再把这些句子重新排列一下,请男生竖着读,女生横着读,你们发现了什么?

表1 导学单

突然,一只老麻雀从一棵树上飞下来		像一块石头似的落在猎狗面前
它挓挲起全身的羽毛	绝望地尖叫着	
老麻雀用自己的身躯掩护着小麻雀		想拯救自己的孩子
		可是因为紧张
它浑身发抖	发出嘶哑的声音	准备着一场搏斗

预设:第一列写的是老麻雀的动作,也就是作者看到的。作者第一个写作秘诀就是把自己看到的写下来。

第二列写的是老麻雀的声音,也就是作者听到的。

第三列是揣摩猎狗和老麻雀当时的想法与感受,也就是作者想到的。

(出示"看到的""听到的""想到的")同学们,这是我们竖着读发现的写作奥秘。

横着读,我们发现了新的秘密,也是把事情写清楚的秘密:看到的+听到的+想到的。

同学们,屠格涅夫就是这样通过写自己看到的、听到的、想到的,把老麻雀的勇敢无畏写清楚了,真是高明! 我们写一件事,不仅可以写看到的,还可以把听到的或者想到的写下来,这样就可以清楚展现事情发展过程中的重要内容。

(5)至于"猎狗的攻击与退缩"是怎样写清楚的,请同学们课后自己去探究。

【设计意图】凭借语言文字引导学生研读,在读中想象当时的情景,感受老麻雀对孩子无私的爱。通过导学单,让学生自己发现作者把事情写清楚的窍门,在阅读中构建和积累表达经验,真正做到将习作单元的精读课文由读向写的转化。

四、迁移学法,初试"写清楚"

1.看一段视频(小鸭子过马路):仔细观察,把你看到的、听到的、想到的写下来,写清楚小鸭子过马路的过程。

2.巡视指导,交流展示。

【设计意图】借助视频,尝试片段描写,迁移运用本课所得:写清楚一件事,不仅可以写看到的,还可以把听到的、想到的写下来。这样由导到学,让学生不但得其义,更能得其法。

五、总结回顾,拓展"写清楚"

1.正如单元导语所提到的——"我手写我心,彩笔绘生活"。通过这节课的学习,你有什么收获?

2.写一件事,要把事情的起因、经过、结果交代清楚,可以用上"看到的+听到的+想到的"的写作方法,把事情发展过程中的重要内容写清楚。你也可以用这样的方法,去记录生活中发生的事情。

【设计意图】这一板块,是对课文内容的回顾,也让学生进一步感受了文章的表达特点,强化了习作方法的习得,为达成"写一件事,把事情写清楚"这一单元习作要素奠定基础。

【板书设计】

《麻雀》板书设计如图 2 所示。

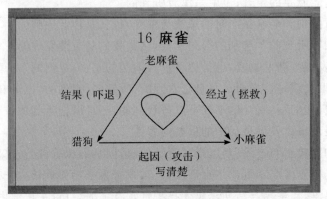

图 2 《麻雀》板书设计

【**设计意图**】此板书紧扣"了解作者是怎样把事情写清楚的"这一单元语文要素,借助示意图,抓住关键人物梳理出主要内容。它既呈现了文章的思路,又明确了学习的重点。

循叙事之路 表过程之晰

——《爬天都峰》教学设计

【教材解读】

《爬天都峰》是四年级上册习作单元的第二篇精读课文。与第一篇精读课文《麻雀》相比,内容更贴近学生实际,文字更朴实浅显,是一篇极佳的写作范文。

《爬天都峰》叙述了假日里,爸爸带"我"去黄山爬天都峰,"我"与一位白发苍苍的老爷爷相互鼓励,登上天都峰顶的事。课文是按照爬山前、爬山中、爬上峰顶后的顺序写的,条理清楚,思路清晰。作者通过描写看到的、听到的和想到的,记叙了爬山前"我"的畏惧担心以及与老爷爷的约定,爬山中的"奋力"以及登顶后"我"、老爷爷和爸爸之间的对话,点明互相汲取力量和鼓励是成功登顶的原因,内容清楚。

《爬天都峰》通过"顺序清楚"和"内容清楚"两个方面,把爬天都峰这件事写清楚。教学时将围绕本单元的语文要素,引导学生"了解作者是怎样把事情写清楚的"。

【教学目标】

1.正确认读、书写本课生字词,理解有关词语。
2.把握课文的主要内容,梳理课文的写作顺序。
3.学习课文是如何将"我"爬山的过程写清楚的。
4.体会相互鼓励是"我"和老爷爷战胜困难的原因。

【教学重点】

了解文章是按爬山前、爬山中、爬上峰顶后的顺序写的。

【教学难点】

体会作者通过对话、动作、心理描写,把"我"爬山的过程写具体。

【教学过程】

一、诗句导入,引出文题

1.同学们,让我们来欣赏下面的古诗句。
出示:

> ▲会当凌绝顶,一览众山小。
>
> ▲山高峻如天苍茫,直插云霄色不浅。
>
> ▲险峻峰峦攀不上,天真地峭立云端。

2.读着这些古诗句,你脑海中出现了怎样的画面?(山峰高而陡,而且十分雄伟)我国高而陡的山峰比比皆是,请看黄山的天都峰(出示图1)。

图1 天都峰

天都峰是黄山的奇峰之一,海拔1800多米。天都峰那么高、那么险,登山的道路那么陡,许多游客望而生畏,可有一个年龄同你们相仿的小女孩,却登上了天都峰顶。她是靠什么登顶的?今天我们一起来学习第17课《爬天都峰》这篇课文。(板书:17 爬天都峰)

【设计意图】教学伊始,通过欣赏描写山峰高而陡的古诗句,配合课文内容,引出文题。设置悬念:小女孩是靠什么登顶的?激发了学生的阅读兴趣。如此导入,看似不经意,实为匠心独运。

二、初读课文,理清顺序

1.学生读课文题目——爬天都峰。

2.这是一篇写事的文章。我们要了解这件事情,必须弄清楚事情的过程,请大家选择自己喜欢的方式与文本对话,完成《语文作业本》第3题。

出示图2:

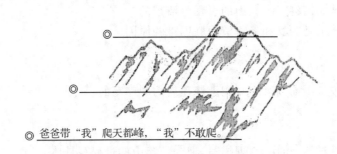

◎爸爸带"我"爬天都峰,"我"不敢爬。

图2 《语文作业本》第3题

(1)交流反馈:爬山前,爸爸带"我"爬天都峰,"我"不敢爬。接着写什么?最后写什么?(爬山中,碰到老爷爷,相互鼓励。爬上峰顶后,拍照留念)

①谁能根据填写的内容连起来说一说课文的主要内容?(课文叙述了"我"和爸爸去爬天都峰,遇到一位素不相识的老爷爷,我们相互鼓励,一起爬上天都峰顶的故事)

②从图中我们可以发现作者是按照爬山前、爬山中、爬上峰顶后的顺序来写的。

板书:爬山前—爬山中—爬上峰顶后

【设计意图】这一环节,围绕单元语文要素,借助《语文作业本》的练习,让学生了解"爬天都峰"这件事情的顺序,同时也概括了课文的主要内容,顺利达成通过写清楚顺序来写清楚一件事的教学目标。

三、感悟课文,学习写法

1.梳理描写爬山过程的内容。

众所周知,课文的题目就像文章的眼睛。大家再读题目,课文着重围绕哪个字来写的?(爬)接下去我们再次走进课文,看看作者按照顺序,围绕"爬"字写了哪些内容?

交流:爬山前　　　　"我"的恐惧、与老爷爷的约定

　　　　爬山中　　　　奋力与顽强

　　　　爬上峰顶后　　拍照留念、对话

2.感悟爬山过程。

(1)哪些语句给你留下了深刻的印象呢? 请画出相关的语句。

交流后出示:

▲再看看笔陡的石级,石级边上的铁链,似乎是从天上挂下来的,真叫人发颤!

▲我奋力向峰顶爬去,一会儿攀着铁链上,一会儿手脚并用向上爬,像小猴子一样……

▲"不,老爷爷,我是看您也要爬天都峰,才有勇气向上爬的! 我应该谢谢您!"

(2)我们先聚焦第一句:再看看笔陡的石级,石级边上的铁链,似乎是从天上挂下来的,真叫人发颤!

这句话中,哪个字词或标点给你留下了深刻的印象?

预设一:"似乎是从天上挂下来的"这一想象,十分形象地写出了天都峰高而陡,尤其是句中的一个"挂"字,突出了天都峰陡得与众不同。

预设二:句尾的感叹号,写出了"我"当时害怕的心理。

小结:作者通过描写"我"看到的、想到的,写出了"我"的胆怯。(板书:想)

指导朗读:谁来当一当作者,读出山的高而陡和"我"的畏惧心理。

概括学法:抓关键词—悟其义—读其感。

(3)"我"是怎样爬天都峰的呢? 我们用相同的方法学习第二句:我奋力向峰顶爬去,一会儿攀着铁链上,一会儿手脚并用向上爬,像小猴子一样……

这句话中哪些字刺激了你的眼球?(攀、爬)

指导生字"攀"的书写:"攀"上下结构,上宽下窄,写的时候注意上半部分要写紧凑些,中间的"大"字不要遗漏,撇捺舒展,给下面的"手"留出空间。

从攀、爬这两个动词中,你感悟到了什么?("我"爬时的艰难、顽强、灵活和奋力)

用上攀、爬这两个动词有什么好处?(把"我"爬山的样子写清楚了)

学生自己带着对句子的理解有感情地朗读。

(4)小组交流第三句,老师板书:听。

(5)再读这三句话,感受作者是怎样把"我"爬山的过程写清楚的。

小结:写一件事不仅要有顺序,使事情有条不紊,更重要的是写清楚事情的各部分内容。刚才的学习,我们体会到了作者按照顺序,通过"看""想""做""说"写清楚了爬山的过程。

【设计意图】聚焦单元目标,围绕课后的习题展开教学,从"我"怎么想、怎么做、怎么说等方面,理解内容。这样既把握了这篇课文的教学难点,又让学生明确地获得了怎样把事情的过程写清楚的写作方法。

四、迁移运用,回顾总结

我们从《爬天都峰》这篇课文中,学到了要写好一件事情既要按顺序,又要把过程写清楚。下面我们尝试完成表1,在下节课学习"交流平台"时再反馈。

表1　写好一件事导学单

事情:_____					
时间		内容清楚			
地点					
人物		看	听	想	
顺序清楚	起因				
	经过				
	结果				

总结:今天我们通过学习,知道了把一件事情写清楚,要按照一定的顺序写;还了解到作者抓住看到的、听到的、想到的把爬山的过程写清楚的方法。下节课的"初试身手"我们也可以试试用上这些方法。

【设计意图】学习的目的在于运用。我们知道运用写作方法比理解要难得多,只有亲身实践,才能真正学会。本环节通过填表练习,让学生在练习中巩固写事情要有序、内容要写清楚,同时为下一个内容的学习作准备。

【板书设计】

《爬天都峰》板书设计如图3所示。

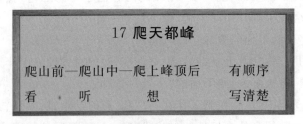

图3　《爬天都峰》板书设计

【设计意图】此堂课的板书目标明确,重点突出,突破难点,有利于学生掌握写清楚事情的写作方法,也为本单元后续学习作好铺垫。

有序叙事　清楚表达

——"交流平台"与"初试身手"教学设计

【教材解读】

　　"交流平台"与"初试身手"是本单元中承上启下的内容。"交流平台"针对两篇精读课文,对"写清楚一件事"的方法进行了梳理和归纳。明确写清楚一件事情,六要素要完备,即写清楚时间、地点、人物、起因、经过、结果。明确写清楚一件事要有顺序,《麻雀》按照事情的发展顺序,把起因、经过、结果交代得很明白。《爬天都峰》按照爬山前、爬山中、爬上峰顶后的顺序写清楚了爬天都峰这件事。明确写清楚一件事,要把作者看到的、听到的、想到的内容有选择地写下来,把当时的情形描写清楚。

　　"初试身手"是把一件事情写清楚的小型实践性练习,也是为后面单元习作作铺垫。本栏目安排了两个训练内容,通过口头练习和书面表达落实学习目标。训练一,"把图片的内容说清楚",通过先观察图片,再发挥想象,把图片的内容说清楚。训练二,"写清楚做家务的过程",强调用上表示动作的词语写一段话,把家人做某项家务的过程写下来。这两个训练内容都紧扣"清楚"这一语文要素,实现这个目标的过程中可以紧密联系"交流平台"总结的方法,将学生出现的问题有针对性地一一解决。

【教学目标】

　　1.回顾精读课文,学习"交流平台",梳理总结出把一件事情写清楚的方法。

　　2.借助表格,运用"放大聚焦"的策略,联系生活,展开想象,把在图片场景上看到的以及由此想到的融合在一起,把事情说清楚。

　　3.观察家人做家务的过程,选择一件事,用上恰当的动词,有顺序地把做家务的过程写清楚。

【教学重点】

　　掌握把一件事情写清楚的方法,能有顺序地把做家务的过程写清楚。

【教学难点】

　　按照顺序,将看到的、听到的、想到的说清楚、写清楚。

【教学过程】

一、紧扣主题,明"清楚"要素

出示单元篇章页。看,这是我们第五单元的篇章页,本单元的主题是"我手写我心,彩笔绘生活"。你从单元篇章页中还知道了什么?

对了,本单元围绕"了解作者是怎样把事情写清楚的"这一语文要素,带我们走进了俄国作家屠格涅夫写的《麻雀》和作者黄亦波写的《爬天都峰》。我们从这两篇课文中学到了哪些把事情写清楚的方法呢?(板书:清楚)同学们,今天我们将一起学习第五单元的"交流平台"与"初试身手"。

【设计意图】借助篇章页,开门见山地指出本单元的人文主题和语文要素,帮助学生清晰地明确本次学习的目标,快速构建起文本内容与学生认知的联系。

二、回顾交流,理"清楚"方法

1. 出示交流平台,提炼出"清楚"的方法。

"交流平台"如图1所示。

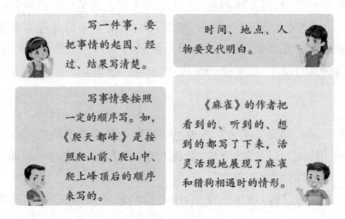

图1 "交流平台"

自己读一读"交流平台",想一想:要把事情写清楚有什么方法?

学生交流,教师小结:

要素清楚(起因、经过、结果、时间、地点、人物六要素要齐全);

顺序清楚(按一定的顺序);

内容清楚(把看到的、听到的、想到的都写下来)。

小结:要把一件事情写清楚要做到要素清楚、顺序清楚、内容清楚。

2. 借助课堂作业，强调顺序清楚。

(出示《语文作业本》中相应习题)这个单元我们学习了《麻雀》和《爬天都峰》，看着思维导图(如图2和图3所示)，你发现作者把事情写清楚的秘诀了吗？

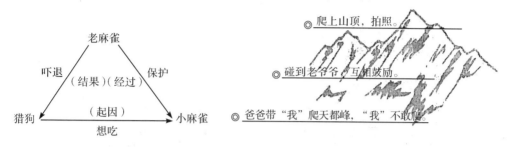

图 2　《麻雀》思维导图　　　　　　　图 3　《爬天都峰》思维导图

预设：都是按照一定顺序写的，《麻雀》按事情的起因、经过、结果写，《爬天都峰》按照爬山前、爬山中、爬上峰顶后的顺序写。

小结：按事情发展顺序，将事情写清楚，这就是"交流平台"中同学提到的写事情要按照一定的顺序写。顺序理清楚，事情才能写清楚。

3. 聚焦放大，内容描写"清楚"。

反馈《爬天都峰》的课后作业，详见表1。

表 1　《爬天都峰》课后作业

事情：　　　爬天都峰					
时间	假日里	内容清楚			
地点	黄山天都峰				
人物	"我"、爸爸、老爷爷	看	听	想	
顺序清楚	起因	爸爸带"我"爬天都峰，"我"不敢爬	峰顶高 笔陡的石级 铁链		叫人发颤
	经过	碰到老爷爷，和老爷爷一起爬	白发苍苍的老爷爷在爬山	老爷爷的语言	
	结果	爬上山顶，拍照留念		老爷爷的语言 爸爸的语言	

(1)交流修改。

(2)通过这个表格，你有什么新的发现呢？

结合表格总结：通过表格，我们可以更加直观地了解到如何写清楚一件事情的方法：要素清楚，顺序清楚，内容清楚。对于事情的重点内容，我们要像拿着放大镜一样观察，把"看到的、听到的、想到的"有选择地写下来，这样的聚焦放大，才能把一件事情写清楚。

【设计意图】借助"交流平台"的内容，学生梳理、总结把一件事情写清楚的方法，在教师指导下,将方法要点整合为简单明了的"要素""顺序""内容"三个词,让"把事情写清楚"的方法一目了然。再回顾习题,强化方法。

三、观察想象,说"清楚"内容

"初试身手"任务一如图4所示。

> | 初试身手 |
>
> ◎ 看图并发挥想象,把图片的内容说清楚。

图4 "初试身手"任务一

我们已经对写清楚一件事情的方法进行了梳理、提炼,但光说不练假把式,接下来我们要把前面学到的习作方法付诸实践。请看"初试身手"的两幅图,以小组为单位,选择其中一个场景,联系生活,发挥想象,聚焦放大,把图片的内容说清楚。

1.明确任务。

具体任务,详见表2。

表2 具体任务

任务目标	完成目标
选	选一幅图
填	完成表格
说	根据表格,组员各自尝试说清楚
改	根据表格,组内自评、互评、修改

2.分工完成。

略。

3.对比评价。

看表3和示例,请说一说,你从这名同学的表达中学到了哪些写清楚一件事情的方法。

交流可以这样说:我从你的什么词(句)中,感受到了你观察得很仔细,细节被聚焦放大,你看到的、听到的、想到的……我还看到了、听到了、想到了……

表3　具体示例

事情：　　　跑步比赛					
时间	秋季运动会	内容清楚			
地点	学校操场上				
人物	3名运动员、观赛的同学	看		听	想
顺序清楚	起因	跑步比赛开始了			
	经过	3名运动员你追我赶,互不相让。观赛的同学为运动员加油	运动员、观赛同学的表情和动作	发令枪声呐喊声喘气声	个别运动员和观赛同学的心理活动
	结果	3号选手冲过终点夺得冠军	冲刺的动作	胜利的欢呼声	

示例:"加油! 加油!"在一阵阵呐喊声中,秋季运动会开始啦!

"砰",随着一声枪响,跑道上瞬间沸腾起来。3名运动员像离弦的箭,冲出了起跑线。他们前后摆动着双臂,双脚飞快地前后交替,争先恐后地往前跑。不一会儿,3号运动员领先了。2号运动员紧随其后,只见他眼中闪烁着坚定的光芒,身体前倾,脚步有力,丝毫不慌。1号运动员也毫不示弱,铆足了劲儿往前冲。赛道旁带头鼓劲的同学挥着小红旗,有节奏地喊着:"加油! 加油!"大家跟着呐喊助威,热情的声音此起彼伏。3名运动员你追我赶,鞋子摩擦地面的沙沙声都显得特别有力,离终点越来越近了。只见3号运动员憋红了脸,两脚越迈越快,身体往前倾,用尽全力,胸部一挺,越过了终点。"赢啦,赢啦! 我们班赢啦!"欢呼声犹如惊雷,响彻云霄。

4.修改展示。

欣赏示例后交流并修改自己组的作品,请小组代表上台汇报。

总结:按照事情发展的顺序,抓住重点,展开想象,把看到的、听到的、想到的融合在一起,将图上的内容说清楚。

【设计意图】本环节通过小组合作学习的形式,发挥团队力量,借助写清楚一件事情的表格,把观察到的和想象到的分成"看、听、想"三个方面进行表达,给学生提供了如何将一幅图说清楚的支架。在对比中发现不足,巩固方法,让学生从简单到丰富,把一幅图生动地说清楚。

四、细致观察,写"清楚"过程

1.明确目标定动词。

(1)出示"初试身手"任务二,回忆自己做过的家务劳动或见过的家务劳动场景。

观察家人炒菜、擦玻璃或者做其他家务的过程,用一段话把这个过程写下来,注意用上表示动作的词语。

(2)观看煎蛋视频,借助表格,记录动词。

(3)对比交流,聚焦动作,补充动词。

2.动词为纲来扩充。

(1)随机采访,询问用什么方法把煎蛋的一系列动作写清楚。

顺序清楚:在动词前加上表示时间先后顺序的词或者表示顺序的连接词,可以把炒菜这一过程写清楚。

预设:首先、接着、然后、再、最后(瞬间、过了十分钟、不一会儿、霎时)。

内容清楚:用上"看到的、听到的、想到的",把过程写得更生动。

(2)总结并汇总成表4。

表4　煎蛋示例

事情:　　煎蛋					
时间	放学回家	内容清楚			
地点	厨房				
人物	妈妈	看	听	想	
顺序清楚	首先	敲　放入　搅拌	"哐"		
	接着	冒　倒　煎　翻	"滋滋滋"		
	然后	装		金黄的,像个太阳	

(3)学生动笔写片段。

(4)交流分享。

小结:通过这堂课的学习,我们不仅知道了说清楚一件事的方法,还把一件事的关键片段写清楚了。

【设计意图】本环节在前面把图片的内容说清楚的基础上,趁热打铁,要求学生写一个片段,要用上动词,先梳理动词,再结合说清楚一件事的三个维度,把这个片段按顺序写清楚。

【板书设计】

"交流平台"与"初试身手"板书设计如图5所示。

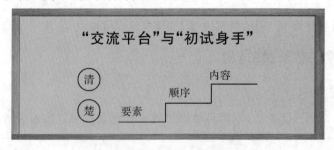

图5　"交流平台"与"初试身手"板书设计

【设计意图】板书阶梯状地呈现了说清楚一件事的三个维度,从易到难,明确了"写清楚"的方法,给学生的初试身手提供了支架,明确了后续的习作方向。

聚焦"一件事"　落实"写清楚"

——《我家的杏熟了》《小木船》教学设计

【教材解读】

习作例文《我家的杏熟了》《小木船》,安排在习作单元"交流平台"与"初试身手"之后,借助旁批和课后问题,引导学生怎样把事情写清楚,为进一步学习"按一定的顺序把一件事写清楚"提供范例。

《我家的杏熟了》是一篇充满乡土气息的散文,作者按事情发展的顺序,把奶奶给小伙伴"分杏"这件事的起因、经过、结果交代得十分清楚。课文的旁批提示学生,写一件事时要作必要的铺垫,并把一些重要内容写清楚。课后问题引导学生通过梳理,理解作者是怎样把奶奶"分杏"这件事写清楚的,使学生进一步领会怎样按事情发展的顺序写清楚一件事。

《小木船》主要写"我"和陈明因小木船友谊破裂,又因小木船和好的故事。课文的旁批主要提示学生要把事情发展过程中的重要内容写清楚,课后问题则引导学生发现不重要的内容可以简要交代。在写事情时也要根据需要决定哪部分重点写,不能简单地认为事情的经过就一定要重点写。

【教学目标】

1.阅读例文,理清文章的起因、经过、结果,初步把握两篇习作例文的主要内容,进一步体会如何按顺序写事。

2.对比例文,发现写作方法上的不同之处,学会根据需要决定哪部分内容重点写。

3.借助批注,了解两篇例文运用动作、语言、神态等描写把重要内容写清楚的方法,初步掌握按一定的顺序把一件事写清楚的方法。

【教学重点】

感受例文的异同,学习按一定顺序把一件事重点部分写清楚的方法。

【教学难点】

初步掌握按一定顺序把一件事写清楚的方法。

【教学过程】

一、对比题目,发现题目"清楚"

对比两篇例文,关注题目《我家的杏熟了》《小木船》,你发现了什么?

预设一:题目中的事物都是我们生活中常见的。

预设二:两个题目中都有一个事物,分别是"杏"和"小木船"。

预设三:第一篇的题目写了一件事,第二篇的题目写了一个事物。

【设计意图】引导学生从两篇例文的题目入手,发现两篇例文虽然都是描写生活中的一件事,但是在取题目的时候有所不同:可以用文章所表述的这件事为题,也可以把贯穿全文的事物当作题目。通过对比,让学生明晰取题目的方法。

二、例文引路,感悟写法"清楚"

1.整体感知,理清脉络。

通过前面两篇精读课文的学习,我们知道了可以按照起因、经过、结果的顺序把事情写清楚。《我家的杏熟了》《小木船》的作者分别是怎么把事情写清楚的呢?请浏览例文,梳理事情的起因、经过和结果,完成表1。

表1 完成梳理

事情发展的顺序	习作例文	
	《我家的杏熟了》	《小木船》
起因	_____	互摔小木船
经过	_____	_____
结果	这件事对"我"影响大	_____

小结:原来作者写清楚一件事的秘诀是按事情发展的顺序,把起因、经过、结果交代清楚。(板书:按一定顺序写)

【设计意图】这一环节依据表格,让学生理清习作例文的写作思路,清晰地知道可以通过写清楚事情的起因、经过和结果,去搭建习作的支架。

2.对比例文,把握重点。

引导:我们不仅要按一定的顺序写事,还要把事情发展过程中的重要内容写清楚。

(1)观察表格,对照课文,大家发现两位作者分别选择了哪部分内容来重点写?

预设一:《我家的杏熟了》重点写了奶奶打杏、分杏的过程。(经过)

预设二:《小木船》重点写了"我"和陈明因小木船摔坏而友谊破裂的过程。(起因)还重点写了"我"和陈明和好的过程。(经过)

(2)圈画出两篇例文中表示时间变化的词语或句子,读一读。

预设:

《我家的杏熟了》:每年、这一年、有一天、过了一会儿、从那以后。

《小木船》:上小学一年级的时候、有一天、转眼几个月过去了、有一天放学回家、那天以后。

(3)再读两篇例文的重点内容,结合圈画的时间点,你有什么发现?

预设一:第一篇例文重点写了在同一天发生的事情;第二篇例文则重点写了在不同的时

间内发生的事情,持续的时间特别长。

预设二:两篇例文的开头都做了背景介绍,这样可以把事情写得更清楚。

小结:原来记叙文侧重于记事,时间是一个要素,一件事可以是在短时间内发生的,也可以时间跨度很大。为了写清楚事情,可以先做背景介绍。

(4)思考:为什么《我家的杏熟了》一步一步地写了事情的经过,而《小木船》写事情的经过时,只用了"转眼几个月过去了"一句话交代了"我"和陈明的矛盾持续了很长时间?

预设:在《小木船》一文中,"我"和陈明的友谊破裂了很长一段时间,在这段时间内,我们互不理睬,没有交集。这个经过并不太重要,故文中用"转眼几个月过去了"一笔带过。

小结:我们写事情要根据文意的需要抓住重点部分写,重要的内容重点写,不重要的内容简单写,不能直接认为事情的经过就一定要重点来写。同学们,在对一件持续时间很长的事情进行写作时要特别注意这一点。(板书:抓重要内容写)

【设计意图】这一环节通过对比两篇例文,发现两篇例文所写的事情在时间跨度上的不同,进而认识到选取重要内容并不一定是写事情的全部经过,而是根据需要来决定,打破了固有的思维。

3.聚焦语句,发现细节。

引导:默读《我家的杏熟了》第6～8自然段,《小木船》第3～4自然段,结合批注,想一想:两位作者分别是怎么把重要内容写清楚的?(两篇例文都是运用动作、语言、神态描写把事情写清楚、写具体的)接下来让我们一起去细细品味吧!

(1)找到重点段落中运用动作、语言、神态描写的语句读一读,品一品。

(2)学生交流反馈并研读。

预设一:

句子一:过了一会儿,奶奶拿了一根长竹竿从屋里出来了。她走到树下,挑熟了的杏往下打。她脚底下站不大稳,身子颤颤巍巍的。

出示对比句:过了一会儿,奶奶走到树下,挑熟了的杏往下打。

请同学们读一读,比一比。你们觉得这两个句子哪个更能表现人物特点?

小结:第一个句子用了一连串的动作描写,使奶奶打杏的过程更加具体生动、有画面感,仿佛能看见奶奶是如何拿出竹竿、怎么走到树下打杏的。连贯的动作描写让读者感受到奶奶打杏的不容易,侧面感受到她的善良淳朴。而第二个句子虽然也有三个动作,但奶奶是怎么打杏的,并未体现,奶奶打杏的不易也没有体现,所传达的情感就比较平淡了。

《小木船》中也有一处异曲同工的地方,我们再一起来读一读。

句子二:他拿起我的小木船,使劲摔在地上,用脚踩了两下,一把抓起书包,头也不回地走了。

出示对比句:他拿起我的小木船使劲摔在地上,头也不回地走了。

小结:同学们,把一个动作有逻辑地分解成一系列动作,文字就会立刻变得生动形象!我们能从人物的一举一动中体会出他当时的心情。准确、细致、生动的动作描写,可以让笔下的人物"动"起来,让大家"如见其人"。(板书:动作描写)

预设二：

句子一：看他们吃得那样香甜，奶奶嘴角露出了微笑，转过头对我说："要记住，杏熟了，让乡亲们都尝个鲜，果子大家吃，才真的香甜呢！"

句子二：他满脸通红，激动地说："那次是我不好，不该弄坏你的船。明天我家就要搬走了，我做了这只船送给你，留个纪念吧！"

小结：奶奶简简单单的几句话，让我们感受到了她善良、大度的性格特点，也传达着"分享最快乐"的中心思想；陈明的话语让我们感受到了他当时道歉态度的真诚以及想和"我"和好的心情。通过语言描写，让人物形象"鲜活"起来了，这就是语言描写的魅力。（板书：语言描写）

再读读这两个句子，除了语言描写，还有什么同样给你留下了深刻的印象？

小结：句子一中一个简单的微笑，再次体现了奶奶的善良淳朴，更是在点明分享所带给奶奶的快乐。而句子二中的"满脸通红""激动"可以让我们感受到当时陈明向"我"道歉是鼓起了多大的勇气，细腻地写出了陈明想要修复我们友谊的决心。人们常说："脸是人感情的晴雨表。"有时候，简单几笔神态描写就能让笔下的人物"神"起来。（板书：神态描写）

【设计意图】通过对动作、语言、神态描写的感悟，体会了人物的内心，了解了人物的性格特点，拉近了学生与人物的距离。同时，这些细节描写，让这件事更加生动、更加具体。

三、总结探究，巩固写法"清楚"

1.合作学习。

同学们，这两篇例文都描写了生活中一件很平常的事，但语言质朴，情感细腻，在写作方法上也有一些异同之处。接下来，按要求展开小组合作学习，请看合作小贴士。

> 合作小贴士：
> 1.读：默读例文，对比两篇例文的异同。
> 2.议：组内交流，相互补充完善。
> 3.理：梳理完成表格。

习作例文的异同点，详见表2。

表2　习作例文的异同点

习作例文	相同点	不同点
《我家的杏熟了》	两篇例文都先介绍背景，再按照事情发展的顺序，交代了事情的起因、经过、结果；都综合运用动作、语言、神态等描写把事情重点写具体、写清楚	事情是短时间内发生的，抓住事情的经过展开了细致描写
《小木船》		事情持续的时间很长，选择起因和经过的重点部分写具体

2.课堂总结。

不同的事情可以用不同的写法，但有一点是不变的，我们要选择抓住一件事的重要内容，按一定顺序写，再加上一定的动作、语言、神态等描写，这件事就会更加生动具体，所传达

的情感也会更真挚。我们要学着把这些方法运用到自己平时的习作中,通过具体的描写,把每件事写清楚。(板书:清楚)

【设计意图】通过表格的形式进一步梳理两篇例文的异同,总结写清楚一件事的好方法,引领学生在探讨总结的过程中巩固习得的写法,加深印象。

【板书设计】

"习作例文"板书设计如图1所示。

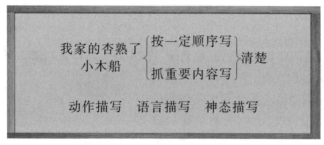

图1 "习作例文"板书设计

【设计意图】本节课的板书设计突出了教学重点,直观地帮助学生回顾了本节课所习得的写法,加深了记忆,强化了单元语文要素的落实。

按顺序　写清楚

——《生活万花筒》教学设计

【教材解读】

"生活万花筒"，是四年级上册第五单元的习作主题。习作页如图1所示。

第一部分，对应习作主题，告诉我们生活就像丰富多彩的万花筒。"每天都会发生各种各样的事情，有些是我们亲身经历的，有些是我们看到的，还有些是我们听说的"。这为习作提供了无穷无尽的素材。只要学生愿意，可以写的素材源源不断。

第二部分，在第一部分的基础上，明确提出了习作要素："选一件你印象深的事，按一定的顺序把这件事情写清楚。"在万花筒一样的生活中，只要求选择一件写，可谓是"万里挑一"，既可以说非常容易，又可以说具有一定难度，因为挑选需要慎重。让学生选择自己想写的适合写的事情，培养学生的选材意识和能力。"按一定的顺序把这件事情写清楚"是本次习作的重点要求，也是整个单元的习作要素。写清楚事情的两个要点是"有一定顺序"和"写清楚看的、听的和想的"。参考题目的设置既能帮助学生选择所写的事情，又能巧妙地指导学生拟题。

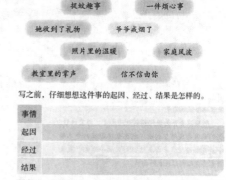

图1　习作页

第三部分，建议学生"写之前，仔细想想这件事的起因、经过、结果是怎样的"，继续给学生提供习作支架，还是紧紧围绕"按一定的顺序把这件事写清楚"进行的。写之前先梳理事情的起因、经过和结果，有利于突破重点、攻克难点。

第四部分，明确"写完后，读给同学听，请同学说说这件事是否写清楚了，再参考同学的建议修改"。这一部分还是紧扣"写清楚事情"进行的，无论是写后的读，还是同学的听，以及进行的修改，都是为了能够写清楚事情，使习作更好地呈现出来。

仔细研读习作页，发现单元习作完全体现了单元的人文主题"我手写我心、彩笔绘生活"，落实了单元的习作要素"写一件事，把事情写清楚"，是精读课文、"交流平台"和习作例文所学的"写清楚一件事的方法"的综合运用。

【教学目标】

1.能认识到丰富多彩的生活为习作提供了无穷的素材,克服习作畏难情绪。

2.借助表格理清起因、经过和结果,能选择一件印象深刻的事,并按一定顺序写清楚。

3.通过聚焦重点片段,运用本单元学习的习作方法,把内容写清楚。

4.能根据评价建议修改习作,把一件事写清楚。

【教学重点】

能选择一件印象深刻的事,按一定的顺序写清楚。

【教学难点】

能把重点内容写清楚。

【教学过程】

一、联系生活,选材拟题

1.(出示万花筒图片)这五彩斑斓的是什么?(万花筒)同学们,我们的生活就像万花筒一样丰富多彩,每时每刻都在上演精彩纷呈的故事。(板书:生活万花筒)这就是我们这次习作的主题。

2.生活就像万花筒,下面就请大家来分享分享今天从醒来那一刻到现在发生了哪些事。

预设一:今天一早,我醒来后没有睡懒觉,也没有让家长反复叫喊,而是自己起床,比之前进步多了。

预设二:上学路上堵车,急死我了,到了校门口又发现红领巾没戴。

预设三:我的好朋友把答应借我的书给我了,我迫不及待地看起来。

……

小结:生活中,每时每刻都在发生各种各样的事情,有些是我们亲身经历的,有些是我们看到的,还有些是我们听说的。万花筒一样的生活就是事情的源泉,能让我们轻而易举地获得习作素材。

3.有些同学把事情的题目写下来了。请看,哪个题目(如图 2 所示)让你深有同感?

捉蚊趣事　　一件烦心事

她收到了礼物　　爸爸戒烟了

　　　　　　　　……

照片里的温暖　　家庭风波

教室里的掌声　　信不信由你

图 2　题目

4.请你也用题目的形式把事情说出来。

5.在学习单上写下题目。

完成《生活万花筒》学习单(详见表1)。

表1 《生活万花筒》学习单

1.拟写一个合适的题目。	
2.写之前,仔细想想这件事的起因、经过、结果是怎样的。	

事情	
起因	
经过	
结果	

【设计意图】从"生活万花筒"引入,启发学生懂得生活是多姿多彩的,值得我们去留心观察、回味和记录。通过分享身边发生的印象深刻的事情,联系课文题目,唤醒学生对生活经历的回顾,关注印象深刻的事件,明确写作任务。

二、回顾方法,梳理顺序

1.提供填表范例,交流填表方法。

(1)开始写作之前,我们要先明确事件的起因、经过和结果。请观察老师出示的表2,你发现了什么?请和同桌讨论。

表2 填表示例

事情	爷爷戒烟了
起因	爷爷生病住院
经过	爷爷为了健康戒烟
结果	爷爷戒烟成功
事情	照片里的温暖
起因	我翻看相册时看到了一张和朋友的合照
经过	我回忆起和朋友拍照的往事
结果	我感受到了温暖的友谊

(2)谁来说说你的发现?

预设一:我发现在填表时要概括地说,起因、经过和结果都可以用一句话说。

师:没错,在填表时,只要简要地写出主要事件就可以了。你真是火眼金睛,一下就发现了填表最重要的奥秘。

预设二:我发现了事情要围绕题目来写,把起因、经过和结果的主要内容说清楚。

师:写作时千万不能离题,这点很重要。

预设三:我发现每个表格当中的主语是一样的,第一个表格中都是"爷爷",第二个表格中都是"我"。

师:用相同的主语可以帮助我们更好地理清事件脉络,当然你也可以用不同的主语。

……

小结:在写作之前,借助表格,理清事情的起因、经过和结果至关重要,既有助于我们理清写作思路,也可以在后期写作时,提醒自己不离题。这就是习作前列提纲的妙处。

2.梳理事件顺序,填写表格。

接下来请你认真思考,理清你所要描写事件的起因、经过和结果,把它简要地写在学习单(详见表1)上。

【设计意图】调动学生的旧知,引导他们将精读课文中的策略恰当地进行迁移运用,不仅能很快地帮助学生理清事件顺序,还能使学生明白,学习是一个前后联系、共同建构知识的过程。

三、巧用锦囊,丰富内容

1.要想把文章写得出彩,一定要有重点,即吸引人的部分。结合本单元课文,大家在写重点部分时,可以从哪些方面来写呢?

预设一:可以写自己看到了什么和听到了什么。

预设二:可以写一写自己的想法。

预设三:可以加入动作和语言描写。

……

师:是的,大家在写重点部分内容时,要把自己看到的、听到的和想到的内容写清楚,这样才能把文章写清楚、写出彩。

2.聚焦课文的重要内容,在对比阅读中发现习作锦囊(详见表3)。

表3 习作锦囊

题目	课文片段	内容概括
《麻雀》	麻雀和猎狗相遇	听到的 看到的 想到的
《爬天都峰》	爬山的过程	
《我家的杏熟了》	奶奶"打杏""捡杏""分杏"	
《小木船》	"我"和陈明和好的过程	

小结:从四篇例文中,我们可以发现,想把一件事情写清楚、写生动,可以把自己看到的、听到的、想到的都写下来,加入适当的语言、动作、神态等描写。

3.学习精选习作片段,评析习作方法。

煎　蛋

　　我把锅加热,往锅里倒了薄薄一层油。看油温差不多了,我拿起一颗蛋,熟练地在锅的边沿轻轻一磕,蛋壳裂开了一条缝。我顺势一掰蛋壳,"啪嗒"一声,蛋黄连着蛋清落入锅中。"嗞"的一声,鸡蛋在油锅中摊了开来,原本透明的蛋清立马变成了淡淡的白色,原本黄澄澄的蛋黄镶上了一层薄薄的"白边"。到了翻面的时候,我拿起锅铲,一铲,翻了身的鸡蛋金黄发亮,空气中弥漫着阵阵浓香,看得我直流口水。我又在鸡蛋的表面撒了几粒盐,再翻个面,荷包蛋出锅啦!

---

　　(1)请认真阅读以上习作片段,找出其中看到的、听到的和想到的部分,在四人小组中进行交流。

　　(2)小组派代表汇报。

　　小结:感谢小组代表精彩的发言。同学们,刚才我们回顾了四篇课文和品析了一个习作片段,作者都是将自己看到的、想到的和听到的部分写清楚了,这样不仅可以把重点部分写清楚,还能写得生动有趣。接下来请你也动笔,将你看到的、听到的和想到的写下来吧!

　　4.使用习作锦囊,撰写重点片段。

　　5.将习作补充完整,完成整篇习作。

　　【设计意图】罗列课文和范文重点片段的描写方法,旨在引导学生发现,想要把事情写清楚,就要从自己的所见、所闻与所思入手,为学生在后续写作中建立学习支架,克服学生当堂习作的恐惧心理,从而提高课堂习作的效率与质量。

四、对照标准,互评修改

　　1.小组合作交流,根据评价标准(详见表4),相互评价习作并提出修改意见。

表 4　评价标准

评价标准	评价等级
选择一件事	★
有一定的顺序	★★
写清楚看到的、听到的、想到的	★★★

　　2.抽选三个小组,每组选出一篇经典习作,全班交流评价,提出意见。

　　3.根据意见,修改习作。

　　【设计意图】紧扣习作主题要求,制定评价标准。依据评价标准,学生可以有目的、有方法地评价他人或自己的习作。好的作文是改出来的。合作交流,必能碰撞出思维的火花,使修改意见可以更加完善。结合修改意见,学生进行习作修改。

【板书设计】

《生活万花筒》板书设计如图 3 所示。

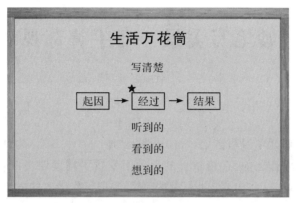

图 3 《生活万花筒》板书设计

【**设计意图**】板书是课堂的精华与灵魂。按照起因、经过、结果的顺序将事情写清楚,将看到的、听到的、想到的写清楚,融入语言、动作、神态等描写,将重点部分写生动、写出彩。紧扣习作主题,符合习作要素,重点突出,清晰明了。

四年级下册

妙笔写美景　巧手著奇观

——习作单元解读

四年级下册习作单元学习写游记，习作主题是"游_____"。为什么要安排游记习作？如何进行游记写作？习作之前，在篇章页的引领下安排了精读课文两篇、"交流平台"与"初试身手"、习作例文两篇，这些内容提供了哪些值得游记习作借鉴的方法？提出了哪些要求？

一、游记习作的关联解析

1. 游记是对日常生活的表达。

游玩、游览或是旅游，已然是我们日常生活的重要组成部分。无论你身处何时、置身何地，目之所及，耳之所闻，皆为风景，欣赏风景的同时会不由自主地产生感受，把所见所闻所感等用文字记录下来即为游记。因而，本单元游记习作贴近生活，是日常生活的反映。

2. 游记是写景记事习作的延伸。

写景的课文，学习过的有二年级上册的《黄山奇石》《日月潭》《葡萄沟》等，三年级上册的《铺满金色巴掌的水泥道》《秋天的雨》《富饶的西沙群岛》《海滨小城》《美丽的小兴安岭》等，三年级下册的《荷花》《海底世界》《火烧云》等，四年级上册的《观潮》《走月亮》《繁星》等。写景的习作，练习过的有三年级上册的《这儿真美》；四年级上册第一单元的习作《推荐一个好地方》，要求写清楚推荐理由；四年级下册第一单元的习作《我的乐园》，要求把心中的乐园介绍给同学，表达自己的感受。由此可见，学生对于写一处景或一个地方已具备一定的基础。

游记是一种特殊的记事文章。关于记事习作在四年级上册的习作单元已经系统学习过。记事习作要素按一定的顺序，也就是按事情的起因、经过、结果写清楚事情的过程。游记也要按一定的顺序写清楚游览过程，但不是事情的发展顺序，而是游览顺序。由此看来，学生对于记事和按顺序表达已具备了一定的基础和积累。

二、单元教学的内容解析

1. 篇章页解析。

篇章页（如图1所示）以自然风光为背景，包含人文主题——"妙笔写美景，巧手著奇观"，语文要素——"了解课文按一定顺序写景物的方法"和"学习按游览的顺序写景物"等内容。

人文主题旗帜鲜明地提出了习作目的就是用"妙笔巧手"著"美景奇观"，简洁明确。语文要素中两次提出"顺序",两次提出"景物",由此可见写美景奇观的重点在于"有顺序地写景物",要在课文中学习"按一定顺序写景物的方法",并且把学习到的方法运用到自己的习作中,达到"按游览的顺序写景物"的目的。

图1　篇章页

2. 教学内容解析。

根据单元主题要求,下面将从"景物"和"顺序"两个方面进行解析。

（1）精读课文解析。

《海上日出》：著名作家巴金通过持续的观察,生动再现了海上日出的壮观景象。其中写景物的方法有：①多方面描绘景物的变化。描绘了日出前后太阳的形状、亮光、位置以及云彩的颜色变化。②较为口语化的语言。比如课文中没有用到一个"五彩斑斓"之类的词语,有的是"红是真红,却没有亮光"之类的句子。③运用修辞手法,并融入自己的感受进行准确描绘。比如："太阳好像负着重荷似的一步一步,慢慢地努力上升,到了最后,终于冲破了云霞,完全跳出了海面,颜色红得非常可爱",运用了拟人的修辞手法；"这时候发亮的不仅是太阳、云和海水,连我自己也成了光亮的了",融入了自己的感受。写顺序的方法有：①整篇课文按日出前、日出时和日出后的顺序写。②段落中运用表时间的词语写景物的变化。比如"转眼间""慢慢地""过了一会儿""到了最后""一刹那间"等。

《记金华的双龙洞》：著名作家叶圣陶记叙的是自己一次游双龙洞的经历和观察到的景物。其中写景物的方法有：①突出景物的特点。比如山路的明艳、外洞的宽敞、孔隙的狭小、洞内石钟乳的姿态万千。②多方面描绘重点景物。比如通过船的小、进洞的方式、进洞的体验等描绘孔隙的狭小,给读者留下深刻印象。③融入自己的感受。比如"我又感觉要是把头稍微抬起一点儿,准会撞破额角,擦伤鼻子"。写顺序的方法有：①整篇课文按游览顺序展开。游览路线是"路上—洞口—外洞—孔隙—内洞—出洞"。②段落中运用相关语句交代游览顺序。比如："出金华城大约五公里到罗店,过了罗店就渐渐入山""在外洞找泉水的来路,原来从靠左边的石壁下方的孔隙流出"。

（2）"交流平台"与"初试身手"解析。

"交流平台"以课文为例,提炼出本单元习作的要点：①移步换景时,按游览的顺序写景物。②重点写印象深刻的景物,并写出景物的特点。③如果景物发生了变化,可以按景物变化的顺序写。学习要点紧紧围绕"顺序"和"景物"两个方面。这里提到两种顺序,分别是"移步换景"和"景物变化",游记习作的顺序主要是"移步换景"的游览顺序,"景物变化"的顺序可以运用到描写景物中。

"初试身手"让学生尝试运用学到的方法,进行表达的尝试与片段练习。教材安排了两项内容：①根据示意图画出参观路线,再按顺序说一说。②观察附近的一处景物,和同学交流看到了什么,再试着按一定的顺序写下来。两项内容紧扣"顺序"和"景物",在直观的图示帮助下,从画到说,在日常观察的基础上,从说到写,降低难度,操作有梯度,循序渐进,帮助学生初步掌握按照顺序写景物的基本方法。

(3)习作例文解析。

本单元安排了两篇习作例文——《颐和园》《七月的天山》,例文均配有旁批(详见表1)。

表1 习作例文旁批

习作例文	旁批一	旁批二	旁批三	旁批四
《颐和园》	"来到有名的长廊",交代了游览的地点	"走完长廊,就来到了万寿山下",过渡很自然	"抬头一看""向下望",观察不同位置的景物时,视角也有变化	湖面静得像一面镜子,游船在湖面慢慢滑过,多美的画面!
《七月的天山》	从高耸的雪峰,到峭壁断崖上飞泻下来的雪水,再到山脚下的溪流,写得很有条理	野花像锦缎,像霞光,像彩虹,真美啊!		

"交代了游览的地点""过渡很自然""很有条理""视角也有变化"着眼于"顺序","多美的画面""真美啊"侧重于"景物",旁批从不同角度揭示了按游览顺序写景物的要点,使学生进一步领悟和巩固游记习作的方法。

《颐和园》采用过渡句清楚地交代了游览的顺序,依次描写在长廊、万寿山脚下、佛香阁前、昆明湖所见景色,顺序清晰,移步换景。《七月的天山》采用从外到里、移步换景的方法,依次描写进入天山、再往里走、走进天山深处所看到的美景。《颐和园》和《七月的天山》课后的题目分别是"让学生画出过渡句再补充游览路线图"和"说说作者是按怎样的顺序写天山的,你是从哪些语句看出来的",反复强调按顺序写景物。

(4)习作解析。

习作《游_____》要求学生选择游览过的印象最深的一个地方,按照游览的顺序写下来,并写出景物的特点。

整个单元要求在精读课文中学习方法,在"初试身手"中初步实践,在习作例文中强化写法,在单元习作中运用按顺序写景物的方法,强调写清游览的顺序、写好印象深的景物。

三、教学思考

1. 以要素为引领,用好课文支架。

用好课文这个例子,对助力学生学习习作主要起两个作用。第一个作用,当学生无法说清楚游览顺序时,学习《记金华的双龙洞》《颐和园》《七月的天山》按游览顺序写景的方法。三篇文章在叙述结构上相同,都属于移步换景。通过画游览路线图,理清作者的游览顺序,明白要按游览顺序写。三篇文章都用了过渡句,使景物的转换更自然。第二个作用,当学生无法把景物说清楚时,抓住课文的重点段落,学习作者通过细致观察和细腻表达,把景物的奇特之处和自己的独特感受写清楚的方法。

精读课文和习作例文可借鉴写法梳理详见表2。

表 2　梳理写法

课文题目	梳理顺序,感受变化	抓特点	领悟写法
《海上日出》	太阳在海面下—出现小半边脸—跳出海面—发出光芒 颜色变化、光亮变化、位置变化	壮观	按景物变化顺序来写景,抓住时间词写清楚景物的变化
《记金华的双龙洞》	路上—洞口—外洞—孔隙—内洞—出洞 按照游览位置变化顺序写景	孔隙狭小	按照游览顺序写景。以"游览路线""泉水流经路线"为线索。孔隙部分运用多维写作角度
《颐和园》	长廊—万寿山脚下—佛香阁前—昆明湖 按照游览顺序记叙景物	美丽	按游览顺序记叙景物。以过渡句介绍地点的转换,衔接自然,通过视角转变观察景物
《七月的天山》	进入天山—再往里走—走进天山深处 按照游览顺序记叙景物	壮美	按游览时移步换景顺序描写,写一处景物也要有条理、有层次,写重点景物时运用排比、比喻等修辞手法

　　通过梳理,不难发现在选择教学内容时,我们可以关注课文的相同点和不同点,了解此类文章的基本构思,抓住每篇课文的特点,关注表达方式及表达效果,体会课文的写法,再通过实践、反思、再实践,让学生学语文、学表达,不断提升表达能力。

　　2.勾连学生生活,明晰游记价值。

　　游览是生活的一部分,写游记是分享美好的生活,分享游览过程和感受,是感情的抒发。所以游记习作应该从生活出发,回归生活,让写作不再是为了完成学习任务,而是成为表达生活的需要。可以先与学生交流"同学们,都喜欢游玩吧? 大家平时都游玩过哪些地方? 如果把游玩的写下来分享给更多的人,不是一件很有意义的事情吗?",再开启本单元教学。

　　及时迁移,唤醒学生的游览记忆是勾连课文和学生生活的重要方法。学习篇章页时,让学生自由回忆自己的游览经历。学习《海上日出》可以观察不同地点日出或日落时的自然奇观。学习《记金华的双龙洞》可以说说家乡或其他地方的洞窟名胜,聊聊游览的顺序和重点景物。学习"初试身手"可以观察附近的一处景物,按顺序写一写看到的景物。学习《颐和园》可以交流公园美景,交流亭台楼阁等。学习《七月的天山》可以说说游览过的山川等。课课有勾连,丰富了学生的游览经历,唤醒了学生的游览记忆,为最后的习作选择印象最深的一个地方写游记做准备。

　　3.把握单元整体,设计习作阶梯。

　　我们要遵循"理解—体验—建构—运用"的学习规律,以单元板块式教学内容确定教学目标和重难点,准确定位精读课文和习作例文在习作单元中的作用,它们既是品读分析的对象,更是指向习作的支架,循序渐进地推进学生的习作实践。

　　依据单元整体内容,设计习作阶梯,如图 2 所示。

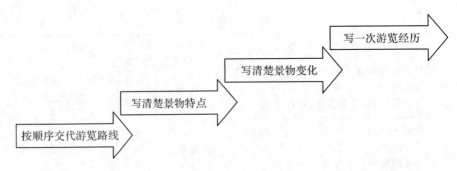

图 2　习作阶梯

　　第一次习作小练笔:写一次自己的游览经历,构思好自然的过渡句,按顺序交代游览路线。第二次习作小练笔:观察某一处景物,把景物的特点写清楚,融入自己感受。第三次习作小练笔:如果景物有变化,写清楚景物的变化。第四次独立完成本单元习作:写一次游览经历。整个过程分阶梯训练,读了写,写了读,读写交织促进学生习作能力螺旋式上升。

　　4.融入多元评价,让成长看得见。

　　在完成单元习作后评选"最佳游记",学生把自己的习作发布到学校微信公众号上,配上游览路线图、视频等,并声情并茂地朗读习作。学生之间互相阅读评价,邀请老师、父母评价,集大家的智慧把地点转换写自然,把景物特点写生动,把游记习作变为"景点解说词""旅游攻略"等实践应用,在实践中进行评价修改。有趣真实的活动促使学生不断寻找自己习作的价值所在,并向更高的标准迈进,在提升写作能力的同时体验写作的快乐。

　　习作单元课文教学紧扣语文要素,在精读教材的基础上,研读文本的教学价值;围绕习作要素,把握教材,精选教学内容。教师教学目标精准,指向掌握写作方法,形成习作表达能力,以评价促进知识的巩固,以评价提升学生创作的热情。

写出景物的动态变化

——《海上日出》教学设计

【教材解读】

《海上日出》是 1927 年巴金去法国留学途中写的一篇抒情散文,语言简洁,描写传神。作者依次描绘了天气晴好、白云飘浮和乌云蔽日三种天气情况下的景象,展现了海上日出这一伟大奇观。按照早晨太阳变化的顺序重点描写了天气晴好时的日出。

在学习本课之前,学生已初步了解了按一定的顺序写景物的方法,因此,本课除了继续巩固这一方法,还要关注作者在细致观察的基础上,如何描写景物动态的变化,突出景物的特点。本课既是学生感受美的熏陶的范本,又是学习如何写出景物动态变化的典范。

【教学目标】

1.认识"扩""刹""镶"3 个生字,读准多音字"荷",会写"扩""范"等 9 个字。

2.了解课文按照早晨太阳变化的顺序写景的方法,感受海上日出这一奇观,激发学生热爱大自然的情感。

3.运用按一定顺序写景物的方法进行仿写。

【教学重点】

了解课文按照早晨太阳变化的顺序写景的方法。

【教学难点】

运用按一定的顺序写景物的方法进行写作。

【教学过程】

一、忆旧知,盼新文

1.同学们,我们已学过《雷雨》《美丽的小兴安岭》《观潮》,回想一下:它们都有什么共同的写作特点?(按一定的顺序写景物)

2.除了这个特点外,看到一些美景,我们还可以(出示单元的导读页)"妙笔写美景,巧手著奇观"。这节课我们一起走进《海上日出》。我们可以通过品读语言文字,想象文字背后的画面,领略海上日出的美丽与神奇。(出示课文题目)

【设计意图】通过引导学生回顾按一定的顺序写景物的方法,结合本单元的人文要素,引

93

出课文题目。让学生明确本堂课学习的要求,拉近与课文的距离。

二、知学情,理文脉

1. 检查生字。

课前,我们已经预习了课文。从预习单反馈情况来看,大家认为"荷""镶"这两个字容易念错,它们分别出现在这两个句子中。

(1)出示第一句:

▲太阳好像负着重荷似的一步一步,慢慢地努力上升……

谁来试着读一读? 评价:你不仅读准了"荷"这个多音字,而且"似的"的"似"这个多音字也念准了。

我们知道"重荷"的"重"是沉重的意思,"重荷"的"荷"呢,谁来推测一下? 如果推测不出来,可以通过查字典的方法来解决。看看你觉得"重荷"的"荷"应该是哪种意思。(负担)整个词的意思是——沉重的负担。

(2)出示第二句:

▲然而太阳在黑云里放射的光芒,透过黑云的重围,替黑云镶了一道发光的金边。

具体情况如图1所示。

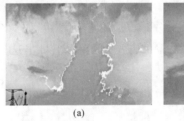 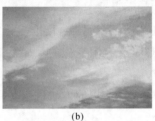

(a)   (b)

图1　日出

请同学们看看这两幅图,哪幅图让你直观感受到了"镶"的意思? 你是怎么理解的?(镶就是把一个物体嵌在另一个物体上或者在一个物体的周围加上一圈)

很多色彩融合在一起的感觉,叫作"染"。无论是"镶"还是"染",都改变了物体原来的面貌,给人不一样的画面感。

"镶"这个字的笔画特别多,容易写错,请看书写示范,然后在学习单上写两个。

2. 梳理文脉。

课文是围绕哪一句话来写的呢? 再想一想,课文描写了哪些情况下的海上日出? 填写思维导图一(如图2所示)。

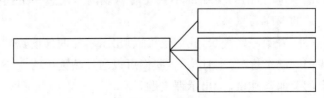

图2　思维导图一

课文根据天气情况,描写了天晴、多云和天边有黑云时三种情况下的海上日出。根据思维导图用自己的话说说课文的主要内容。(板书:天气晴好　白云飘浮　乌云蔽日)

【设计意图】此环节,一是在检查学生准确读准句子中的字词的基础上,理解字义,指导书写;二是让学生借助思维导图收集、整合信息,从整体上感知课文内容,了解海上日出在不同天气情况下的奇观。

三、抓特点,品奇观

1.课文是围绕"这不是很伟大的奇观吗?"这句话展开描写的。

"奇观"是什么意思?(奇特而又少见的事物或难得看到的壮丽景象)巴金爷爷为什么称"海上日出"景象是奇观,而且称是"伟大的奇观",甚至称是"很伟大的奇观",让我们细细去品读。

2.现在就让我们先去看看天晴时的海上日出是一种怎样的奇观。

(出示四幅顺序混乱的日出图,如图3所示)请同学们看图,说说你发现了什么。

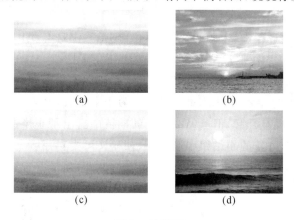

图3　日出图

默读课文第2、3自然段,从文中找到依据,并给四幅图排出正确的顺序,引导学生发现日出过程中太阳是在不断发生变化的。

在日出的过程中,作者写到了哪些变化让你感受到这是一个伟大的奇观呢?到第2、3自然段中去找一找,并圈出关键词,完成《语文作业本》上的示意图(如图4所示)。

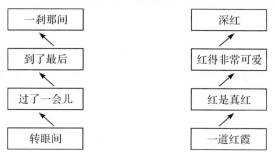

图4　示意图

根据示意图,引导学生发现,随着时间的推移,除了太阳的颜色在发生变化,还有什么也在变化。再次默读第 2、3 自然段,完成思维导图二(如图 5 所示)。

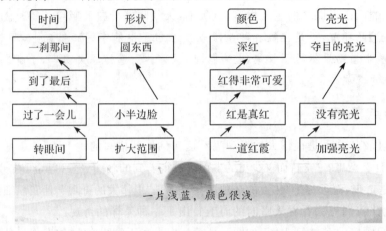

图 5　思维导图二

引导学生发现日出过程中,太阳的形状、颜色、亮光等都是有变化的。

3.关注表达,感受"变化"。

在这么多变化的景象中,作者描写的哪一个画面让你印象特别深刻?

▲果然,过了一会儿,在那个地方出现了太阳的小半边脸,红是真红,却没有亮光。

这时,太阳虽然还没有升起,但已经在我们的期待中露出了小半边脸,颜色很红,我们的眼前似乎浮现出了一个害羞的小姑娘半遮着脸,神秘又可爱!

▲太阳好像负着重荷似的一步一步,慢慢地努力上升,到了最后,终于冲破了云霞,完全跳出了海面,颜色红得非常可爱。

日出是一个不断变化着的动态过程,有时快得转瞬即逝,有时却慢得不易察觉。虽然作者并没有明确地描写太阳的形状与光线,但从"努力上升"我们似乎能看到太阳露出的部分正在慢慢地变大,从"冲破云霞""跳出海面"我们也可以想象出太阳正散发着耀眼的光芒。作者运用拟人的修辞手法,让我们感受到了光明到来的艰辛及太阳顽强的生命力。带着这样的感受再去读一读这句话。

▲一刹那间,这个深红的圆东西,忽然发出了夺目的亮光,射得人眼睛发痛,它旁边的云片也突然有了光彩。

跳出海面后的太阳更红更圆了,"一刹那间"说明太阳变化的速度非常快,太阳在一瞬间变得光彩夺目,射得人眼睛发痛,这样壮观的景象真是令人激动呀!

我想这就是光明的力量,伟大而又神奇。巴金先生所描写的这些变化使日出的景象充满了魅力,确实让我们体会到了什么是"伟大的奇观"。

小结:看着这幅示意图,我们可以发现,原来作者就是按照早晨太阳变化的顺序,将日出的过程写清楚的。现在,你能根据示意图将天气晴好时的日出景象说一说吗?

【设计意图】以"这不是很伟大的奇观吗?"作为切入点,通过找重点句,概括画面,引导学生关注作者的表达,从带有感情的文字中体会海上日出的"奇",以及作者对日出景色的喜爱。

四、习方法，巧运用

1.迁移学法："妙笔写美景，巧手著奇观。"巴金爷爷笔下的海上日出让人震撼，让人怦然心动。其实，日落也独有一番风味。观看日落视频，边看边思考：你发现了日落时的哪些变化？

2.牛刀小试：按照一定的顺序，尝试从多个角度，写出日落的变化过程。

【设计意图】学生品析文句，领会作者有序地描绘海上日出这一伟大奇观的写作技法之后，模仿这一写法写日落，将写作技法迁移到自己的写作实践中，实现借他山之石来攻玉的目的。

五、知作者，拓阅读

1.《海上日出》真是一篇语言质朴而准确、描绘生动而形象的经典散文，你知道这是谁的作品吗？（巴金）

2.介绍写作背景。

读到这儿，老师还有一个疑惑，这些景象都是巴金先生在同一天所观察到的吗？（不是）你是从哪儿看出来的？（我们可以从"有时"，还有第1自然段提到的"我常常早起"，看出作者进行了长期观察）

的确如此，1927年，23岁的巴金和几个进步青年从上海乘船去法国巴黎求学，在海上历时37天。他经常看海上的日出，仿佛看到了光明与希望。他把旅途的见闻整理成《海行杂记》，并将其中一篇寄给哥哥，这一篇就是我们今天所学的《海上日出》。

【设计意图】要重视培养学生广泛的阅读兴趣，扩大阅读面，增加阅读量，提高阅读品味。本环节的设计重在由课内走向课外，真正建立教材与整本书的阅读链接，让学生爱上阅读。

【板书设计】

《海上日出》板书如图6所示。

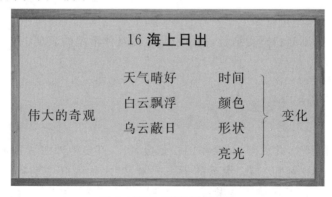

图6 《海上日出》板书设计

【设计意图】板书是一种辅助手段，是微型的教学简案。此板书不仅理清了课文的思路，还展示了本文的写作特点，让学生既得言、又得法。

明写法　悟特点

——《记金华的双龙洞》教学设计

【教材解读】

《记金华的双龙洞》是叶圣陶老先生1957年游双龙洞后写的一篇游记,记叙了作者游览金华双龙洞的经过,依次描写了路上、外洞、孔隙、内洞和出洞的所见所感,融情于景。文章脉络清晰,语言朴素,真实可感。这是一篇不可多得的游记佳作,更是学生学习写游记的绝好范例。

对于金华本地的学生来说,学习《记金华的双龙洞》有着得天独厚的优势,因为双龙洞是家庭出游、学校研学的好去处。因此,除了学习作者写清楚游览顺序的方法,还要体会作者抓住景物特点,将见闻和感受结合,把景物写具体形象的表现手法。

【教学目标】

1.认识本课生字"浙""簇"等,会写"罗""杠"等15个字,理解有关词语。

2.借助导图,理清作者的游览顺序,了解按游览先后顺序写景的方法。

3.体会作者抓住景物特点,将见闻和感受结合,把重点景物写具体形象的表现手法。

【教学重点】

了解课文按一定顺序写景物,并把印象深刻的景物描写清楚的方法。

【教学难点】

学习运用将游览见闻和感受结合,把重点景物写具体形象的表现手法。

【教学过程】

一、激情趣

1.双龙洞(出示图片,此处略)是金华的一张金名片,许多中外游客慕名而来。怎样向远道而来的游客讲解双龙洞呢?有"优秀的语言艺术家"之称的叶圣陶爷爷就给我们作了示范。1957年4月14日,叶圣陶爷爷游玩了双龙洞,写下了这篇游记。(出示题目并读题)

2.聚焦"记":这种题目形式我们第一次遇到,猜一猜:"记"是什么意思?

小结:《记×××》是游记常用的一种题目形式,比如游览杭州西湖,我们就可以说《记杭州西湖》。

【设计意图】以熟悉的双龙洞图片展开话题，不仅拉近了学生与课文的距离，介绍了作者，而且顺理成章地引出课文题目，介绍游记常用的题目形式，真可谓一举多得。

二、理路线

1.课前预习是学习的一种好方法。通过预习你认识它们了吗？

出示认读生字。

zhè	cù	tún	qī	wān	yán
浙	簇	臀	漆	蜿	蜒

同桌你指我读，我指你读，发现问题，及时帮助纠正。

出示下面两组词语：

浙江　　金华　　罗店　　双龙洞

溶洞　　孔隙　　石笋　　石钟乳

第一行你读出了什么信息？（双龙洞在浙江金华罗店）

第二行呢？出示双龙洞示意图，将第二组词语贴在相应位置，介绍溶洞的构造。（双龙洞是一个溶洞，里面有石笋和石钟乳。）

2.完成示意图（如图1所示）。

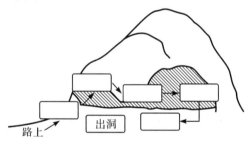

图1　示意图

请你完成《语文作业本》第3题。借助示意图说说叶老的游览路线。（板书：路上→洞口→外洞→孔隙→内洞→出洞）

谁能借助示意图说说课文的主要内容？（课文按游览的先后顺序介绍了去双龙洞路上、洞口、外洞、孔隙、内洞的见闻感受及出洞情况）

3.从"路上→洞口→外洞→孔隙→内洞→出洞"的路线图可以获知，叶老就是按照游览顺序写《记金华的双龙洞》的。（板书：按游览顺序写）

【设计意图】此环节的设计，看似很平常，但必不可少，对字词的学习和根据示意图填空，紧扣写作，为后面落实本单元的语文要素服务。

三、悟写法

1.感受交代行程之妙。

(1)叶老是用哪些语句把游览的景点连接起来的？默读课文，画出相关的语句，填写交流反馈情况(详见表1)。

表1 交流反馈情况

地点	相应的语句
路上	出金华城大约五公里到罗店,过了罗店就渐渐入山……一路迎着溪流
洞口	入山大约五公里就来到双龙洞口,那溪流就是从洞里出来的
外洞	泉水靠着洞口的右边往外流。这是外洞
孔隙	在外洞找泉水的来路,原来从靠左边的石壁下方的孔隙流出
内洞	大约行了两三丈的水程吧,就登陆了。这就到了内洞
出洞	我排队等候,又仰卧在小船里,出了洞

(2)再读一读这些语句,你觉得哪些词语起到了连接的作用?("到""过了""来到""出了"等连接词)

读完这些句子,你发现了什么秘密?(在整个游览过程中,泉水像小导游一样一直陪伴着作者,给作者指引路线。每一处都写到了泉水,而且流出的方向与叶老游览线路正好相反,这是本文的另一条线索)

小结:这是游记的特点之一,也是我们从此文得到的第一个启示,写游记要把游览的线路交代清楚。

(3)学以致用:用上连接词,写一写你熟悉的某个景点的游览路线。

2.感受"孔隙"表达之妙。

《记金华的双龙洞》堪称游记的经典,究竟有何奥秘,我们通过课后第2题,去探索游记的另一个特点。

(1)出示:读由外洞进内洞的部分,体会作者是怎样把孔隙的狭小和自己的感受写清楚的。

自由朗读第5自然段。照样子,小组合作完成《语文作业本》中的练习(如图2所示)。

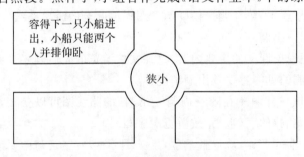

图2 《语文作业本》中的练习示意图

(2)交流,小组反馈。(船进出靠工人两头拉绳子;人必须全身每一处都贴住船底才能通行;山石似乎都朝"我"挤压过来;感觉稍抬头,准会擦伤)

我们靠小组的智慧,提取信息,完成了上面示意图的填写。请大家再聚焦示意图,把各板块中的内容用小标题概括。(交流并板书:船的大小 进出方式 乘船方式 过隙感受)

(3)现在我们清楚地知道了叶老是从船的大小、进出方式、乘船方式、过隙感受等角度写出孔隙的狭小的。其中,叶老还通过细腻的感受突出了空隙的狭小,大家找找相关的词句。

出示:

▲眼前昏暗了,可是还能感觉左右和上方的山石似乎都在朝我挤压过来。我又感觉要是把头稍微抬起一点儿,准会撞破额角,擦伤鼻子。

指导朗读,从中了解叶老用自己游览的感受来写出孔隙的狭小。

(4)过孔隙就是几分钟的事情,叶老却写得如此具体生动形象,这对我们写游记又有什么启示?(板书:将重点景物写清楚)

小结:描写过孔隙时,叶老按游览顺序,将见闻与感受,生动具体地记录下来,使没有来过双龙洞的人有一种身临其境之感,这就是游记的作用。

【设计意图】借助课后练习题,让学生通过自读自悟、小组合作等形式,了解游记的一些基本特点:按游览顺序写,将重点景物写清楚。这种助学的方式不仅培养了学生的核心素养,而且提高了学生的写作能力。

四、尝试写

回想一下:最近你游览过什么地方?什么景物让你难以忘怀?课后学习叶老将见闻与感受结合的写法把这一景物写清楚,让其他人也能领略该景物之美。

【设计意图】趁热打铁,让学生经历由学到仿的转化过程,将学到的知识加以内化巩固,掌握重点景物写清楚特点的技巧和方法,实现"阅读—理解—转换—表达"能力的提升。

【板书设计】

《记金华的双龙洞》板书设计如图 3 所示。

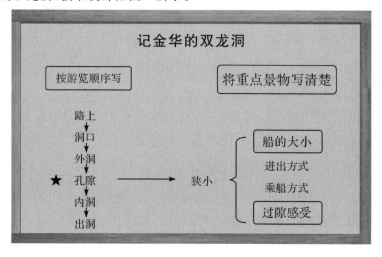

图 3 《记金华的双龙洞》板书设计

【设计意图】此板书,以课文为支架,提炼了游记要按游览顺序写和将重点景物写清楚的写作方法,重点突出,目标明确。

以序探景　展开描写

——"交流平台"与"初试身手"教学设计

【教材解读】

"交流平台"对两篇文章描写景物的方法进行了归纳和总结。《记金华的双龙洞》明确了描写景点,可以按游览的顺序进行描写。《海上日出》则明确了可以按景物变化的顺序来描写景物。两篇课文都抓住了印象最深、最特别的地方展开描写。

"初试身手"安排了两个训练景物描写的任务,结合生活情境落实顺序安排和重点描写的方法。任务一"参观植物园",通过画一画、说一说、写一写,以及借助图中的对话气泡,制定游览路线,说清楚游览顺序;任务二"观察附近的景物",以"附近"一词提示学生关注生活场景,将一处景物按顺序描写出来,可以是游览顺序,也可以是景物变化顺序,落实本单元的语文要素。

【教学目标】

1. 利用课前学习单、"交流平台"梳理和回顾课文内容,总结归纳按一定顺序描写景物的方法。

2. 通过箭头图,制定游览路线,理清游览顺序,学习过渡语的运用。

3. 有顺序地描写校园一景。

【教学重点】

初步掌握按一定顺序描写景物的方法。

【教学难点】

选取一处景物有顺序地进行描写。

【教学过程】

一、搭建平台,有依有据理方法

1. 出示"交流平台",总结方法。

这个单元我们学习了两篇写景的课文——《海上日出》和《记金华的双龙洞》,感受到了大自然的美妙和神奇。从这两篇写景文章中,"交流平台"的三位小伙伴收获了什么呢?我们一起去看一看。"交流平台"如图1所示。

交流平台

写游览过的一个地方,可以按游览的顺序来写。如,《记金华的双龙洞》就是按游双龙洞的顺序来写,游览经过清楚明了。

可以把特别吸引你的景物作为重点来写。如,《记金华的双龙洞》重点写了外洞和内洞之间的孔隙。

如果景物发生了变化,可以按照变化的顺序来写。如,《海上日出》第2~3自然段就是按照早晨太阳变化的顺序来写的。

图 1 "交流平台"

快速默读,总结写景小妙招。

预设一:按照变化的顺序写。

预设二:按照游览的顺序写。

预设三:抓住重点景物描写。(板书:有顺序 有重点)

2.交流课前学习单,感受方法妙处。

展示学生的课前学习单,如图 2 所示。

任务一:

读读《海上日出》《记金华的双龙洞》两篇课文,想想是按什么顺序写的,填写图示。

1.《海上日出》第 2~3 自然段是按_____顺序写的。根据顺序画一画海上日出的场景。

_____ _____ _____

      日出前   日出时   日出后

2.《记金华的双龙洞》这篇课文是按_____顺序写的,按照顺序把方框内容补充完整。课文哪部分内容,作者是作为重点来写的?在游览图对应位置上标注☆。

路上

任务二:

和小伙伴一起游览校园。

图 2 课前学习单

课前同学们已对这两篇课文的写作顺序进行了梳理,我们一起来看一看。按顺序写有什么好处?

预设:能把游览经过写清楚,把变化的景物写得生动具体,让读者感同身受……

但这两篇课文是按不同顺序写的,一篇是按游览顺序,另一篇是按事物的变化顺序,为什么呢?

预设:写游记的时候我们可以按照游览顺序来写,而写某一景物的时候可以按照它的变化顺序来写。

【设计意图】教学设计要兼顾整体,这个环节的设计就是紧紧抓住本单元的训练点,借助"交流平台"归纳写景方法,运用课前学习单回顾精读课文中按顺序描写的妙处,并通过对比,知道描写对象不同,顺序也不同,让学生知其然,也知其所以然。

二、绘制导图,有序有理说路线

"初试身手"如图3所示。

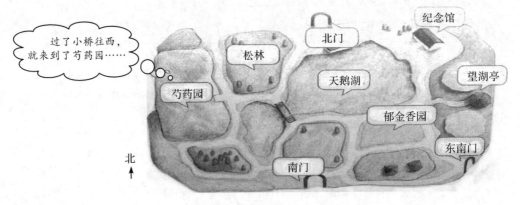

图3 "初试身手"

1. 绘制路线图。

(1)明确要求。

掌握了写景小妙招,我们来小试牛刀吧。星期天,你要带一位同学参观植物园,请根据示意图,画出参观路线。

出示要求:①弄清方向,确定入口和出口。

②选好景点,用箭头画出路线图。

教师演示一处(老师确定的入口是"南门",第一个景点是天鹅湖,在"植物园示意图"上画箭头)。

(2)学生自由绘制路线图。

(3)学生展示路线图并口述游览路线,教师评价(预设:你的路线合理,参观了所有的景点,并且没有走回头路)。

2. 学习过渡语。

(1)提问:从一处景点转到另一处景点,怎样才能说清楚呢?我们来看看课文是怎么把游览路线连接起来的。

出示完成后的课前学习单(部分),如图 4 所示。

2.《记金华的双龙洞》这篇课文是按＿＿游览＿＿顺序写的,按照顺序把方框内容补充完整。课文哪部分内容,作者是作为重点来写的?在游览图对应位置上标注☆。

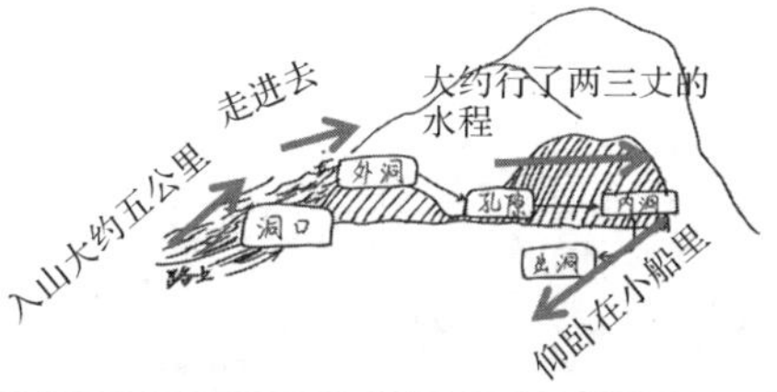

图 4　完成后的课前学习单(部分)

交流小结:

①可以直接写出目的地。

②可以用一些数字来过渡,类似上面的"大约五公里""大约行了两三丈",也可以用"行了""出""过了""到""入"以及"穿过""路过""走过""绕过"等表示动作的词来过渡,使各景点之间的转换更自然。

③借助方位词,写清楚浏览地点的变化。

3. 小组合作说完整。

交流要求:(1)按顺序每人说两个景点的过渡语。

(2)小组合作汇报完整的路线。

【设计意图】回顾《记金华的双龙洞》和《海上日出》,结合对话气泡的提示,学习过渡语的运用,层层推进,让参观路线被学生"看见",将游览顺序可视化。从说路线到说清楚路线,均提供了不同的支架,帮助学生有顺序地表达。

三、观察交流,运用方法写一景

1. 你一定有一个特别喜欢的地方,它可能是我们的校园,可能是你的家乡,也可能是某一处旅游景点。现在把最喜欢的一景介绍给你的小伙伴吧。

2. 根据学生汇报介绍的景点,随机分成校园组、家乡组、旅游组……

3. 学生独立写片段:请按一定的顺序介绍你最喜欢的一景,用上合适的过渡语写一写,并选择印象深刻的地方写具体。

4. 同一个小组互评,根据要求打星。(有顺序、有过渡、有重点……)

5. 展示小组内得星最多的习作,教师评价。(重点部分运用了修辞手法,写得生动形象,写出了自己的真情实感)

6. 小结:要写好游记,一定要按照顺序,抓住景物特点,有重点地进行描写。有序探景,方能妙笔生花。

【设计意图】本环节在前面游览路线设计、过渡语创编的基础上,指导学生选取景物,将按顺序、有过渡、有重点的写景方法自然地运用到日常熟悉的场景中。选择同一景点的小组互评,有对比、有提升,采用星级标准,让评价有依有据,在评价的过程中强化有序写景的方法。

【板书设计】

"交流平台"与"初试身手"板书设计如图 5 所示。

图 5 "交流平台"与"初试身手"板书设计

【设计意图】按顺序写景,注意过渡语的巧妙运用,抓住重点描写。此板书将本堂课的重点内容——呈现,给学生提供了清晰明了的写景方法。

比中探景　悟法写景

——《颐和园》《七月的天山》教学设计

【教材解读】

习作例文《颐和园》和《七月的天山》是两篇写景的文章,安排在习作单元"交流平台"与"初试身手"之后,以旁批和课后思考题的形式,提示学生写景、造句、抒情的方法,为进一步学习"按游览的顺序写景物"提供范例。

《颐和园》写的是园林式景点,作者按照移步换景的方法,依次描写了长廊、万寿山脚下、佛香阁、昆明湖的景色。介绍一处景物前,作者用一个过渡句介绍地点的转换,写法灵活,段落衔接自然。每一处的景物描写各有特点。《七月的天山》主要写骑马入天山的一路所见,描写细腻,文笔优美。文章按进入天山、再往里走、走进天山深处的顺序生动描绘了所见美景。虽然两篇例文的内容和写法各有特点,但旁批和课后思考题提示了写游记的共同方法:用上一定的语句写清楚游览顺序;运用恰当的方式写出景物的特点。

【教学目标】

1. 对比关键句,理清游览路线,习得移步换景的写法。
2. 分析对比描写,体会《颐和园》《七月的天山》有顺序、有画面、有特点的写作方法。
3. 比较表达,明白不同景点在表达上的异同。

【教学重点】

习得移步换景的写法,体会作者是怎样把游览过程写清楚的。

【教学难点】

体会两篇例文表达上的异同。

【教学过程】

一、词语对比知景点

课前大家根据导学单,预习了《颐和园》《七月的天山》这两篇习作例文,老师给这名同学的词语摘抄打了5星。请你读一读,说一说老师给他打5星的理由。(出示导学单,详见表1)

表1　导学单

任务序号	习作例文	
	《颐和园》	《七月的天山》
任务一:摘抄词语	长廊　佛香阁 排云殿　画舫	高耸的巨大雪峰 翠绿的原始森林 高过马头的野花
任务二:		
任务三:		

交流反馈:这名同学摘抄得很有规律。《颐和园》一文是按园林建筑来摘抄的(出示廊、阁、殿、舫的图片,帮助理解),非常有代表性,读着这些词语,仿佛走进了古色古香的园林当中。《七月的天山》摘抄的是自然景观,让人读着读着就仿佛看到了西北边疆的高山大川,画面感十足。

小结:写景,选词也不可小视。选择带有地域特点的词语,能够帮助我们表现景物的特点。

【设计意图】通过学生导学单词语摘抄的展示,既让学生掌握了摘抄词语、积累词语的方法,又让学生在对比中发现每类词语的共性及两篇游记所涉及的重要景观,更为后面的学习作了铺垫。

二、过渡对比知路线

同学们,本单元的语文要素中有这样一条:了解课文按一定顺序写景物的方法。通过学习前面两篇精读课文,我们对这一点已经有所感受,那《颐和园》《七月的天山》的两位作者分别是按什么顺序写的呢? 请浏览课文,先画出有关过渡的语句,然后完成导学单任务二。

1.从例文中找出表示游览顺序的语句。

《颐和园》中的句子:

▲进了颐和园的大门,绕过大殿,就来到有名的长廊。

▲走完长廊,就来到了万寿山脚下。

▲登上万寿山,站在佛香阁的前面向下望,颐和园的景色大半收在眼底。

▲从万寿山下来,就是昆明湖。

《七月的天山》中的句子:

▲进入天山,戈壁滩上的炎暑被远远地抛在后边,迎面送来的雪山寒气,会使你感到像秋天似的凉爽。

▲再往里走,天山显得越来越美。

▲走进天山深处,山色逐渐变得柔嫩,山形也逐渐变得柔美。

2.学生凭借画出的句子完成任务二:画游览路线。

任务二的填写,详见表2。

表2 任务二的填写

具体任务	习作例文	
	《颐和园》	《七月的天山》
任务一:摘抄词语	长廊 佛香阁 排云殿 画舫	高耸的巨大雪峰 翠绿的原始森林 高过马头的野花
任务二:画游览路线	长廊→万寿山脚下→佛香阁前→昆明湖	进入天山→再往里走→走进天山深处
任务三:		

对比两条游览路线,你发现写园林建筑和自然风光的游览顺序的语句有什么相同点和不同点?

预设一:随着作者行动路线的变化,欣赏的风景也不同。

预设二:介绍颐和园时,位置非常准确,而写天山时只有大体的位置。

小结:虽然两篇例文表达顺序的语句有不同,但都采用了移步换景的方法。颐和园是人造景观,天山是自然风光。看来即使是移步换景,不同的景物也可以用不同的方法表达顺序。

【设计意图】"了解课文按一定顺序写景物的方法""学习按游览的顺序写景物"作为本单元的语文要素,为本单元的学习定下了"有序描写"的基调。而这两篇课文都用移步换景的写法,为读者徐徐展开两幅风格迥异的画卷。通过过渡语句的对比,两者在"移步"的空间点位上的差异便凸显出来。作者写作思维中的"顺序"在对比中也清晰地展现出来。

三、描写对比知方法

我们已经了解了《颐和园》《七月的天山》的游览线路,同时我们也欣赏了颐和园和天山的风景。同为写景,两位作者在表达上有什么异同呢?我们来完成导学单的任务三:找描写特点。

1.小组合作。

(1)读《颐和园》《七月的天山》,选择自己欣赏的段落,借助旁批思考作者怎样将景点写具体。

(2)小组交流自己的发现,完成表格。

(3)派代表结合具体的句子,介绍两篇课文值得学习的写法。

2.小组交流

预设一:

▲这条长廊有七百多米长,分成二百七十三间。每一间的横槛上都有五彩的画,画着人物、花草、风景,几千幅画没有哪两幅是相同的。

▲蓝天衬着高耸的巨大的雪峰,太阳下,雪峰间的云影就像白缎上绣了几朵银灰色的花。

相同点:先写"长廊"再写"长廊两旁",雪山→雪水→小溪,两篇课文在介绍景物的时候

都按照一定的顺序写,显得很有条理。描写的时候都关注到了景物的颜色和图案。(板书:有顺序)

长廊的长是通过具体的数字来体现,而雪峰的高大则是通过"蓝天"和"云影"来衬托。(板书:有特点)

【设计意图】秉承本单元有序描写的思路,除了景点转换的路线顺序外,还要引导学生关注作者描写角度的顺序。写长廊是从中间到两边,写雪山是以水为线,从上到下进行描写,无不体现出写作顺序的变化。本组句子的对比,让学生在感悟描写景物的特点时,感受到描写的空间之序。

预设二:

▲抬头一看,一座八角宝塔形的三层建筑耸立在半山腰上,黄色的琉璃瓦闪闪发光。那就是佛香阁。下面的一排排金碧辉煌的宫殿,就是排云殿。

▲沿着白皑皑群峰的雪线以下,是蜿蜒无尽的翠绿的原始森林,密密的松塔像撑开的巨伞,重重叠叠的枝丫,漏下斑斑点点细碎的日影。

对比句子:

▲抬头一看,一座三层建筑耸立在半山腰上,屋顶是黄色的琉璃瓦。那就是佛香阁。下面的一排排的宫殿,就是排云殿。

▲沿着群峰的雪线以下,是蜿蜒无尽的翠绿的原始森林,松塔的枝丫,漏下日影。

小结:生动而丰富的词汇,凸显景物的特点,也让我们仿佛身临其境,看到了美丽的画面。(板书:有画面)

【设计意图】让读者身临其境是写景文章描写生动的表现。通过删减对比,让学生感受到丰富的四字词语所产生的画面效果。而且,关注"抬头一看"等表示视线变化的词语,学生体会到视线变化所带来的描写顺序。

预设三:

▲昆明湖静得像一面镜子,绿得像一块碧玉。

▲在轻轻荡漾着的溪流的两岸,满是高过马头的野花,五彩缤纷,像织不完的锦缎那么绵延不断,像天边的霞光那么灿烂耀眼,像高空的彩虹那么绚丽夺目。

(1)读这两句话,说说你的发现。

都用了比喻,让人感受到了昆明湖的湖水平静、碧绿,野花数量多、颜色艳的特点。

(2)"一切景语皆情语。"在这两句话中,你感受到作者的情感了吗?

作者看到美丽风景时恬静舒畅,赏心悦目。

(3)改后对比句子:两岸的野花美得像一块锦缎,亮得像一片霞光。(出示花海图片帮助学生感受情感的不同)

原句更能显示作者看到广阔的山野中开满野花时的震撼和兴奋,面对广阔花海,心旷神怡。

锦缎、云霞、彩虹,这样的想象顺序可以调换吗?(这样的联想从身边的事物开始,越来越高远,体现出作者的想象越来越开阔,感受越来越强烈)(板书:有情感)

【设计意图】本环节通过改句和换序对比,让学生感受到想象的排比句式体现出的层层递进的情感体验,也感受到情感表达之序。当然,从情感的细微差异中,学生更感受到两位作者对祖国大好河山的喜爱和赞美之情。

3.完成表格

完整的导学单,详见表3。

表3　完整的导学单

具体任务	习作例文	
	《颐和园》	《七月的天山》
任务一:摘抄词语	长廊　佛香阁　排云殿　画舫	高耸的巨大雪峰 翠绿的原始森林 高过马头的野花
任务二:画游览路线	长廊→万寿山脚下→佛香阁前→昆明湖	进入天山→再往里走→走进天山深处
任务三:找描写特点	有顺序、有特点、有画面、有情感	

小结:不同的风景运用不同的写法,不同的写法表达不同的心情,但有一点是一样的,我们都要选择最喜欢的景物,有顺序、有特点、有画面地进行描写,表达我们对祖国大好河山的喜爱之情。

【设计意图】本课通过三个学习任务的串联,让学生感受到重点景物描写中体现出来的有顺序、有特点、有画面、有情感的描写特点。通过表格有理、有序地展现,从而完成教学目标。

【板书设计】

"习作例文"板书设计如图1所示。

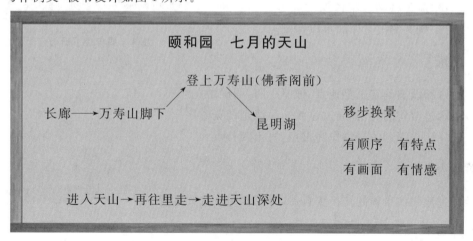

图1　"习作例文"板书设计

【设计意图】此板书突出了教学的重点,直观地帮助学生加深记忆,强化单元语文要素的落实。

写清游览顺序　突出景物特点

——《游_____》教学设计

【教材解读】

　　四年级下册习作单元的内容《游_____》，如图1所示。第一部分，提示学生回顾游览过的、印象深刻的地方，引导学生调动生活经验，打开思路，确定习作内容。第二部分，在"填写游览地方名称，补充题目"和"按照游览顺序把游览过程写清楚"的基础上，提出三个具体建议：第一，先画路线图，帮助理清思路；第二，印象深刻的景物重点写，写出它的特点；第三，运用过渡句使景物的转换更自然。

　　游记是特殊的叙事文体，本次习作是四年级上册习作《生活万花筒》的延伸。游记的特殊性有三：一是叙述的事情是游览一个地方；二是叙述的对象是景物；三是叙述顺序为游览顺序中的地点转换或景物转换。为了使学生能够掌握写游记的基本方法，本次习作应紧密结合精读课文和习作例文的学习，借助习作例文突破习作的重点和难点。

图1　四年级下册习作页

【教学目标】

　　1.通过路线图确定游览地点，理清思路，明确游览顺序。

　　2.揭示过渡句的奥秘，通过过渡句写清楚游览顺序。

　　3.选择印象深刻的景物作为重点，写出其特点。

【教学重点】

　　运用过渡句使景物的转换更自然，并写出重点景物的特点。

【教学难点】

　　运用多种方法突出景物的特点。

【教学流程】

一、交流图示,书写题目

1.刚刚学习的这一单元,我们跟随作者游览了金华的双龙洞、北京的颐和园、新疆的天山。路线图或示意图是游览顺序和游览成果的简洁展示! 学生画的路线图,如图 2 所示。

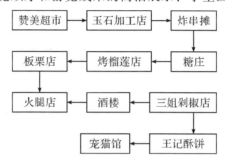

图 2   学生画的路线图

展示学生作业:欣赏了路线图或示意图,你了解了什么信息?

预设:(1)了解了游览的地方。(2)游览一个地方一定会有顺序,路线图或示意图让我们一目了然地明白了游览顺序。

小结:游玩的地方既可以是名山大川、网红打卡地,也可以是身边常去之地。介绍的时候根据图示写文章,文章就会有顺序,不会乱。

2.听了你们的介绍,老师真想去那个地方走走! 但老师还想对那个地方了解更多,怎么办呢? 写成文章是个好办法! 写文章先写题目。请在学习单上端正清楚地写下题目:游_____。(板书:游_____)

【设计意图】展示学生课前绘制好的路线图、示意图,帮助学生打开思路、确定内容、理清顺序。"说清游览顺序和游览成果"是一种口头表达,而游览的过程中不乏印象深刻的景物,这部分在说的时候没有那么详尽,书面表达则要突出这一部分。

二、发现奥秘,书写过渡

1.请看习作例文《颐和园》的游览路线。

长廊—(万寿山脚下)—(佛香阁前)—(昆明湖)

文章中是怎样写清楚这样的游览路线的呢? 请看以下的句子。你发现作者采用什么方法写清楚游览路线的?(板书:过渡句)

▲进了颐和园的大门,绕过大殿,就来到有名的长廊。

▲走完长廊,就来到了万寿山脚下。

▲登上万寿山,站在佛香阁的前面向下望……

▲从万寿山下来,就是昆明湖。

2.写过渡句有奥秘,奥秘就藏在这些句子中。反复地读,细细地思考,说说你的发现。

发现写过渡句的奥秘:

(1)写清楚地点。可以有一个地点,也可以有两三个地点。

(2)用动词和方位词写清楚游览地点的变化。

(3)过渡句要避免重复。

3.完成学习单"活动一:我的游踪"。

请根据自己的路线图或示意图写过渡句,把自己游览的几个景点串联起来。

> 活动一:我的游踪
>
> 过渡句一:_____
> 过渡句二:_____
> 过渡句三:_____
> 过渡句四:_____

4.交流分享学生所写的过渡句。交流要点:

(1)游览地点清楚吗?

(2)用了哪些动词或方位词写清楚地点的变化?

(3)有没有重复?

【设计意图】从发现过渡句的奥秘,尝试写一写过渡句,到交流大家所写的过渡句,这个过程不断地引导学生发现、对比、学习,将重点转移到句子中方位词、动词的选择上,更能检测出学生是否能够准确、恰当地运用词语。

三、重点景物,书写特点

1.欣赏了同学们写的过渡句,读者有一个大大的收获,即不会迷路了,因为跟着这些过渡句游览这个地方就行!过渡句的作用真不小,但读者最想了解的还是每个地点的景物!

2.小组合作:组内成员轮流介绍每处地点各有什么景物,这些景物怎样。

3.下面请欣赏《游绣湖公园》修改前后的两个片段。

(修改前)绣湖的东北边耸立的是大安寺塔。塔身经历几百年的风吹雨打,砖石上分布着大大小小的洞。

(修改后)绣湖的东北边耸立的是大安寺塔。塔身的颜色黑白相间,经历几百年的风吹雨打,砖石上分布着大大小小的洞,斑斑驳驳。就像一个饱经风霜的老爷爷在诉说着大安寺塔神奇的传说故事。大安寺塔名副其实,大安大安,保佑平安。它就像个守护神,守护着义乌的和平与安宁。

交流发现:

(1)印象深刻的景物应该重点写。

(2)写出景物的特点,可以运用准确的词语、恰当的修辞,融入人的感受、情思等,尤其要融入感受。(板书:融入感受)

(3)游记多是在描绘景物的同时抒发感情,或借景抒情,或寓情于景。

4.完成学习单"活动二:印象深刻的景物"。

选择印象深刻的景物,写出它的特点,注意融入感受,用波浪线画出自己感受深刻的句子。

活动二:印象深刻的景物。

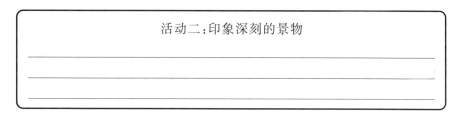

活动二:印象深刻的景物

【设计意图】绣湖公园是学生熟悉的景点,寻找身边的景物更加容易给学生一个范例,且强调了写作方法:用准形容词、用好修辞、加入感受。这三个写作小技巧具体地指导了学生如何写出景物的特点,尤其是要加入自己的感受,把景物和自己放在某个情境中进行感受,更突出了景物本身的特点。

四、迁移写法,书写游记

通过上面的学习,相信同学们一定对游记的写法有所了解了。下面就拿起我们的妙笔,让它生出游记之花。要求是:

1.游览顺序清晰,地点转换清楚自然。

2.游览景物具体,突出景物不同特点。

提示:可以用过渡句,使景物的转换更自然。

3.印象深刻的景物要作为重点来写,注意把它的特点写出来。

【设计意图】从习作内容结构化的理念出发,让学生运用已学的知识,在自己的游记中进行迁移运用、语用实践,提升写游记的水平。

【板书设计】

《游_____》板书设计如图3所示。

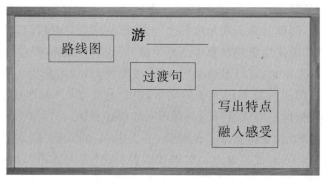

图3 《游_____》板书设计

【设计意图】"路线图"筛选出要写的地点。"过渡句"在筛选基础上进一步美化,使写作顺序更加清晰。落实到重点景物特点的写法上,写出特点和融入感受。设计环环相扣,较为清晰,完成了作文提纲和重点景物介绍的具体任务。

五年级上册

说明白了,就是成功

——习作单元解读

五年级上册习作单元学习介绍清楚一种事物。本单元以训练为过程,以习作为终点,有层次地编排了关于说明文的写作资源。怎样借助教材让学生获得可以借鉴的方法呢?怎样让说明文的习作教学达到课标要求呢?下面尝试对教学内容进行解析,并提出教学建议。

一、说明性文章习作的关联解析

1.串联生活,明实用表达之需

说明性文章以说明为主要表达方式,可以帮助我们认识事物,获取知识。在日常生活中,学生会阅读科普读物、各类说明书等常见的说明性文章。如何使学生在阅读说明性文章时"一看便识""一读即懂",又如何使学生在介绍事物或说明制作过程中努力做到"说明白了"呢? 这是学习说明性文章实用表达的需要,更是一个人发展学科素养的需要。

2.统整教材,理前后关联之用

纵观一到六年级的教材,发现说明性文章分散在不同年段中:二年级《我是什么》《植物妈妈有办法》《要是你在野外迷了路》《太空生活趣事多》等四篇文章,采用童话或诗歌的形式让学生接触说明性文章,借助图片、联系生活了解课文内容;三年级借助《昆虫备忘录》《纸的发明》《赵州桥》《一幅名扬中外的画》《花钟》等文章,学习怎样围绕一个意思写清楚、借助关键句概括大意等;四年级通过连续性观察学习准确的表达,如《爬山虎的脚》《蟋蟀的住宅》《呼风唤雨的世纪》等,阅读时从不同角度提出问题、解决问题,激发阅读的兴趣;五年级上册则在阅读《什么比猎豹的速度更快》《冀中的地道战》等说明性文章时,要求提高阅读速度,另外还专门安排一个习作单元,进行系统学习,练习搜集资料,学习介绍一种事物;五年级下册课文《金字塔》则通过阅读两篇不同文体的文章,进行对比学习;六年级的《宇宙生命之谜》《故宫博物院》则学习根据不同阅读目的选择不同的阅读方法。

五年级上册习作单元,专门安排了说明文,并提出相关的语文要素。我们在教学时,不能把学生对说明文的学习当成零起点。根据统编教材的"能力体系",把握习作单元的写作资源,达成学生不仅会读说明文,更会写说明文的目标。

二、单元教学内容解析

1.篇章页解析

篇章页（如图1所示）以腾跃的鲸为主体，辅以放大镜和阅读记录本，包含人文主题——"说明文以'说明白了'为成功"，阅读要素——"阅读简单的说明性文章，了解基本的说明方法"，习作要素——"搜集资料，用恰当的说明方法，把某一种事物介绍清楚"等内容。

"说明文以'说明白了'为成功"是叶圣陶先生的话，提示我们，说明文最基本的要求和最重要的评价标准即是"说明白"，明确了本单元的教学重点。阅读要素和习作要素中均出现了"说明方法"一词，把读与写联系得十分紧密，再次强调了本单元的教学重点，即在阅读中关注作者使用的说明方法，了解其作用，感受其效果，并在习作中灵活运用，达到"说明白了"的目标。

图1 篇章页

2.教学内容解析

本单元安排了"精读课文"、"交流平台"与"初试身手"、"习作例文"和"习作"等内容。说明性文章的作用在于帮助我们认识事物、获取知识，在材料的选择、说明方法的使用和语言的表达上可以有不同的特点，下面将从以上角度对本单元教学内容进行解析。

（1）精读课文解析

《太阳》是一篇科普类文章，语言平实准确，逻辑严密，通俗易懂。全文分两个部分，第一部分通过三方面介绍太阳的特点，第二部分介绍太阳与人类的密切关系。与科普性说明文《太阳》相比，《松鼠》的语言活泼形象、生动有趣，带有更多的感性思维，字里行间蕴含着作者布封对松鼠的喜爱之情，是一篇文艺性说明文，重在通过细致而生动的描写把松鼠的特点和习性"说明白"，并利用打比方、作比较、列数字等常见的说明方法，让松鼠的形象跃然纸上，使科普性和趣味性有机结合、融为一体。

两篇精读课文都抓住事物的特点进行说明，是风格各异的说明文范例。通过学习，学生了解和掌握基本的说明方法，为后续的习作作铺垫。

（2）"交流平台"与"初试身手"解析

"交流平台"紧紧围绕"说明方法"，紧扣"说明白"，安排了四个段落内容。第1自然段，让学生明白阅读说明性文章的意义，通过两篇精读课文的学习，我们了解了说明性文章可以帮助认识事物、获得知识。第2和第3自然段，分别从说明方法和抓住事物特点来明确说明性文章的特点，指向本单元的语文要素。最后一个自然段，指出说明文语言有的平实，有的活泼，语言风格多样，为描述得准确、清楚、有条理服务。

"初试身手"完全指向说明性语言的实践运用。训练主要安排了两项内容，详见图2。

| 初试身手 |

◎选择身边的一种事物，试着运用多种方法来说明它的特征。

这座电视塔高368米，大约有120层楼那么高。它的外形像一个待发射的火箭。

图2　初试身手

这两项内容紧扣"说明方法"，引导学生通过对比进一步了解说明文的文体特点和表达方法，提示帮助学生分解目标，从句到段有梯度地进行练习，为之后整篇的习作做好准备。

（3）习作例文解析

本单元安排了两篇习作例文——《鲸》《风向袋的制作》，完全指向单元的习作要素，直指言语方式，探索写作知识在文本中存在的具体形态。《鲸》采用列数字、作比较、举例子、打比方等多种说明方法，准确生动地介绍了鲸的相关特点，使我们对鲸这种庞大而又神秘的海洋生物有了更多更全面也更科学的认识。《风向袋的制作》条理清晰地介绍了风向袋的制作步骤，并使用列数字的说明方法对制作过程和方法进行准确的描写，提高风向袋制作的成功率。两篇例文借助批注和课后思考题，引导学生学习如何运用说明方法对事物进行有条理的介绍。

（4）习作解析

本单元的习作《介绍一种事物》，要求学生选择一种了解并感兴趣的事物，把它介绍给别人。在确定写作对象后要对其进行细致的观察，并搜集相关资料进一步了解，选择合适的说明方法进行介绍。写好后，与同学分享。如果同伴对你介绍的事物产生兴趣，并从中获得了相关的知识，也就达成了"说明白了"的目标。

习作单元的目标高度集中，紧紧围绕一个学习任务展开，环环相扣形成一个有机的整体。通过精读课文学习方法、"交流平台"总结方法、"初试身手"进行实践、"习作例文"强化写法，到了单元习作，学生就能将学到的方法加以运用，明确说明文的特点和写法，向他人准确、清楚、有条理地介绍一样事物。

三、教学思考

1.统合单元整体，建发展阶梯

遵循"认识—思考—尝试—分析—运用"的学习规律，以单元板块式教学内容确定教学目标和重难点，准确定位精读课文和习作例文在习作单元中的作用，它们既是品读分析的对象，更是指向习作的一个个支架，服务于学生如何写，循序渐进地推进学生的习作实践。发展阶梯如图3所示。

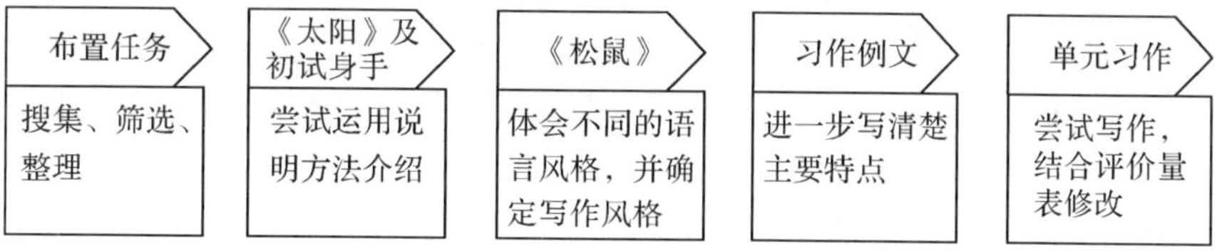

图 3　发展阶梯

　　提前布置任务,明确介绍对象,并搜集、整理和筛选相关资料,列好写作提纲;通过精读课文《太阳》的学习,了解说明方法,结合"初试身手"的第 1 题,选择介绍对象,尝试运用说明方法进行介绍;学习《松鼠》,对比《中国大百科全书》里对松鼠的介绍,体会说明性文章不同语言的风格,尝试改写《白鹭》,并确定单元习作的语言风格;结合习作例文《鲸》《风向袋的制作》,进一步感知方法,把介绍对象的主要特点写清楚。最后通过习作训练,结合评价量表修改单元习作,落实本单元的语文素养。

　　2.学:扣语文要素,搭习作支架

　　不同于其他单元,习作单元的精读课文应聚焦于"从阅读中学习表达方法",承担习作支架的作用,让学生从中习得一定的"表达方法",且用这些表达方法进行语言实践,写出一篇清楚介绍一种事物的说明文。这就要求教学活动时弱化理解内容、朗读体会、感悟内涵等方面,让学生有更充分的时间去体悟、学习说明文的写作方法。

　　可借鉴的写法梳理,详见表 1。

表 1　写法梳理

课文题目	选材角度	语言风格	说明方法
《太阳》	自然景观	科普性说明文,语言表达平实质朴	列数字、举例子、作比较等
《松鼠》	动物	文艺性说明文,语言表达生动形象	打比方等
《鲸》	动物	文艺性说明文,语言表达生动形象	列数字、作比较、打比方等
《风向袋的制作》	物品	流程性说明文,语言表达准确、有条理	列数字等

　　3.写:行具体方法,书单元习作

　　学生的习作学习,不是简单地学习习作知识,而是要学习习作知识的运用。本单元的习作为《介绍一种事物》,要求学生选择一种了解并感兴趣的事物,把它介绍给别人。

　　在写作前,可引导学生提前完成对象的确定、角度的选择、方法的使用和语言风格的定位,给初步的写作尝试打下良好的基础。

　　在写作时,可以针对学生出现的问题进行反馈,再次借助精读课文和习作例文帮助学生进行合理的修改与完善,尤其要关注习作例文的批注和课后思考题,结合具体情况进行具体分析和指导。当学生选择的习作对象和课文、习作例文有相似之处时,更应该引导他们参考相应的内容进行有针对性的学习。带着目的去学习才能掌握习作的要点,更能做到学以致用、以用促学。

4. 合：融多元评价，合综合活动

单元整体教学倡导"教—学—评"一体化协同进行，以多元化评价激发学生写作兴趣，以嵌入式评价追踪学生写作过程，以发展性评价提升学生写作能力。在习作练习中，教师和学生根据单元习作标准进行自评、互评，并在此基础上不断修改提升。

如在习作单元教学开始前，设计编撰《班级百科全书》、竞选"小小解说家"等具体情境，引导学生带着目的走进教材开展学习活动，有意识地学习说明方法并进行表达。在完成单元习作后，可以根据学生的兴趣分组分类完成相关的实践活动，如编撰百科全书时需要对文章进行筛选整理、设计封面和目录等，不仅培养了学生的思维能力，还丰富了他们在审美创造方面的经验。"小小解说家"则更侧重于学生在语言表达上的成就感，可以通过拍摄小视频的形式介绍事物，并将相关内容发布在班级群、学校网站、家长群等，引导学生积极参与、表现自我、发现不足并改进，提高语言运用的能力，感受语言文字的魅力，提升文化自信。

在习作单元的教学上，紧扣阅读要素和习作要素是前提，研读文本掌握写作方法是关键，促进学生习作能力的提升是目标。要通过多元的评价来夯实学习的基础，提升读与写的热情，关注学生的成长。

把事物说明得更"明白"

——《太阳》教学设计

【教材解读】

《太阳》是常识性说明文。它介绍了太阳的特点及太阳和人类的密切关系,凸显太阳的重要性,激发学生探索大自然奥秘的兴趣。课文内容分两部分:第一部分从"远""大""热"三个方面介绍了太阳的特点;第二部分说明太阳的作用,它和人类的关系密切。文章语言通俗易懂,并运用多种说明方法。

课文编排在习作单元的第一课,承载着"习作范文"的重任,为后面习作搭建有力的支架。课后的两道习题,明确了课堂教学内容,除了了解太阳的特点、对人类的作用外,还要认识作者介绍事物的说明方法,体会说明方法的表达效果,指导学生尝试根据对象的具体情况,恰当地运用说明方法将事物"说明白"。

【教学目标】

1.认识"摄""殖"等 4 个生字,会写"摄""氏"等 9 个生字,正确读写"摄氏度""繁殖""蔬菜"等词语。

2.默读课文,了解课文是从哪些方面介绍太阳以及太阳对人类的作用。

3.了解太阳"远""大""热"的特点,学习列数字、作比较、举例子、打比方等基本说明方法的表达效果,尝试运用恰当的说明方法介绍身边某一事物。

【教学重点】

初步学习阅读说明文的方法,了解说明方法及其作用,激发学生学习自然科学的兴趣。

【教学难点】

尝试运用恰当的说明方法介绍身边某一事物。

【教学过程】

一、诵读古诗,趣聊"太阳"

1.逐一出示带"日"字的诗句。

> ▲日照香炉生紫烟,遥看瀑布挂前川。
>
> ▲日出江花红胜火,春来江水绿如蓝,能不忆江南?
>
> ▲千里黄云白日曛,北风吹雁雪纷纷。
>
> ▲浮云游子意,落日故人情。

读一读,聪明的你一定发现这些诗句都与什么有关?(日)

同学们真会观察!古诗中的"日"就是我们现在所说的——太阳。

2.谁来说说你对太阳的了解情况?(自由说)

3.有一位叫张姞民的作家,就写了一篇名为《太阳》的说明文,他是怎样介绍太阳的呢?

【设计意图】引用带有"日"字的古诗句,回顾关于太阳的已有生活认知,拉近学生与文本的距离,为课堂学习打下了基础;介绍作者,揭示课文题目,提出疑问,激发学生的阅读兴趣,对接下来的有效阅读产生积极的作用。

二、学习字词,梳理文脉

1.出示认读词语,检查预习情况。

> 摄氏度　繁殖　煤炭　治疗

课前,我们已经预习了课文。谁能带大家正确地读一读?

哪个词比较陌生?(预设:摄氏度)你是通过什么办法解决的?(联系生活实际)

出示预习中写错的字词,再正确地写一遍。

2.通过预习,你知道作者介绍了关于太阳的哪两方面内容?(特点、作用)具体写了哪些内容呢?填写下面的思维导图(如图1所示),然后和同桌说说课文的主要内容。

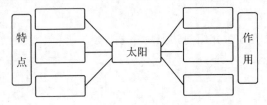

图1　思维导图

【设计意图】此环节,生字词预习检查极具针对性和实效性,夯实了语文学习的基础。在这基础上,通过提炼关键信息,填写思维导图,学生自然对太阳的特点和作用有了清晰的认识,加深对文本的整体感知。

三、重点研读,学习方法

1.自主学习

(1)出示导学单:默读课文第1~3自然段,概括出太阳的3大特点,记录在导学单(详见表1)中。(远、大、热)

表1　导学单

特点	摘录句子	说明方法	好处
远			
大			
热			

(2)请大家抓住其中的一个特点,摘录相应的句子,写一写运用的说明方法和好处。体会作者是怎样把这一特点说清楚、说准确、说具体、说形象的。(指导记录方法:为了节约时间,我们可以只摘抄句子中开头的几个字和句尾的几个字,中间用"……"表示。)

2.交流句子

太阳离我们约有一亿五千万千米远。

(1)这句话运用了什么说明方法?(列数字)重点词是哪个?(一亿五千万千米)

(2)如果把原句改成"太阳离我们很远"可以吗?为什么?

小结:像这样运用数据来说明事物特点的方法叫列数字。(板书:列数字)运用列数字的说明方法,准确具体,读者一下子就明白了太阳和地球之间的距离十分遥远。这就是列数字的好处。

(3)句式比较:其实《太阳》这篇课文,在原人教版三年级语文课本里也出现过,它原来是这样表述的(出示对比句)。找一找,哪里不一样?

▲太阳离我们约有一亿五千万千米远。(现在课文)

▲太阳离我们有1.5亿公里远。(以前课文)

"公里"为什么要改为"千米"呢?(为了把事物说得更清楚明白,说明文尽量使用读者更熟悉的常用单位。)"约":体现说明文的准确性。

小结:为了把事物"说明白",作者除了运用恰当的说明方法,还特别注意使用准确的词语。我们在阅读时不仅要关注说明方法,还要关注用词的准确。

3.小组合作

刚才,我们抓住了重点词,体会了说明方法的好处、用词的准确严谨。接下来,我们就按照这种方法,在小组内进行学习交流。

4.全班交流

(1)预设句子:

▲约一百三十万个地球的体积才能抵得上一个太阳。

▲到太阳上去,如果步行,日夜不停地走,差不多要走三千五百年;就是坐飞机,也要飞

二十几年。

▲太阳会发光,会发热,是个大火球。

交流要点:抓住重点词语"约、差不多……"体会说明文用词的准确性。抓住说明方法——作比较、列数字、打比方,体会说明方法的作用。

小结:通过品读,我们知道了课文用列数字、作比较、举例子、打比方的方法,把太阳的"远""大""热"三个特点写得一清二楚。正如叶圣陶爷爷所说的——说明文以"说明白了"为成功。(课件出示)

(2)除了这些,课文的开头也很有趣,说一说为什么。

小结:以传说作为开头,这也是文学引子的一种表达方式,吸引读者的阅读兴趣。真好!

【设计意图】利用学习单,让学生进行自主探究,教师在指导学生感受太阳"远"的特点的过程中,渗透学法。对于太阳"大""热"的特点,学生开展小组合作学习,让学法得到迁移,实现了教是为了不教的目的。

四、聚焦方法,学以致用

1.出示:接下去,我们试着像叶圣陶爷爷说的,把一件事物说明白,详见表2。

2.尝试写一写。

3.学生自评、互评。

4.学生修改片段。

【设计意图】在学习了太阳的三个特点之后,安排了小练笔,既是对说明方法的强化,又将阅读中学到的知识自然地迁移到"写"中去,学以致用。

表2　学习单

1.银杏相关资料
 树高:35.4米 树围:7.5米 树龄:500多年
2.我选择的特点:

续　表

项目	说明方法	语言	内容
提问	我用了说明方法吗？我的说明方法是_____	我的语句通顺吗？	有没有把银杏的特点写出来？
自评			
互评			

3.我来写一写(提示:尝试用恰当的说明方法写一写,表现银杏树的特点。)

做到的打上☆

【板书设计】

《太阳》板书设计如图 2 所示。

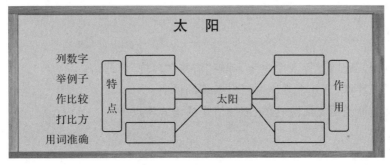

图 2　《太阳》板书设计

【设计意图】此板书采用框架式,文章的结构和内容一目了然,说明文的说明方法清楚明了,便于学生掌握要领,又提高学生构思的能力,两者相得益彰。

抓住特点　具体说明

——《松鼠》教学设计

【教材解读】

　　《松鼠》是本习作单元的第二篇课文，是法国作家布封写的一篇文艺性说明文。文章细致而生动地说明了松鼠的外形特征、行为习性、搭窝技巧、生育情况等方面的特点，字里行间蕴含着作者对松鼠的喜爱之情。

　　与《太阳》一文相比，《松鼠》具有一定的文学色彩。本文以准确说明为前提，以形象化描写为手段，将知识性、趣味性和科学性融为一体，展现了一只乖巧驯良又活泼机敏的松鼠。本文让学生在获得知识的同时，获得艺术享受。因此教学时，根据课后练习，引导他们学习作者如何准确、有条理地具体介绍松鼠，感受活泼、有趣的语言风格，学会用心观察、大胆表达。

【教学目标】

　　1.学会本课"驯""矫"等 8 个生字，理解"清秀""玲珑"等词语。

　　2.抓住松鼠特点，分几个方面进行有条理的说明。

　　3.体会文艺性说明文活泼具体、准确清楚的语言特点。

【教学重点】

　　梳理松鼠的相关内容，体会课文的语言特点。

【教学难点】

　　体会课文活泼具体的语言特点。

【教学过程】

一、引文题，趣导入

　　1.同学们，这是《自然传奇·超级松鼠》片段，请欣赏。

　　2.看完视频，说说视频中哪些内容吸引了你？

　　3.对，这个视频片段在视觉和听觉上都给我们留下深刻的印象，尤其是视频的解说词，不仅准确清楚，而且有趣生动，让我们能够更准确地了解松鼠。今天，我们学习的课文主角也是松鼠。（板书：松鼠）

《松鼠》是一篇说明文,是法国著名的昆虫学家、文学家布封所写。他笔下的松鼠是否和视频中的松鼠一样讨人喜欢?在说明方面有哪些奥秘呢?让我们一起走进《松鼠》。

【设计意图】以动物纪录片营造出轻松、活泼的课堂氛围,从视感、听感上迅速拉近学生与松鼠的距离,产生亲切感,自然而然引出作者与课文题目,激发学习兴趣。感受解说词的准确生动,体会课文的语言特点。

二、巧梳理,知有序

1.课前,我们已经预习了课文。请看大屏幕,这些词语你都会读了吗?

学生自读词语,并检查反馈。

清秀	玲珑	翘起	帽缨形
矫健	歇凉	追逐	警觉
分杈	苔藓	狭窄	圆锥形

2.仔细观察每一组词,说说你有什么发现。

预设:不同组词语分别写了松鼠的不同方面,第一组——外形特点,第二组——行为特征,第三组——搭窝技巧。其中第二组和第三组可以合称为"生活习性"。

3.请大家默读课文,根据松鼠不同方面的特点,梳理文中有关松鼠的信息,并分条记录,如图1所示。

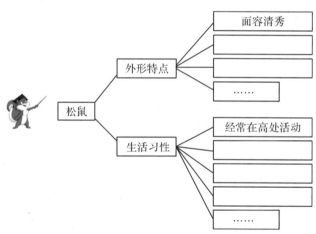

图1　梳理文中有关松鼠的信息

4.学生汇报,教师随机指导。

小结:根据图1,我们不难看出文章从松鼠的外形特点、生活习性等方面展开说明,说明得有条有理。(板书:外形特点、生活习性)

【设计意图】本环节的设计,把字词的学习、课后习题与《语文作业本》相结合,巧妙利用思维导图划分层次,梳理文章内容,提升学生的阅读能力和概括能力,让学生体会有条理地把事物说清楚。

三、探表达,学方法

这是一篇文艺性说明文,最主要的特点就是语言准确生动,抓住松鼠的特点进行了具体说明。下面就让我们再次走进课文,探究这一奥秘。

1.紧抓特点,书写感受。

(1)请你快速浏览课文,找出概括介绍松鼠特点的语句。

出示语句:

▲松鼠是一种漂亮的小动物,乖巧,驯良,很讨人喜欢。

朗读,画出重点词,并理解"驯良"的意思。

(2)仔细默读课文,找找体现松鼠特点的句子,想想作者是怎样说明的,写写自己的感受。

2.对比阅读,体会表达的活泼具体。

(1)老师发现同学们不约而同地聚焦到了课文的第1自然段。出示原文内容。

> 它们面容清秀,眼睛闪闪发光,身体矫健,四肢轻快。玲珑的小面孔,衬上一条帽缨形的美丽尾巴,显得格外漂亮。它们的尾巴老是翘起来,一直翘到头上,自己就躲在尾巴底下歇凉。它们常常直竖着身子坐着,像人们用手一样,用前爪往嘴里送东西吃。可以说,松鼠最不像四足兽了。

出示学生的批注要点:这段话的描写比较有趣,使用了打比方、作比较的说明方法,生动形象地写出了松鼠的漂亮、惹人喜爱。

(2)同样的内容,《中国大百科全书》中是这样写的。出示:

> 松鼠体形细长,体长 17～26 厘米,尾长 15～21 厘米,体重 300～400 克。

(3)仔细与课文的第1自然段比较,在语言表达上有什么不同?

预设:

表达方法不同:这句话主要运用列数字的说明方法;课文运用打比方、作比较的说明方法,还对松鼠的外形进行了具体细致的描摹。

表达效果不同:这句话的说明简洁明了,通俗易懂,让读者一下子就了解了松鼠的体形、长度和体重;课文的说明准确生动、清楚形象,似乎有一只漂亮的讨人喜爱的松鼠在眼前跳跃。

表达内容不同:课文介绍的内容更加丰富全面,而且紧紧围绕松鼠的特点介绍。

小结:其实这两种说明方法,只是语言风格的不同,一个活泼主观,一个平实客观,它们没有好差之分,只有合适与不合适之别。《松鼠》这篇文章采用活泼生动的描述性说明,活灵活现地展现了松鼠外形漂亮的特点!这也是文艺性说明文的语言特点!(板书:活泼具体)

3.小组合作,品味表达的准确清楚。

文艺性说明文这种语言上的特点还充分表现在课文的其他地方,我们继续深入探究。

(1)请大家看课后练习第2题,找出课文中相对应的内容,小组合作,比较阅读,体会表达上的不同。

> ①松鼠每年春、秋季换毛。年产仔2～3次,一般在4、6月产仔较多。
> ②松鼠在树上筑巢或利用树洞栖居,巢以树的干枝条及杂物构成,直径约50厘米。

(2)小组合作,比较阅读,体会要点。

比较阅读内容,详见表1。

表1 比较阅读

选择内容	说明方法	说明效果	说明内容
小组选择第_____句			
对应课文第_____节			

(3)在小组学习反馈的基础上,重点指导。

> 松鼠的窝通常搭在树枝分杈的地方,又干净又暖和。它们搭窝的时候,先搬些小木片,错杂着放在一起,再用一些干苔藓编扎起来,然后把苔藓挤紧、踏平,使那建筑物足够宽敞、足够坚实。这样,它们可以带着儿女住在里面,既舒适又安全。窝口朝上,端端正正,很狭窄,勉强可以进出。窝口有一个圆锥形的盖,把整个窝遮蔽起来,下雨时雨水向四周流去,不会落在窝里。

圈出松鼠搭窝的动词:搬、放、编扎、挤紧、踏平

画出表示松鼠搭窝先后顺序的词语:先……再……然后……

想一想:松鼠搭窝的动词使用得怎样? 表示先后顺序的词语能删去吗? 为什么?

小结:作者准确运用一系列表述松鼠搭窝的动词,清楚展现了松鼠搭窝的过程;运用表示先后顺序的词语,串联每一个步骤,把松鼠搭窝的过程写得条理清楚,让人感受到松鼠乖巧、驯良,讨人喜欢。(板书:准确清楚)

(4)课文的第2、3自然段同样介绍得具体生动、准确清楚,请同学们自己去读一读喜欢的语句。

【设计意图】指导学生采用自主探究、合作学习的方式,通过对重点句段的研读和与其他内容的对比阅读,学习作者抓特点,把事物写生动、写具体的方法,环环相扣,步步深入,循序渐进,有效突破教学难点。

四、拓阅读,练表达

1.除《松鼠》外,布封还在其代表作《自然史》中写了马、狐狸、野兔等动物,感兴趣的同学可以去读一读。

2.课后,请同学们运用我们今天学习的说明方法,具体准确地写一写自己喜欢的一种小动物。

【设计意图】本环节的设计,由一篇带多篇,由课内延伸至课外,拓宽了知识面,提升学生对语言表达的关注度,学以致用,有效提高写作能力,为后面的学习作好铺垫。

【板书设计】

《松鼠》板书设计如图 2 所示。

图 2 《松鼠》板书设计

【设计意图】本课板书紧扣文章重点内容,既通过提炼关键词句的方式呈现表达特点,又有习作方法的渗透,帮助学生更好地搭起习作知识框架,开展写作。

说明"有"方法　说明"用"方法

——"交流平台"与"初试身手"教学设计

【教材解读】

本单元"交流平台"结合《太阳》《松鼠》两篇精读课文,将说明文的特点进行了梳理和总结。四个自然段介绍了说明文帮助人们认识事物、获取知识的作用,明确了"说明白了"要抓住事物鲜明特点具体介绍、运用恰当的说明方法、选择合适的语言风格,并强调了说明性文章的描述要做到准确、清楚、有条理。

"初试身手"安排了两个说明文写作任务。任务一:要求学生以"电视塔"为例,运用多种说明方法将身边的一个事物的特征说明清楚。任务二:让学生借助搜集的相关资料,把第一单元课文《白鹭》中描写白鹭外形的内容改写成说明性文字,从而明白散文与说明文语言风格的不同。

学生在学习语言风格不同的说明性文章后再进行练笔,既能对说明性文章加深理解,又消除了学生第一次写说明性文章的畏难心理,从写作方法总结过渡到练笔运用,这两个栏目相辅相成,为单元习作打下了基础。

【教学目标】

1. 回顾已学课文,借助"交流平台"总结说明文体的特点和作用。

2. 尝试运用多种说明方法描写身边的事物。

3. 初步具备筛选资料的能力,运用恰当的说明方法,将《白鹭》第2～5自然段进行改写,初步感受说明文和散文不同的表达效果。

【教学重点】

初步体会说明文的特点,能使用恰当的说明方法介绍身边事物。

【教学难点】

筛选合适的资料,选择恰当的说明方法,将《白鹭》第2～5自然段进行改写。

【教学过程】

一、交流比较,感悟"说明白"

本单元,我们学习了《太阳》《松鼠》两篇说明性文章,叶圣陶先生指出说明文以"说明白了为成功"。为什么说明文成功的标准是说明白?怎样才能说明白呢?今天,我们一起学习第五单元的"交流平台"与"初试身手"。(板书:交流平台　初试身手)

1.出示"交流平台",梳理方法

请同学们打开语文书,仔细阅读交流平台(如图1所示),逐字逐句画出你认为的重要信息,待会与大家分享一下如何"说明白了"的妙招。

> **交流平台**
>
> 　　说明性文章可以帮助我们认识事物、获取知识。如了解太阳体积大、温度高的特点,知道松鼠的外形特征和生活习性。
> 　　说明性文章为了把抽象、复杂的事物说得清楚明白,往往会使用打比方、列数字、举例子、作比较等说明方法。如,太阳的温度是很难感知的,但是告诉大家它的"表面温度有五千多摄氏度""钢铁碰到它,也会变成气体",就容易理解了。
> 　　说明性文章通常抓住事物鲜明的特点进行具体说明,使我们清楚地了解事物。如,布封通过对松鼠尾巴的细致描述,让我们仿佛看到了松鼠小巧可爱的样子。
> 　　说明性文章的语言风格多样。有的平实,如《太阳》;有的活泼,如《松鼠》。无论哪种风格,描述都要准确、清楚、有条理。

图1　交流平台

预设一:第1自然段让我们知道了说明文的作用,通过阅读说明性文章,我们能够认识到事物不同方面的特点,使我们清楚地认识事物、获取知识。(板书:认识事物)

预设二:第2自然段告诉我们说明文运用说明方法可以将抽象、复杂的事物说得清楚明白,这是说明文的方法。(板书:说明方法)

预设三:第3自然段告诉我们抓住事物鲜明的特点进行具体说明,可以使我们清楚地了解事物。(板书:抓住特点　具体说明)

预设四:第4自然段告诉我们说明文的语言风格是多样的,根据写作对象可以选择不同的风格,但描述必须准确、清楚、有条理。(板书:语言多样)

小结:从说明性文章的作用来看,只有说明白了,才能帮助我们认识事物、获取知识。而要把事物特点写清楚、说明白,离不开恰当的说明方法和准确清楚的语言。看来,说明白真是说明文的成功标准啊!(板书:说明白)

2.回顾课文,温习方法

(1)通过学习本单元的两篇说明性文章,我们对太阳和松鼠这两样事物认识了多少呢?我们一起来补充完成学习单(详见表1)吧!

表 1　学习单

课文题目	特点	具体描写	说明方法
《太阳》	距离远		
		约一百三十万个地球的体积才能抵得上一个太阳	
		太阳的温度很高,表面温度有五千多摄氏度,就是钢铁碰到它,也会变成气体	
《松鼠》		玲珑的小面孔,衬上一条帽缨形的美丽尾巴,显得格外漂亮	打比方

(2)交流反馈,总结说明方法的作用。

通过补充学习单,交流有什么收获呢?

小结:列数字、作比较、打比方这些都是常用的说明方法,恰当地运用说明方法,可以把事物的特点说得准确、通俗易懂。(板书:说明方法)

(3)比较借鉴,感受多样的语言风格。

仔细品读表格中具体描写的句子,同样是说明文,借用说明方法表现事物的特点,两篇课文在语言上给了你怎样不同的感受?

预设:《太阳》就像一篇科普文,语言严谨平实;《松鼠》的语言更加有趣生动,描述更细致,同时还能读出作者对松鼠的喜爱之情。

小结:我们要抓住事物的特点,选择合适的语言风格,科学严谨地描述,这样,才能把事物说明白、讲清楚。

【设计意图】说明文以"说明白"为核心,通过阅读"交流平台"明确说明作用、方法、对象、语言风格的要求;借助学习任务单,回顾单元课文,交流精读课文的句子,直接感受说明方法和说明文语言准确清楚对"说明白"的重要性。

二、观察事物,掌握"写明白"

1.了解训练内容。

看来要把一样事物说清楚,只要掌握了说明方法,也不难啊! 现在我们也来试一试。请同学们看"初试身手"第一项任务(如图 2 所示)。观察电视塔图片,仔细阅读旁边的文字,完成"说明白"标准表(详见表 2)。

| 初试身手 |

◎选择身边的一种事物，试着运用多种说明方法来说明它的特征。

这座电视塔高368米，大约有120层楼那么高。它的外形像一个待发射的火箭。

图2　初试身手

2.交流并校对表2。

表2　"说明白"标准

	抓住事物的鲜明特点:高,形状独特
事物:电视塔	运用恰当的说明方法:列数字、作比较、打比方
	语言准确清楚有条理:大约

3.简短的文字用上恰当的说明方法,让我们直观感受到电视塔的高度、形状。那如果让你选择身边一种事物介绍,你会介绍它哪个方面的特征呢?(玩具、动物、水果等)你会用什么说明方法把它的特征向大家说清楚明白呢?试着写一段文字来介绍吧!

4.全班展示交流,根据"说明白"标准,互相点评并进行修改。

5.指名读修改后的片段,详见表3。

表3　"说明白"标准

	抓住事物的鲜明特点:小
事物:蚂蚁	运用恰当的说明方法:列数字、打比方、作比较
	语言准确清楚有条理:大约　　左右　差不多

蚂蚁是生活中常见的小动物,它体形小巧,最小的蚂蚁只有 0.75 毫米,也就是大约有普通绣花针的针孔那么大,好像一粒小芝麻。我们人类已知的最大的蚂蚁有 52 毫米左右,差不多是成年人手指头那么长。

【设计意图】表格的呈现是让"说明白"直观可视化,使学生在介绍事物的时候有样可依、评价修改的时候有据可查。一小段的说明性文字的练习,消除了学生的畏难情绪,又可以明确引导学生运用恰当的说明方法说明白事物的特点。

三、同文异构,尝试"改明白"

运用多种说明方法能够清楚地说明事物的特征,那我们现在来看看"初试身手"中的第二项任务,请仔细阅读。想一想,要将《白鹭》改写成说明性文章,需要我们做哪些准备?(自由交流)

将一篇散文改写成说明性文章,会变得怎样呢?查找资料,试着将课文《白鹭》的第2~5自然段改写成一段说明性文字,体会它们的不同。

1.仔细读一读《白鹭》的第2~5自然段,看看作者写了白鹭的哪些方面。(身段、色素)

《白鹭》原文

色素的配合,身段的大小,一切都很适宜。

白鹤太大而嫌生硬,即使如粉红的朱鹭或灰色的苍鹭,也觉得大了一些,而且太不寻常了。

然而白鹭却因为它的常见,而被人忘却了它的美。

那雪白的蓑毛,那全身的流线型结构,那铁色的长喙,那青色的脚,增之一分则嫌长,减之一分则嫌短,素之一忽则嫌白,黛之一忽则嫌黑。

2.请仔细阅读资料,圈画出描写白鹭身段的有关信息。

白鹭相关资料

白鹭属共有13种鸟类,其中大白鹭、中白鹭、小白鹭和雪鹭4种体羽皆是全白,通称白鹭。这4种白鹭均是45~90厘米的中等体型白色鹭。鸟喙黑色;头有短小羽冠;全身纤瘦,眼睑粉红色,颈甚长,嘴及腿较长,黑色,趾黄绿色。

3.出示示例,发现改写奥秘。

《白鹭》原文	改写《白鹭》
色素的配合,身段的大小,一切都很适宜。 白鹤太大而嫌生硬,即使如粉红的朱鹭或灰色的苍鹭,也觉得大了一些,而且太不寻常了。	白鹭属共有13种鸟类,其中大白鹭、中白鹭、小白鹭和雪鹭四种体羽皆是全白,通称白鹭。这4种白鹭均是中等体型,体长约45~90厘米。与白鹤比较,白鹭要小得多。

交流一:改写《白鹭》与原文有什么不一样呢?

写作目的不一样了,郭沫若先生是为了表达自己对白鹭的喜爱之情,而改写后的《白鹭》是为了让我们对白鹭的外形有更多的认识与了解。

语言风格不一样了,说明性文章的语言更加严谨、更加准确,而散文语言含蓄、文雅。

交流二:结合"说明白"标准表,你有什么改写收获呢?

语言要准确清楚,比如"约、小得多"等科学严谨的词语。

将身段适宜的特点说清楚运用了多种说明方法:列数字、作比较等。

资料选取恰当,根据原文选取了有用的资料,并依据说明文的语言特点进行描述。

小结:改写的时候,要根据原文中事物的特点,筛选出合适的资料。改写不是简单的资料重组,要运用恰当的说明方法,语言描述要准确、清楚、有条理,才能将白鹭适宜的身段说明白。白鹭不仅身段适宜,色素搭配也很美,小组接着合作完成改写任务。

4. 根据要求,尝试改写。

5. 小组交流,引导修改。

在第一单元,《白鹭》用诗情画意的语言为我们展示了白鹭精致的外表和适宜的身段。今天,我们运用恰当的说明方法,筛选有用的资料,关注表达的顺序和条理,转变语言风格,就能把白鹭美丽的外形更加具体清楚地展现在我们眼前。课后结合自己的思考,依据"说明白"标准,再次修改练笔。

【设计意图】对《白鹭》进行改写,是本堂课的教学难点。教学中通过提供示例,与原文进行比较,让学生从中习得改写的策略,在这基础上学生进行改写练习,化难为易,难点自然化解,最后通过小组互评,进一步体会说明性文章不同的语言风格。

【板书设计】

"交流平台"与"初试身手"板书设计如图 3 所示。

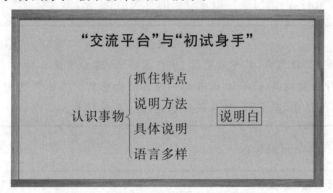

图3 "交流平台"与"初试身手"板书设计

【设计意图】此板书紧紧围绕"说明白了"这一主题,将认识事物的方法逐一呈现,学生学习目标清晰明了,有效落实了"双线"目标。

"说"为法 "明"为要

——《鲸》《风向袋的制作》教学设计

【教材解读】

阅读包含习作例文在内的简单的说明性文章,学习把某一种事物说明白的方法。除了解基本的说明方法外,也要注意因说明对象的不同而选择不同的恰当的说明方法。与本单元的精读课文一样,"习作例文"中选取了两篇不同语言结构、不同语言风格的说明文。《鲸》运用作比较、列数字、举例子等说明方法,分段准确、具体地介绍了鲸的不同方面的特点。《风向袋的制作》则是采用"第一""第二"这样的序数词,运用列数字的说明方法,有条理地把制作过程介绍清楚。

在教学过程中,要引导学生对比阅读,借助文中批注,将习作知识从抽象还原到具体,使学生能真切地感受到说明对象不同,采用的说明方法应有所不同,语言风格要相应调整,指导学生进一步体会说明文如何把事物说明白。

【教学目标】

1.通过两篇例文的对比阅读,体会介绍不同的事物,选择的具体内容、说明方法应有所不同。

2.感受说明文语言表达准确而又生动的特点,并在习作中迁移运用。

3.尝试选择恰当多样的说明方法,有条理地从多方面介绍一种事物。

【教学重点】

对比阅读,感受说明文语言表达准确而又生动的特点。

【教学难点】

尝试选择恰当多样的说明方法,有条理地从多方面介绍一种事物。

【教学过程】

一、勾连旧知,引入文题

1.同学们,咱们在本单元学习了《太阳》和《松鼠》,掌握了关于说明文的很多习作知识与表达方法。我们一起回顾一下。

交流反馈,表格呈现,详见表1。

表1　课文交流与反馈

课文题目	《太阳》	《松鼠》
介绍内容	远、大、热的特点和与人类的关系	外形特点、生活习性
说明方法	举例子、作比较、打比方	抓住事物特点具体说明、细致描述
语言特点	平实,通俗易懂	活泼,描述生动

今天又有两位朋友走进了我们的课堂。你们看,它们是谁呢?(课件出示:鲸、风向袋)

2.这两位朋友很活泼,都跑进了两篇习作例文之中(出示课文题目)。

《鲸》　　　　　《风向袋的制作》

学生读课文题目,发现课文题目的不同。

预设:《鲸》是一种事物,而《风向袋的制作》是一种事物的制作;《鲸》重点在于介绍事物,《风向袋的制作》重点在于介绍制作。

3.它们在"习作例文"中出现,又会给我们带来关于说明文写作的哪些秘籍呢?让我们共同去探究。

【设计意图】通过回顾之前学习的课文,帮助学生梳理说明对象的特点与说明方法,强化学生对说明方法的认识,再呈现新的说明对象,对于学生学习例文,有潜移默化的效果。

二、对比阅读,探究异同

1.发现相同

同学们,课前我们与文本进行了对话。《鲸》和《风向袋的制作》作为本单元的习作例文,有哪些相同之处呢? 再默读课文,说说你的发现。

预设一:它们都运用了恰当的说明方法。

预设二:它们都注重说明文语言的准确性。

预设三:它们都介绍得有条有理。

如《鲸》:我从"六米多长"中的"多"、"一般可以活几十年"中的"一般"、"近一百年"中的"近"中体会到说明文语言的准确性与严谨性。

如《风向袋的制作》:"袋口直径约10厘米,袋长40～50厘米"中的"约"字表大概,表明直径大概10厘米。(板书:说准确)

小结:同学们很善于阅读,善于发现,善于提炼。这两篇说明文重点是引导我们如何写好说明文,能够有顺序地把事物写得准确清晰。

2.比较不同

《鲸》和《风向袋的制作》不同之处在哪里? 能给我们写说明文带来哪些启发?

(1)介绍内容不同

《鲸》从进化过程,形体特点,呼吸、捕食、睡觉等生活习性,生长速度等角度展开介绍。

《风向袋的制作》从作用、制作步骤、使用方法等角度展开介绍。

（2）顺序不同

《鲸》分段介绍了鲸的不同方面的特点，而《风向袋的制作》采用分段和序数词，清楚地介绍了制作过程。

你们是如何快速发现两篇习作例文介绍事物的顺序不一样的？请你和同桌说一说你的方法。

预设一：《鲸》这篇例文每一自然段都有很多关键句，比如第 4 自然段中的"鲸吃什么呢？"，从这句话中我就能知道这段话主要是介绍有关鲸捕食的内容。

预设二：《风向袋的制作》这篇例文用"第一""第二"这样的序数词，帮助我快速了解了风向袋制作的方法。

小结：是啊，介绍事物的主要特点，可以像《鲸》一样借助"关键句提示法"，也可以像《风向袋的制作》一样借助"序数词标记法"有条理地说。（板书：有条理）

这两篇文章介绍事物的几个方面能调换吗？从中你得到了什么启发？

预设：不能调换。选择的方面和角度都要符合事物的特征。比如，介绍动物类的，可以抓住特点，从活动、外形、生活习性等方面介绍。如果是介绍制作方法，可以像介绍风向袋一样，介绍作用、制作步骤、使用方法等。

小结：面对不同的说明对象，我们要根据事物不同的特性，选择从哪些方面展开介绍、采用什么顺序介绍。

【设计意图】此环节，引导学生通过对比两篇例文，感悟说明对象不同，选择介绍的角度跟语言风格也应该有所侧重。借助"关键句提示法"或"序数词标记法"有条理地介绍说明对象，把复杂的事物说得清楚有序。

（3）说明方法不同

仔细阅读两篇习作例文，它们运用的说明方法有什么不一样？

预设一：《鲸》运用了列数字、举例子、作比较、打比方等多种说明方法，《风向袋的制作》主要运用了列数字的说明方法。

预设二：从两篇习作例文的批注看，《鲸》说明得具体形象，批注中两次提到"具体"、一次提到"形象"。《风向袋的制作》说明得有序清楚，批注中一次提到"有条理"、一次提到"更清楚"。

这两篇例文都运用了列数字的说明方法。两篇例文中列出的数字在写法上有什么不同？（《鲸》一文中用的是文字表述的数字，《风向袋的制作》中用的是阿拉伯数字表述的数字。）

出示下面两段文字：

长须鲸刚生下来就有六米多长，一两吨重，两三年就可以长成大鲸。鲸的寿命很长，一般可以活几十年，有的甚至能活近一百年。

——《鲸》

用尼龙纱巾缝一个圆锥形口袋，袋口直径约 10 厘米，袋长 40～50 厘米……剪下 4 根长约 10 厘米的塑料绳，在袋口边缘分别扎 4 个小洞……

——《风向袋的制作》

同样是说明文，为什么数字表述的方式不一样呢？我们来换一换，看看效果。

改写：

长须鲸刚生下来就有6米多长。一两吨重,两三年就可以长成大鲸。鲸的寿命很长,一般可以活几十年,有的甚至能活近100年。

——《鲸》

用尼龙纱巾缝一个圆锥形口袋,袋口直径约十厘米,袋长四十到五十厘米……剪下四根长约十厘米的塑料绳,在袋口边缘分别扎四个小洞……

——《风向袋的制作》

预设:改过后效果不好。《风向袋的制作》重点是制作,使用的数据相对精确,原句用阿拉伯数字看着很明了清晰,将制作过程写得更清楚,便于制作的时候测量数据。换成文字描述后,这些数字感觉就不是那么直观,不便于操作步骤的实施。

小结:同样是列数字,在不同文章中的表现方式不一样,达到的效果也是不一样的。这就体现了说明文语言表达精准的特点。当然,同一篇文章采用怎样的数字表述应该统一,不能随意。《鲸》全文采用文字介绍数字,《风向袋的制作》全文采用阿拉伯数字介绍。(板书:方法恰当)

【设计意图】通过体会说明方法不同和例文中列数字这一说明方法的不同,引导学生感知不同的说明对象应该运用不同的说明方法,即使同一种说明方法,在不同类型的说明性文章中,呈现的方式也需要"恰当"。

三、小组合作,感悟形象

1.对照批注与课文相应的内容,以小组合作的形式说说两篇例文是如何在说准确的基础上将说明对象说得具体可感的。

> 合作小贴士:
> (1)画:画出你认为写得形象的句子。
> (2)批:在对应句子边上写关键批注。
> (3)议:四人小组组内展开交流汇报。

2.全班交流、汇报,体会说明文语言的形象。

预设一:文中说鲸"一条舌头就有十几头大肥猪那么重",运用了作比较的说明方法,让我清晰地感知到了鲸的庞大。

预设二:鲸从鼻孔喷出来的气形成一股水柱,就像花园里的喷泉一样。运用打比方的说明方法,让我仿佛看到了鲸呼气的场景,很生动。

预设三:用尼龙纱巾缝一个圆锥形口袋……从"圆锥形"这个词我就能具体感知到口袋的形状。

小结:在介绍事物的特点时,为了使表达效果更佳,我们要善于选择恰当而多样的说明方法,这样会让读者身临其境,更形象地体会到说明对象的特点。(板书:要形象)

【设计意图】通过对比品读两篇例文的语言,引导学生进一步感知叶圣陶先生"说明文以说明白了为成功"这句话的含义。说明文以说清楚为基础,在说清楚的前提下,可以选择多种恰当的说明方法让说明对象更加形象、更加具体可感。

四、活学活用,迁移训练

1.像例文中这样,有条理地说,准确地说,形象地说,就能把说明对象的特点说清楚。(板书:清楚)我们知道把知识转化为能力,最好的方法是学以致用,下面我们来牛刀小试。

义乌小商品市场作为"世界超市",每年来此的外商人数很多。请结合以下资料数据,用上合适的说明方法写一写你眼中的义乌小商品市场吧!

> 资料卡:义乌小商品市场营业面积640万平方米,商铺7.5万个,2022年成交额2020.87亿元。连续32年居全国专业市场之首,关联全国210万家中小企业,带动就业3200万人。义乌小商品市场与233个国家和地区有贸易往来,每年外商入境人数超50万,有1.5万外商常住义乌经商。

2.学生练笔,教师巡视。

3.交流展示,相机点评。

【设计意图】采用小练笔,强化说明方法的运用,将有条理地说、准确地说、形象地说落到实处,为后续的习作教学打好基础。

【板书设计】

习作例文板书设计如图1所示。

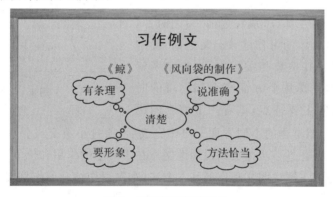

图1　习作例文板书设计

【设计意图】通过罗列关键词的板书,直观地帮助学生回顾本节课所习得的写作方法,根据说明对象的特性选择恰当的说明方法,翔实有序地突出说明对象的主要特点,并用精妙准确的表达为说明性文章锦上添花。

说明有方法　介绍更明白

——《介绍一种事物》教学设计

【教材解读】

　　本单元的习作是《介绍一种事物》,如图 1 所示,习作类型是说明文。说明文以"说明白了"即为成功,是一种特殊文体。它的特殊性主要体现在下面几个方面:一是中心鲜明突出。一篇文章就写一种事物,写清楚事物的特点。二是具有科学性。在说明事物的时候,使用恰当的说明方法,实事求是地介绍。三是语言要易懂,词句要准确,力求说得清楚,让读者看得明白。

图 1　习作页

　　研读教材,单元习作的第一部分以表格的形式提供了丰富的素材,帮助学生拓宽选材思路,并提示学生选择一种了解并感兴趣的事物介绍给别人,明确了习作任务。第二部分,从写之前、写之时、写之后三个方面提出具体的习作建议。写之前,要细致观察所写的事物,并搜集相关资料,进一步了解这个事物,想清楚从哪几个方面来介绍。写的时候,要写清楚事物的主要特点,试着用上恰当的说明方法,可以分段介绍事物的不同方面。习作完成后,通过小组交流分享,获得相关事物的知识,提升习作能力,并进一步体会到说明性文章在生活中的作用和价值。

　　为了使学生能够掌握说明文写作的基本方法,本次习作结合习作例文,对学生进行有针对性的指导教学。

【教学目标】

　　1.选择恰当的说明方法,介绍事物的特点。

　　2.运用所学方法,分段介绍事物的不同方面。

　　3.通过修改自己的习作,把事物介绍得更清楚明白。

【教学重点】

　　在观察研究或查找资料等了解事物的基础上,写明白事物的特点。

【教学难点】

选择恰当的说明方法,用自己的语言写明白事物的不同方面。

【教学流程】

一、谈话导入,确定题目

1.同学们,这个单元的习作是要介绍一种事物。课前,我们已经通过观察研究、查找资料等方法了解了这个事物。现在有谁来说说你准备介绍的事物是什么,为什么选这个事物。

预设:我想介绍的是小白兔,因为我家就养了一只,非常可爱。我要介绍的是恐龙,我对恐龙很感兴趣,搜集了很多它的资料。我准备介绍我的水杯,因为我在生活中离不开它……

交流小结:同学们说的有些事物是我们身边熟悉的,比如小白兔、水杯、手机等。了解我们身边的事物,以观察法为主;有些事物不是我们身边的,但大家很感兴趣,比如恐龙、鲨鱼等。如果不是我们身边的事物,可搜集相关资料去了解。

2.观察课本中的表格,看看这些题目,你有什么启发?

预设:都是介绍动物的,我们可以从旁观者的角度来介绍动物的特点。比如"恐龙"可以站在动物的角度来介绍;比如"袋鼠的自述",以第一人称来写。如果是写美食,可以写美食的特点,也可以写美食的制作过程……

小结:同一种事物可以有不同的介绍方法,可以从不同的方面来介绍。题目不同,语言表达方式也不一样,可以用第三人称来写,也可以把自己当成这种事物,以第一人称来写。

3.给自己的作文取个题目,写在学习单的星形区域内(如图2所示)。

图2 学习单

【设计意图】写前对事物的了解,既为学生在课上的交流做充分准备,为习作奠定基础,又可以培养课前搜集资料、了解事物的写作习惯,强化方法。通过课堂交流,让学生感受到可以介绍的事物多种多样,明白同一事物可以有不同的介绍方法、不同的介绍内容、不同的题目。

二、回顾课文,学习方法

1.前面我们学习了习作例文,一起来回顾一下。作者是怎么来写《鲸》和《风向袋的制作》的？

预设:《鲸》是从形体特点、进化过程、种类和生活习性等不同方面来介绍的。《风向袋的制作》主要是按照制作的步骤来介绍的。

2.我们可以从不同的方面介绍事物,如果是介绍某种事物的制作,可以按照它的制作过程分步介绍。那么你想从哪些方面介绍你的事物呢?请将你的思考写在学习单上,星形外面的方框内。如果不只 3 个方面,可以自己增加方框;不足 3 个的,可以空着。

3.叶圣陶爷爷说:说明文以"说明白了"为成功。那怎么才能说明白呢?一起来重温下面这个片段。

片段一:

我国发现过一头近四十吨重的鲸,约十八米长,一条舌头就有十几头大肥猪那么重。它要是张开嘴,人站在它嘴里,举起手来还摸不到它的上腭,四个人围着桌子坐在它的嘴里看书,还显得很宽敞。

这个片段主要写的是鲸的什么特点(大、重)?作者是怎么把它写清楚的呢?(作者运用列数字、作比较的说明方法,让人形象地感受到鲸的重,通过举例子的说明方法让人清楚地知道了鲸有多么庞大。)

片段二:

鲸的鼻孔长在脑袋顶上,呼气的时候浮出海面,从鼻孔喷出来的气形成一股水柱,就像花园里的喷泉一样。

从这个片段中你又发现了什么?(作者通过打比方的说明方法,让我们读句子的时候,脑海里就能浮现出鲸呼气时喷出水的样子。)

4.说明方法可以帮助我们更好地介绍事物,帮助读者更好地读懂文章。除了这些说明方法外,你还知道哪些说明方法?能举出相关例子吗?

【设计意图】确定要介绍的事物后,要想想该如何把事物说明白。通过回顾习作例文,学生发现写明白的方法,引发思考,可以从哪些方面来介绍自己的事物。通过画思维导图,进行篇章布局。再结合片段,体会说明方法在说明事物时的妙处。

三、迁移写法,评价修改

1.接下来请同学们选择事物的某一个方面进行练习,可以结合自己搜集的资料,用上说明方法写清楚。写在学习单右边的空白框内(如图 3 所示)。

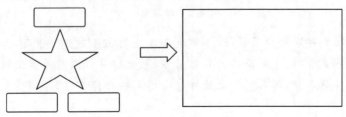

图 3　完整的学习单

2.大家写得很认真,老师收集了一些小伙伴写的片段,你来评价?

片段一:

铜钱草,多年生葡匐草本,直立部分高8~37厘米,除托叶、苞片、花柄无毛外,其余均覆盖密而反曲的柔毛,毛白色或紫色,有时在叶背具紫色疣基的毛,茎节着土后易生须根。

预设:语言太专业化了,看不懂意思。说明文以"说明白了"为成功,别人看不懂,肯定是不行的。建议在选择资料的时候,要自己能看懂,然后用自己的语言来表达,不能简单地叠加资料。

片段二:

雷龙是个庞然大物,它比三头梁龙还要重,它每踏下一步就发出一声轰响。

预设:作者把雷龙与梁龙进行比较,这样的说明方法不恰当,因为我们不熟悉梁龙,就不能明白雷龙到底有多重。可以用我们熟悉的大象来作比较,这样就能说清楚了。

片段三:

赵州桥,修建于公元605年左右,到现在已经1300多年了。全长50.82米,两端宽9.6米,中部宽约9米。全桥只有一个大拱,长达37.02米,由28道拱圈拼成。

预设:这里使用了很多的数字,全都是列数字的说明方法,读起来感觉比较单一,建议使用多种说明方法。

3.是的,我们在选择资料的时候,先要能看懂,还要转化为自己的语言来表述。使用说明方法的时候,要恰当。为了读起来不那么单一,可以用上不同的说明方法。做好这些,我们就能把事物的特点说清楚了。下面请大家再修改一下写的内容。修改好后,在小组里面交流、评价,评价标准详见表1。

表1 评价标准[用了( )种说明方法]

评价标准	星星数
能介绍明白事物的特点	☆
能够用自己的语言介绍	☆ ☆
能恰当使用说明方法介绍	☆ ☆ ☆

4.根据同伴的建议再次修改片段。

5.运用所学方法,完成习作。

刚才,我们学习了写说明文要抓住事物的特点、选择合适的材料,并能用自己的语言来表达,还要用上恰当的说明方法,使介绍更清楚、明白。接下来,请同学们运用所学的方法,分段介绍事物其他方面的特点或制作步骤,完成整篇习作。

【设计意图】学生写说明文很容易出现照搬资料或简单进行资料重组的情况。通过分析小伙伴写的片段,发现问题,并提出相应措施。强调说明文要说明白,需要选择合适的材料,自己要能看懂,并转化为自己的语言进行表达。说明方法要恰当、多样。通过自主修改、小组互评互改的方式,提升自己说明文的写作能力。

【板书设计】

《介绍一种事物》板书设计如图 4 所示。

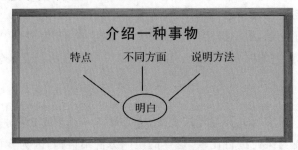

图 4 《介绍一种事物》板书设计

【**设计意图**】板书是教学内容的浓缩。从篇章布局到合理选材,用恰当的说明方法进行说明,让学生清晰地了解如何做到把说明文"说明白了"的几个关键点。设计环环相扣,板书简明扼要,对于学生掌握说明文的写作方法起着提纲挈领的作用。

五年级下册

大千世界你我他　字里行间众生相

——习作单元解读

五年级下册习作单元围绕"形形色色的人"这一主题,安排了《人物描写一组》《刷子李》两篇精读课文、两篇习作例文、"交流平台"与"初试身手"和习作等教学内容。各项内容之间环环相扣,体现出整体性和综合性的单元架构。

为什么要学习人物习作?为什么人物习作安排在五年级下册?与之前已经安排过的写事、写景、写物的习作比较,写人的习作有什么不同之处?教材安排的内容为完成单元习作提供了哪些有益的帮助?下面让我们走进教材,走近作者塑造出的一个个有血有肉的人物。

一、人物习作的意义解析

1.生活意义解析

语文一年级上册"识字 1"的内容是"天地人　你我他"(如图 1 所示)。人行天地间,与天地并列,可见"人"是多么重要!人是多样丰富的,归结为"你我他",但又岂是"你我他"可以涵盖的?的确如此,婴儿呱呱坠地,标志一个独立的人诞生于世,睁眼即见父母。婴儿在成长过程中,会遇见各种各样的人,亲人邻居、伙伴同学以及各种各样擦肩而过的陌生人……人的交往与学习成就了人的成长。既如此,人是绕不开的语文学习内容,当然,也是习作必不可少的题材。

2.课程意义解析

《义务教育语文课程标准(2022 年版)》在"前言""课程性质""课程理念""课程目标"等部分反复强调课程的育人功能。其中提出"立足学生核心素养发展,充分发挥语文课程的育人功能。义务教育语文课程围绕立德树人根本任务,充分发挥其独特的育人功能和奠基作用,以促进学生核心素养发展为目的,以识字与写字、阅读与鉴赏、表达与交流、梳理与探究等语文实践活动为主线,综合构建素养型课程目标体系"。人物习作以人为习作对象,在习作中学会察言观色,把握人的精神特点;在习作中识人、知人、做人,是语文课程立德育人的重要载体;在习作中,围绕人进行交流表达,进行语言文字实践活动,提升语文素养。

图 1　一年级上册
"识字 1"

二、人物习作的关联解析

1.从习作序列解析人物习作

人物习作单元编排在写事、写景和写物习作单元之后,安排在五年级下册,究其原因,是人物习作要以事、景、物习作为基础。人物习作或多或少穿插部分写景和写物,其中最重要的是以写事为基础。

人物习作要点是"选择典型事例""运用描写""表现人物特点"。"选择典型事例"以写事为基础,人物习作的叙事与一般的写事不同,一般的写事重在按顺序写清楚事情的过程,即写清楚事情的起因、经过和结果,而人物的叙事需要围绕人物特点进行选择,重在突出人物特点,不一定过程完整。比如"人物描写一组"的《小嘎子摔跤》重在描写人物摔跤的动作,展现了小嘎子的机灵,淡化了事情的前因后果,通过人物描写推动事情的发展。

所以,本单元人物习作在写事的基础上,突出典型事例的选择,重点进行人物描写,以刻画人物的特点。

2.写人习作编排解析

只要是写人,无论几年级,不少教师都会讲解动作、语言、神态等描写,这是没能正确把握人物习作教学的度。这样的教学,缺少阶段性和梯度性。正所谓"罗马不是一天建成的"。统编教材自三年级起,针对人物习作,做了一系列安排(详见表1)。

表1 教材习作安排

册次和单元	题目或主题	习作要素
三年级上册第一单元	猜猜他是谁	用几句话或一段话写一个同学。不能在文中出现他的名字,但是要让别人读了你写的内容就能猜出你写的是谁
三年级下册第六单元	身边那些有特点的人	围绕形容特点的词语,选择一个人写一写,写完后取个题目,用上表示人物特点的词语
四年级上册第二单元	小小"动物园"	把自己的家想象成动物园,分别用一段话写一写家里的"动物"(家庭成员)
四年级下册第七单元	我的"自画像"	选择自己最想介绍的几个方面内容写下来
五年级上册第二单元	漫画老师	先想想你的老师在外貌、性格、喜好等方面有什么突出的特点,再选择一两件能突出特点的事情来写
五年级下册第四单元	他_____了	写一个人陶醉、生气、伤心……的样子。将事情的前因后果写清楚,特别将他当时的情形写具体,反映出他的内心。可以从多个角度写一个人当时的表现
五年级下册第五单元	形形色色的人	选择一个人写下来,运用本单元学过的描写人物的方法,具体地表现人物的特点,题目自拟。写的时候,要选取典型的事例
六年级上册第八单元	有你,真好	通过事情写出"有你,真好"的真实感受,表达自己真挚的感情

五年级下册之前的人物习作写到的人有"同学""身边的人""家庭成员""老师"和"自己",以自己熟悉的人为写作对象,一篇习作可以写一个人,也可以写几个人,最主要的是突出人物的特点,可以介绍一两个或多个特点,通过事例来突出特点。至于事例是否具体没有明确要求,更没有提出动作、语言、神态、心理和外貌等描写的要求。

在前面几次习作训练的基础上,五年级下册编排了人物习作练习和习作单元。习作对象为"他"和"形形色色的人",可以是熟悉的人,也可以是不很熟悉的人,习作对象扩大了。习作练习和单元明确提出人物描写,要运用多种描写表现人物的内心和特点,并选取典型事例。

由以上内容可知,统编教材中的写人习作是有一定梯度的:第二学段写人,重在引导学生把人物某一方面的特点、印象最深刻的地方写清楚;五年级上册写人,重在引导学生借助具体事例写出人物特点;五年级下册写人,要求通过语言、动作、神态等描写手法把人的特点写具体;六年级写人要求表达真情实感。明白了写人的习作序列,准确定位每次的习作目标,把每次的习作目标落实到位,引导学生逐步提高。

三、单元教学内容的解析

1.篇章页解析

本习作单元的主题是"字里行间众生相,大千世界你我他"(如图2所示)。主题明确了语言文字映照众生百态、大千世界,文字是认识众生世界的方法。由于人先于文,因文识人,本文的标题调换了主题的顺序,变成了"大千世界你我他,字里行间众生相"。希望通过习作的文字描绘众生,认识大千世界里形形色色的人。

篇章页的阅读要素为"学习描写人物的基本方法"。习作要素是"初步运用描写人物的基本方法,具体地表现一个人的特点"。阅读要素和习作素养统一于"人物描写的基本方法",从学习到初步运用,表现一个人的特点,层次清楚,目标明确。

图2 第五单元篇章页

2.教学内容解析

(1)精读课文解析

本习作单元安排的两篇精读课文分别是《人物描写一组》和《刷子李》,全都选自名家名作。其中《人物描写一组》比较特别,编排了《摔跤》《他像一棵挺脱的树》《两茎灯草》三个内容。

《摔跤》侧重运用动作描写和心理描写,表现出小嘎子和胖墩儿摔跤时机灵的特点。《他像一棵挺脱的树》侧重运用人物的外貌描写,表现出祥子憨厚、健壮的特点,同时表现了祥子身上蕴藏的活力。《两茎灯草》选取严监生临死前不忘两茎灯草的典型事例,运用语言、动作、神态等多种描写,表现了严监生吝啬的特点。《刷子李》这篇课文在人物描写上与前几篇有所区别。《刷子李》主要采用两大手法：第一个是正面描写，即把刷子李刷墙的规矩、刷墙的效果、刷墙的手法描绘出来，表现人物的特点；第二个是侧面描写，也就是描写曹小三观察师父刷墙时的心理变化，一波三折，烘托刷子李的形象。

两篇精读课文都是"描写人物的基本方法"具体化示例性展现，帮助学生直观地认识和学习人物描写的基本方法，体会其在表现人物特点时的效果。

（2）"交流平台"与"初试身手"解析

"交流平台"总结了要写好一个人物、写出人物特点，不仅要细致观察，还要了解一些写人的基本方法：首先是选用典型事例，把它写具体；其次是用多种方法表现人物特点；最后可以描写周围人物的反应，间接写出人物的特点。"交流平台"对人物描写的基本方法进行了提炼，是对人物描写方法从实践到总结的提升，有利于帮助学生形成方法的概括性认知，也为学生运用人物描写方法再次实践奠定基础。

"初试身手"有两个要求。一是课间十分钟，观察一名同学，试着用学过的方法写一写他。二是你的家人有什么特点？想一想可以用哪些典型事例表现他们的特点，列出来和同学们交流。"交流平台"以学生最熟悉的人为观察与习作的对象，紧扣人物特点，从"人物描写""选择典型事例"两个方面进行尝试。可以说"初试身手"紧扣单元要素和本次习作的重难点，且贴合学生生活实际。

（3）习作例文解析

本习作单元照例安排了两篇习作例文《我的朋友容容》和《小守门员和他的观众们》，通过对课后习题的解答分析，两篇习作例文依旧从典型事例和人物描写方面塑造人物特点，是对之前所学内容的巩固和强化。通过对正文和批注的分析，发现两篇习作例文写的都是孩子，《我的朋友容容》写的是一个孩子，《小守门员和他的观众们》写的是一群孩子。《我的朋友容容》表现了容容的多个特点，助人为乐、忠于职守和天真可爱兼而有之，选择的事例并非只有一件，也并非所有的事例都具体，而是有些事例具体，有些事例概括。《小守门员和他的观众们》没有叙述事例的前因后果，只是截取整件事例中的一部分进行描述，类似于整个事例中一个群体的特写镜头。

（4）习作解析

从《形形色色的人》的主题来看，本次习作的对象比较宽泛，同学老师、家人朋友都可以，既可以是天天见面的熟人，也可以是只有一面之缘的陌生人，无论男女，无论老幼，选取其中一位。只要能运用本单元学过的描写人物的方法具体表现人物的特点即可。尤其强调了选取典型的事例。需要注意的是，运用描写方法是把人物特点写具体的重要方法，要细致准确地描写。选取的典型事例是否都要写具体？不一定。选取的典型事例可以具体地写，也可以概括地写。

四、单元教学思考

1. 精准把控重难点

综合上述分析，可以发现，在本次单元习作之前，学生已经进行过多次写人作文练习，对写人物并不陌生，但与之前的写作比较，本次人物习作的重难点有两个，分别是"人物描写的基本方法"和"选取典型事例",其中"人物描写的基本方法"是难点。只有运用人物描写方法和典型事例,人物特点才会突出,人物形象才会鲜明,从而给读者留下深刻的印象。教学中应该紧紧围绕这两点,在精读课文和习作例文中反复理解体会,在"初试身手"中反复运用练习,在习作评改中反复锤炼修改。

2.靶向定位教学内容

首先,要靶向精准定位单元中各个教学内容的作用。习作单元的各个内容编排具有规律性,一般来说就是讲读课文学方法,"交流平台"总结方法,"初试身手"初步运用方法,习作例文巩固方法,习作综合运用。教学中对于不同教学内容和教学阶段要了然于胸,不急不缓,扎实推进。其次,要靶向精准定位每个教学内容。习作单元的每个教学内容有其独特性,比如本习作单元《人物描写一组》的三个内容统一在表现人物特点下,采用的描写方法各不相同。教学中要胸有成竹,精准到位。

3.评改激趣,完善表达

在五年级下册第五单元习作评改中,教师要重视习作目标和评改目标的一致性。评价标准的设定,使单元目标变成一种教学手段,学生看得见、会操作、会考核。要贯穿本单元学习的始终,并以"单元目标"为依据设计评价标准。形式上,教师可制定一张多维评价表,按照"优秀、良好、合格"的标准,从"是否用典型事例,所用描写手法是否恰当,人物性格特征是否突出"等维度,按"五星级、四星级、三星级"三个等级进行划分,并结合单元习作要素设计评价表(详见表2)。

表 2　评价表

评价指标	☆☆☆☆☆	☆☆☆☆	☆☆☆
运用典型事例	选材新颖,用典型事例有力地表现了人物性格特征	事例具有典型性,能较好地体现人物性格的特点	有事例,但无法突出人物特点
运用描写方法	能恰如其分地运用多种描写方法,描写细致	能运用几种描写方法	描写方法单一
人物的性格特点	人物特点鲜明	人物特点比较清楚	人物大众化

如此,教师在交流评价中就能充分了解学生是否学会迁移和运用本单元的重点习作知识,进而是否完成了习作单元的核心习作任务。待评价以后,针对结果,根据要求进行有针对性的修改,可以应用恰当的评价方法,完善自己的习作,如师生讨论交流、优秀习作赏析等多个环节都可以在修改前进行。

抓住人物特点　感受人物形象

——《描写人物一组》教学设计

【教材解读】

《描写人物一组》的三个片段分别以《摔跤》《他像一棵挺脱的树》《两茎灯草》为标题,塑造了小嘎子、祥子和严监生三个人物。这三个片段相对独立,每个片段人物描写的基本方法各有侧重。《摔跤》凸显了小嘎子的动作描写,《他像一棵挺脱的树》侧重外貌描写,《两茎灯草》侧重细节描写。每个片段都用了不只一种描写方法。

本课对应的语文要素是"学习描写人物的基本方法",对人物的外貌、动作、语言等方面的描写重点呈现。选编的意图显而易见:一是通过对三个片段的阅读,感受小嘎子、祥子、严监生这三个鲜明的人物形象。二是从中体会名家写人的方法和学习经典的语言表达。三是通过本组课文的学习,进一步激发学生阅读中外名著的兴趣。

【教学目标】

1.认识"嘎""绊"等11个生字,读准多音字"监",理解重点词语的意思。

2.了解可以通过描写人物的动作、外貌等表现人物的特点,体会其表达效果,并在习作中学习运用。

3.激发学生阅读中外名著的兴趣。

【教学重点】

感受小嘎子、祥子和严监生三个人物的鲜活形象,体会作家描写人物的方法。

【教学难点】

体会作家描写人物的方法,并在习作中学习运用。

【教学过程】

第一课时

一、检查预习,初步感知

同学们,课前大家已预习过课文,与以往学习过的课文相比有什么不同?（由三个片段组成）通过预习,每个同学有不同的收获,请根据自己的预习,完成下面的表1。

表1 描写人物一组

课文题目	《摔跤》	《他像一棵挺脱的树》	《两茎灯草》
出自名著			
主要人物			
初步印象			

反馈交流。说说你对《小兵张嘎》《骆驼祥子》《儒林外史》的了解。

《小兵张嘎》讲述了小嘎子在老钟叔、老罗叔、区队长、奶奶的引导下,成为一位名副其实的八路军战士的过程;《骆驼祥子》讲述了普通人力车夫祥子的一生,展示了一幅具有老北京风情的世态图;《儒林外史》中作者用讽刺的手法,描写了封建社会读书人对功名的追求,以及他们的生活状况。

【设计意图】借助表格检查预习,简单介绍作者,对课文的内容有一个初步的感知,同时触发学生与原小说的联系点,缩短文本与学生的距离,为学习做好铺垫。

二、学习《摔跤》,感受表达

这节课让我们走进《摔跤》,看看徐光耀先生是怎样把小嘎子写鲜活的。

1.自由读课文

要求读准字音、读通句子,遇到难读的字词多读几遍。

2.检查字词

课文写的是河北白洋淀地区的儿童生活,所以文中有一些方言词语,读的时候我们要特别注意下面这些词的儿化音。

出示:胖墩儿 单褂儿 虎势儿 牛劲儿

再看下面一组词

出示:搂 揪 扳 拽

读后让学生演示相应的动作,并指导"搂"的书写。

"公鸡鹐架"这个词大家比较陌生,请看图1,说说意思。

图1 公鸡鹐架

【设计意图】五年级学生已经具有自主学习能力,因此字词学习可以基于学生自主学习能力来开展,突出音、形、义的重难点,如文中一些儿化音以及北方方言,不平均用力。

3.感悟人物形象

通过与文本对话,思考作家徐光耀是通过什么方法塑造个性鲜明的嘎子的。(侧重动作描写)接下去默读课文第3自然段,用"○"画出描写小嘎子动作的词语。

学生交流:

(站)两人把"枪"和"鞭"放在门墩儿上,各自虎势儿一站,公鸡鹐架似的对起阵来。

(蹦)起初,小嘎子精神抖擞,欺负对手傻大黑粗,动转不灵,围着他猴儿似的蹦来蹦去,总想使巧招,下冷绊子,仿佛占了上风。

(转)两人走马灯似的转了三四圈,终于三抓两挠,揪在了一起。

(扳)这一来,小嘎子可上了当:小胖墩膀大腰粗,一身牛劲儿,任你怎样推拉拽顶,硬是扳他不动。

(钩)小嘎子已有些沉不住气,刚想用脚腕子去钩他的腿,不料反给他把脚别住了。

你觉得哪个动作最妙?结合句子细细地品一品,你从中品读出了什么?在旁边写下自己的所思所感。

预设一:"站"给人的感觉威风凛凛、十分自信,嘎子想用气势逼人的方式压倒对方,争强好胜。

预设二:从"蹦"字我们可以知道嘎子想利用对方的弱点展开进攻,反映了嘎子灵活、富有心计。

预设三:从"钩"看出,小嘎子在自己身处劣势时,仍想对策应对,反映出他不服输的性格。

……

从这一系列的动作中,你看到了一个怎样的小嘎子?(板书:顽皮 机敏)

作者为什么可以把《摔跤》写得这么生动具体?(板书:动作描写细致、准确传神)

课文仅仅是采用了动作描写吗?还采用了什么?(板书:心理描写)

> ▲小嘎子在家里跟人摔跤,一向仗着手疾眼快,从不单凭力气,自然不跟他一叉一搂。
>
> ▲小嘎子已有些沉不住气,刚想用脚腕子去钩他的腿,不料反给他把脚别住了。

从这些心理描写中你又看到一个怎样的嘎子?(知己知彼、求胜心切)

小结:整个摔跤过程都不见小嘎子的蛮干、硬拼硬斗,处处可见他的机灵、敏捷、有智谋。另外,从他时时想把对手打败的心理,又不难看出他争强好胜的一面。我们一起来有感情地朗读这个片段。

4.概括学法

这节课我们是怎样学习《摔跤》的?(了解内容→结合句子、批注特点→总结写人的方法)

【设计意图】教学中倡导"一课一得",在感悟人物形象时,侧重于作者对小嘎子的动作描写。着眼于这一个点,通过学生自读自悟,写自己的所思所想,人物的形象逐渐鲜明,本单元的语文要素相应得到了落实,把握了重点。

三、读写结合,推荐阅读

1. 小练笔

同学们,争强好胜的小嘎子摔跤输后,他不肯罢休,要求三盘两胜,第二局会怎样?看视频后发挥想象,运用人物动作、心理描写的方法,用几句话写第二次摔跤。

2. 赏原文

作者又是怎样描写第二次摔跤的呢?请欣赏。

"慢着!"小嘎子脑门上哄哄冒火,又羞又急,"咱们是三盘两胜,倒一回就归你啦?——还有两盘呢!"

"又三局两胜啦,你可真会耍赖!好,三盘就三盘!"小胖墩挺挺胳膊,乘着一股盛气,又骑马式当中一站。满头燥热的小嘎子,等不得他站稳,奇袭似的窜上去就是一腿,把小胖墩扫了个趔趄,可是没有倒。小嘎子紧接又一扑,搂住脖子就按。不料小胖墩儿一哈腰,抓住了他的两肋,小嘎子按了两下没按动,忽觉下半身发起飘来。急撒开脖子去救肋下,却只落得揪住了对方的胳膊,脚下接连又打了两个悬空。"手枪啊手枪!险些就要不保!"小嘎子这回真急了。他两眼一转,照对方肩膀上就咬了一口,只听"哎哟"一声,就在小胖墩儿一闪身的工夫,小嘎子顺水推舟,一个绊子把他扔倒了。

第二次摔跤,小嘎子靠咬人这一不光彩的动作取得了胜利,可这也正表现了他的淘气、顽皮、神气十足。

3. 荐原著

同学们一定对小嘎子产生浓厚的兴趣了吧。要想真正了解小嘎子这个人物,课后请阅读徐光耀先生的中篇小说《小兵张嘎》。

【设计意图】学生学习语言最有效的方法不是理解,而是运用。通过学生运用所习得的描写人物的基本方法,写第二次摔跤,这样及时练习让学生在言意兼得中学习进阶。此外,顺理成章地引导学生阅读名著。

【板书设计】

《摔跤》板书设计如图2所示。

图 2 《摔跤》板书设计

【设计意图】此板书,充分体现了习作单元中精读课文要为写作服务的要求。它分两个板块,左边是描写人物的基本方法,右边是借《摔跤》一课对方法加以说明。本单元语文要素尽显其中。

第二课时

一、借助插图,初识人物

上节课我们重点通过对人物动作的揣摩,认识了徐光耀笔下顽皮、机敏、争强好胜、富有心计的嘎子,这节课来看看老舍先生又是怎么来刻画人物的。(出示课文插图)

请用一个词来概括图中的这个人。(健壮、强壮、阳光、结实)

语言大师老舍先生用了一个词概括——挺脱,并把这个人称为:一棵挺脱的树。(出示课文题目)

就题质疑:看到这个题目,你想问什么?(他是谁? 为什么作者把他比作一棵挺脱的树呢?)带着你心中的疑问走进课文。

【设计意图】《他像一棵挺脱的树》是本课的第二个片段,在回顾前一个片段的基础上,借助课文插图,初识人物,并根据题目展开质疑,意在设置悬念,激起学生的阅读欲望。

二、学字学词,了解内容

1.读文识词

自由读课文,争取字读准、句读通、文读流畅。

通过与课文对话,你觉得课文的语言有什么特点。(京味儿)请画出相关的词语。

出示第一组:身量　筋肉　肢体

这一组词语有什么共同点?(都是描写人物身体部位的。)我们现在称这些叫什么?(身高、筋骨、身体。)

出示第二组:硬棒　出号　威严

这三个词哪个比较难懂?(出号,课文讲的是"'出号'的大脚",其意是"超出了普通鞋子尺码"。)

人民艺术家——老舍,他写文章很喜欢用这些京味的语言来描绘老北京的世俗风情,《骆驼祥子》还是京味小说的源头呢! 我们再来读一读这些词。

2.概括内容

读完词语,再来说说祥子给你留下了什么印象。我们先来完成《语文作业本》的填空,如图3所示。

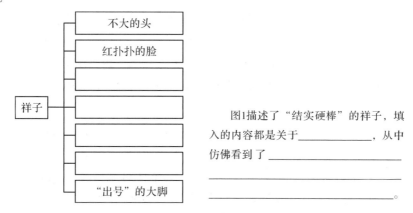

图1描述了"结实硬棒"的祥子,填入的内容都是关于_____,从中仿佛看到了_____

_____。

图3　《语文作业本》习题

交流反馈:通过填写思维导图,你发现老舍是描写了骆驼祥子的什么?(板书:外貌描写)

学生再把《语文作业本》右边的填空填写完整。借助思维导图说一说课文写了什么。(课文主要通过外貌描写,塑造出祥子高大健壮、充满活力的特点。)

【设计意图】基于学生认知和本单元的语文要素,选择富有京味的词语作为切入点,通过认识、理解,潜移默化地感受人物的形象,借助《语文作业本》习题,概括课文内容。

三、品读课文,凸显形象

骆驼祥子高大健壮、充满活力,像一棵挺脱的树。挺脱在哪里? 请默读课文,画出相关语句。

学生反馈,课件呈现相关的语句。

▲看着那高等的车夫,他计划着怎样杀进他的腰去,好更显出他的铁扇面似的胸与直硬的背。

▲扭头看看自己的肩,多么宽,多么威严!

▲杀好了腰,再穿上肥腿的白裤,裤脚用鸡肠子带儿系住,露出那对"出号"的大脚!

▲头不很大,圆眼,肉鼻子,两条眉很短很粗,头上永远剃得发亮;腮上没有多余的肉,脖子可是几乎与头一边儿粗;脸上永远红扑扑的,特别亮的是颧骨与右耳之间一块不小的疤——小时候在树下睡觉,被驴啃了一口。

1.品读理解

示例：

▲看着那高等的车夫，他计划着怎样杀进他的腰去，好更显出他的铁扇面似的……

句子中哪个字眼或标点，让你感受到骆驼祥子像一棵挺脱的树。圈出来，在旁边写下批注。

交流："杀进他的腰去"，仿佛看到了一个（　　　　　　）的祥子。

理解"铁扇"，我们又读到了一个（　　　　　　）的祥子。把自己的感悟带入句子中读，读出骆驼祥子胸背的直硬。

老舍的描写让我们仿佛看到了骆驼祥子精神十足的画面。让我们读出眼前的画面。（板书：有画面）

归纳：我们刚才是怎样体会的呢？圈出词语—想象画面—读出画面（圈—想—读）

用圈、想、读的方式，小组合作体会其他句子，感受人物的精神状态。

2.感悟写法

再现品读的句子。朗读，思考：老舍在描写人物特点的时候运用了哪些写作妙招给人以画面感？

（1）描写有顺序：身体部位描写有顺序（从上到下，整体局部）。（板书：有顺序）

（2）描写有特色：运用修辞手法写出部位的特点。（板书：有特色）

（3）描写有选择：老舍先生选择最能反映骆驼祥子高大健壮、充满活力的身体部位进行描写，让人物鲜活起来。（板书：有选择）

出示老舍的话：人物的外表要足以烘托出一个单独的人格，不可泛泛地由帽子一直形容到鞋底，没有用的东西往往是人物的累赘。

小结：简简单单两段话，老舍先生有顺序、有选择、有特点、有画面地写出了骆驼祥子挺脱的特点！真不愧为咱们中国"语言大师"。（介绍老舍）

【设计意图】这一环节，引领学生抓住课文中的重点句子，谈自己的感悟和理解。特别是在不断研读中，学生从中掌握一些描写人物的基本方法，踏踏实实落实了语文要素。

四、读写结合，迁移运用

1.此时的祥子高大健壮、勤劳淳朴、生机勃勃，他像一棵挺脱的树，深深地印在我们脑海里。祥子后来变成什么样了呢？让我们走进视频，去看一看。（播放视频）你们是不是为之心痛？

请同学们用今天所学的描写方法写一写祥子后来的样子。

2.学生练笔并评价。

3.祥子为什么会有这么大的反差？他究竟经历了什么？课后我们可以到《骆驼祥子》一书中去一探究竟。

【设计意图】根据大语文教育观，引导学生进行学习迁移，由课内向课外延伸，目的是尝试运用描写人物的基本方法，扩大学生的阅读面，全面提高学生的读写能力。

【板书设计】

《他像一棵挺脱的树》板书设计如图 4 所示。

图 4 《他像一棵挺脱的树》板书设计

【设计意图】此板书是师生双边活动、合作探究的缩影,不仅体现了人物的特点,而且概括了本课描写人物的基本方法,简洁明了。

第三课时

一、检查预习,了解大意

课前,大家预习了《两茎灯草》这一片段,与前面两个片段比较,语言不一样,像这样的文章我们叫"古白话文"。下面我们来学习文中富有特点的词,猜一猜,下面句子中带点词语的意思。

▲诸亲六眷都来问候。(全部亲戚)

▲五个侄子穿梭的过来陪郎中弄药。(医生)

▲众人看严监生时,点一点头,把手垂下,登时就没了气。(立刻)

扫清了文字障碍,谁再来说说这一片段讲了严监生临死前的什么事?

(写了严监生临死时的场景,他因灯盏里点着两茎灯草而硬撑着不肯咽气。)

严监生给你留下的印象——(板书:爱财如命)

故事经历哪些具体过程呢? 我们来完成《语文作业本》第 4 题的第(1)小题,如图 5 所示。

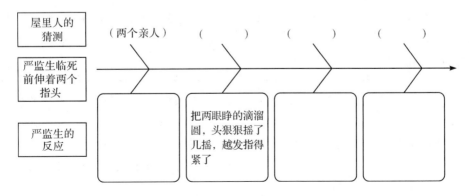

图 5 《语文作业本》第 4 题的第(1)小题

通过填写,我们知道了屋里人的猜测:两个亲人→两笔银子→两位舅爷→两茎灯草。这一情节真可谓是一波三折!

【设计意图】此环节以学生的学情为基点,对古今差异的字词通过猜测帮助理解。在这基础上借助课堂作业本中的表格,捕捉信息,理清思路,从而帮助学生了解片段的主要内容,可谓一举多得。

二、感悟形象,了解写法

1. 感悟写法——事例的典型

作者是怎样把他视财如命的形象一步一步地凸显出来的呢?我们来研读严监生对屋里人猜测的反应的相关语句。

▲把头摇了两三摇。

▲把两眼睛睁的滴溜圆,把头又狠狠摇了几摇,越发指得紧了。

▲把眼闭着摇头,那手只是指着不动。

▲点一点头,把手垂下。

严监生四次听了家人的猜测后,神态、动作都有不同,每次都意味着什么?(否定—生气—失望—满意)

让我们把每一次的意味通过朗读表现出来。

读着读着,一个爱财如命的严监生在我们的脑海中渐渐地丰满起来。同学们,片段只有三百余字,能把一个守财奴的形象刻画出来的秘诀就是,选择典型的事例(板书典型事例)。

片段通过"两个指头"突出表现了严监生吝啬的特点。在《儒林外史》一书中,严监生的吝啬还体现在很多地方。读下面两个事例,并与课文中的事例进行比较,你觉得哪个事例更突出严监生的这一特点?请分几点说明理由。

事例一:

　晚饭后,赵氏又提起要借两位舅爷赶考盘缠的银子,严监生听而不言,桌子底下一只猫正扒在他腿上,严监生一脚把它踢得老远。

事例二:

　严致和道:"便是我也不好说。不瞒二位老舅,像我家还有几亩薄田,日逐夫妻四口在家度日,猪肉也舍不得买一斤;每常小儿子要吃时,在熟切店内买四个钱的哄他就是了。"("严致和"即"严监生")

交流反馈:第一个例子不愿借两位舅爷银子,把不满撒在猫的身上,写出严监生内心不满和吝啬;第二个例子拼命地控制生活费用,吝啬不已。这两个事例虽然也能看出严监生的吝啬,但是都不如课文的事例。理由一,按常理来说,人处于奄奄一息之际,应考虑自己的后事,绝不会为多两茎灯草而咽不下最后一口气;理由二,情节起起伏伏,吸引读者;理由三,细节描写生动,人物形象丰满。

出示:

他家有十多万银子。钱过百斗,米烂陈仓,僮仆成群,牛马成行。良田万亩,铺面二十多间,经营典当,每天收入少有几百两银子。

——节选自《儒林外史》

小结:可见他吝啬到极点。总之,善于选择典型事例表现人物特点,是写好文章的重要技巧之一。

2.感悟写法二——描写人物方法

除了选取"典型事例"外,还有什么妙招呢?再次回到描写严监生反应的语句,小组合作选择其中一处,探究写作奥秘。

▲他听了这话,把眼闭着摇头,那手只是指着不动。

我们组选择了"他听了这话,把眼闭着摇头,那手只是指着不动"这句话。我们组通过研读交流,发现这句话是通过动作描写和神态描写,将严监生那种没有人能理解的绝望淋漓尽致地展现了出来,表现了他吝啬、爱财如命的特点。(板书:动作、神态描写)

小结:通过小组合作学习,我们知道了此片段采用动作描写为主、神态描写为辅、旁人语言描写推动的方法。这一套"组合拳",让严监生这个人物变得特别鲜活。

3.介绍《儒林外史》

著名长篇讽刺小说《儒林外史》,被鲁迅先生称为我国古代小说中第一部"讽刺之作"。课后,同学们走进《儒林外史》的原著中去,感受吴敬梓的绝妙之笔。

【设计意图】这一板块分三步走,前两步是重点,读课文感悟写法。教学中,通过拓展比较,知道如何选择典型事例;通过合作学习,明确把人写活的技巧,在于写好人物的动作、神态等,助力学生提升写作能力。

三、总结回顾,明确方法

《人物描写一组》的三个片段都刻画了特点鲜明的人物形象。我们再来回顾一下,把下面的思维导图(如图6所示)补充完整。

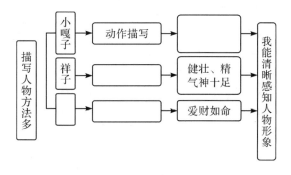

图6 思维导图

同样是写人,表现人物特点的方法有很多,既可以抓住人物的动作来表现,又可以抓住人物的外貌来表现,也可以通过人物的神态来表现,还可以借助典型的事例来显现。正如古人所说,观其言,察其行,而知其人。《刷子李》一课,我们还会学到新的表现人物特点的方法。

【设计意图】通过回顾总结,进一步明确:根据特点选事例,描写方法要多样。强化描写人物的基本方法,彰显本单元的语文要素,为学生的习作发展奠定基础。

【板书设计】

《两茎灯草》板书设计如图 7 所示。

图 7 《两茎灯草》板书设计

【设计意图】此板书分"故事情节""写作特点""人物特点"三部分,对了解人物的特点和学习写法具有启发。

横看成岭"侧"成峰

——《刷子李》教学设计

【教材解读】

《刷子李》选自著名作家冯骥才创作的小说集《俗世奇人》。文章以刷子李高超手艺的传说开篇,具体叙述了徒弟曹小三的所见所闻,通过曹小三"寻找白点—发现白点—解开白点之谜"的心理变化,凸显刷子李的粉刷本领高超。

《刷子李》一文运用了极具韵味的天津方言,生动有趣,幽默传神,极富表现力。课文对刷子李刷浆的动作、刷墙后超乎寻常的效果进行了描写;通过叙述他刷墙时的规矩,以及随身所带的包袱里的"一身黑衣黑裤,一双黑布鞋"告诉读者刷子李刷浆时的穿着;文末只有两处对刷子李语言的描写,简短的话语,凸显了刷子李对自己高超技艺的底气。本文与《人物描写一组》写法的不同之处就是通过侧面描写烘托人物的形象,运用大量笔墨描写了曹小三观察师傅刷墙时的神态、心理,聚焦"白点",随之起伏,从侧面充分凸显了刷子李技艺高超的特点。故事情节一波三折、跌宕起伏,人物形象富有传奇色彩,是一篇艺术性和趣味性都较强的文章,更是学习描写人物基本方法的好范例。

【教学目标】

1.认识"浆""傅"等7个生字,会写"浆""傅"等15个字。

2.抓住关键句子,感受人物形象,了解描写人物的方法。

3.初步了解侧面描写的方法,通过绘导图、想心理、对比朗读等方法体会其表达效果。

4.拓展阅读资料,加深侧面描写人物的方法,激发阅读《俗世奇人》的兴趣。

【教学重点】

抓住关键句子,感受人物形象。

【教学难点】

了解通过描写他人的反应表现主要人物特点的描写方法,体会其表达效果。

【教学过程】

一、回顾前文，梳理导入

梳理描写人物的方法，如图 1 所示。

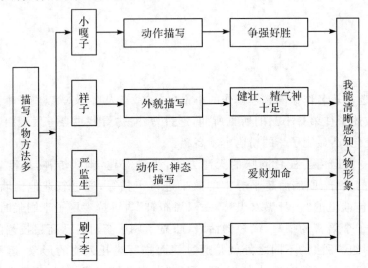

图 1　梳理描写人物的方法

1.《人物描写一组》的三个片段都刻画了特点鲜明的人物形象。让我们看看这张思维导图,作者是通过哪些描写方法表现人物特点的?（出示思维导图前三行）

2.今天这堂课,我们再来认识一个特点鲜明的人物——刷子李。作者是我们的老朋友冯骥才先生,他又会用什么方法进行描写呢?（出示思维导图最后一行）

【设计意图】运用思维导图对已学的人物描写方法进行梳理概括,同时自然而然地引出本课的学习重点——描写人物的方法,学生心中就明确了学习方向。有的放矢,方能事半功倍。

二、初读课文，学词理文

自由朗读课文,要求读准字音、读通句子,边读边思考:刷子李刷墙"奇"在何处呢?

1.学习生字词

（1）出示一:

> 悠然　匀匀实实　天衣无缝　平平整整

读着读着,你发现这组词语都和哪个人物有关?（刷子李）

用上这四个词说一说刷子李是如何刷墙的。（学生从中感受刷子李技艺非凡）

（2）出示二:

> 露馅儿　轰然倒去　名气有诈　发怔发傻

这组词又与谁有关?(曹小三)

具体描写了曹小三哪方面的内容?(反应和感受)

通过这两组词语我们知道了这个故事中的两个人物:一个是刷子李,一个是曹小三。那主要人物是谁呢?为什么?(从题目中一目了然)

2.交流反馈:刷子李刷墙"奇"在何处?

小结:瞧,刷子李就是这么一位粉刷技艺高超的俗世奇人。(板书:技艺高超)

【设计意图】此环节通过词语分类教学,既帮助学生积累,又理清文中人物,明确主要人物——刷子李,初步感受到人物刷墙技艺高超的特点,为后面教学做好铺垫。

三、正面描写,感悟奇绝

默读课文,用横线画出描写刷子李"技艺高超"的句子,在旁边简要写下自己的感受,具体情况详见表1。

表1 《刷子李》中技艺高超的表现

技艺高超的表现	相关句子	刷子李的特点
规矩奇	照他的规矩一天只刷一间屋子 刷子李干活还有一个规矩。每刷完一面墙,必得在凳子上坐一会儿,抽一袋烟,喝一碗茶,再刷下一面墙 干活前,他把随身带的一个四四方方的小包袱打开,果然一身黑衣黑裤,一双黑布鞋。穿上这身黑,就好像跟地上一桶白浆较上了劲	自信不凡
动作奇	只见师傅的手臂悠然摆来,悠然摆去,如同伴着鼓点,和着琴音,每一摆刷,那长长的带浆的毛刷便在墙面啪地清脆一响,极是好听	动作轻巧 技术娴熟
效果奇	啪啪声里,一道道浆,衔接得天衣无缝,刷过去的墙面,真好比平平整整打开一面雪白的屏障	技艺高超

1.学生自主默读课文,画出重点词句,进行批注。

2.学生交流反馈描写刷子李技艺高超的语句。

3.师生合作,完成表格,感受刷子李技艺高超的句子。

4.重点品读技艺高超——动作奇。

这些句子中,哪句话最让你感受到刷子李的技艺高超?出示动作奇的句子:

▲只见师傅的手臂悠然摆来,悠然摆去,如同伴着鼓点,和着琴音,每一摆刷,那长长的带浆的毛刷便在墙面啪地清脆一响,极是好听。

(1)学生体验举手刷屋顶的动作,交流感受。

预设:酸、累,坚持不了……

(2)句中哪个词语让你惊叹刷子李的技艺高超?"悠然"是什么意思呢?

(3)带着悠然的心情,读一读刷子李刷墙的句子。

总结:同学们理解得好,读得也到位,直接描写人物的规矩、衣着、动作等,写出了刷子李技艺高超的特点。这种表达方法就是正面描写。(板书:正面描写)

【设计意图】用表格形式,将人物技艺奇绝的特点清晰地呈现出来,重点品读描写刷子李动作的句子,通过学生"找—品—联—读",深刻体会到刷子李刷墙的轻松、愉悦,人物形象跃然纸上。

四、侧面描写,凸显奇绝

课文除了描写主要人物刷子李外,还用大量的笔墨描写了曹小三(板书:曹小三)。再次默读课文第3～11自然段,找出描写曹小三的句子进行小组合作学习。合作要求详见表2。

表2　梳理描写曹小三的句子

理	曹小三的心理变化
写	曹小三的心理活动
比	曹小三的描写删除

1.理,合作完成《语文作业本》第3题的导图(如图2所示)。

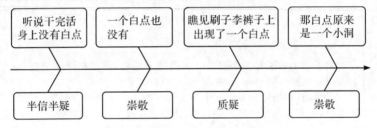

图2　《语文作业本》第3题的导图

2.写,小组成员每人选一处,进行曹小三心理活动的描写。小组内交流,推荐一名成员进行全班交流。

3.比,删除描写曹小三的语句与原文进行对比朗读,体会侧面描写的表达效果。对比朗读后,写下自己的感受。

曹小三的心理随着刷子李身上白点的变化而不断变化,这让故事情节变得_____,也把刷子李这一人物特点烘托得_____。

小结:表现人物特点可以正面描写,也可以从旁观者的反应进行描写,我们把这种方法称为侧面描写。(板书:侧面描写)

谁来说说课文中运用侧面描写的好处?

小结:侧面描写不仅使故事生动,情节曲折,更能烘托出刷子李技艺高超、自信不凡的特点。这比正面描写多了更多材料选择的空间,也让人更信服。今后我们在写作中可以借鉴运用。

【设计意图】本文在表现人物特点时,对曹小三的心理变化进行了浓墨重彩的描写。用小组合作的形式,借助《语文作业本》,巧妙地理清了曹小三心理变化过程,感受到了故事情节一波三折。在此基础上进行对比朗读,直观感受侧面描写烘托人物形象的妙处,突破了教学的难点。

五、拓展赏析,品悟写法

1.解题拓展。

每一个姓李的粉刷匠都能被称为刷子李吗?不是的。在天津,只有某个行业中技术特别好的人,才能用行当加上姓氏的方式来称呼他。比如,一个姓王的人,木工做得特别好,人们就叫他——木工王。一个姓张的人,泥人捏得特别好,人们就叫他——泥人张。

2.赏析片段,感受侧面描写的妙处。

> 但是不一会儿,就听海张五那边议论起他来。有个细嗓门的说:"人家台下一边看戏,一边手在袖子里捏泥人。捏完拿出来一瞧,台上的嘛样,他捏的嘛样。"跟着就是海张五的大粗嗓门说:"在哪儿捏?在袖子里捏?在裤裆里捏吧!"随后一阵笑,拿泥人张找乐子。——《泥人张》
> 通过描写旁人的对话突出泥人张捏泥人的技艺高超。

> 只见大汉憋得红头涨脸,身子里边的气没法从鼻子和嘴巴出来,胸膛就鼓起来,愈鼓愈大,大得吓人,只听"砰"的一声,钉在墙缝里的肋叉子自己退了出来。王十二手一松,大汉的劲也松了,浑身一软,坐在地上,出了一声:"老子活了。"——《神医王十二》
> 通过描写病人的动作、神态等突出王十二医术神。

3.选择材料,交流反馈,明确侧面描写。

> 如果要表现运动员刻苦训练的形象,下面哪个材料可以选作侧面描写?
> (1)夏天烈日炎炎、冬天寒风刺骨的环境。
> (2)运动员刻苦训练的动作。
> (3)同学们在操场上嬉戏、玩耍。
> (4)教练劝说运动员休息。

【设计意图】本环节拓展了侧面描写的维度,学生在赏析中明白不仅可以从旁人的心理变化凸显人物形象,也可以从旁人的对话、行动等方面刻画人物,还可以通过环境描写烘托人物形象。通过材料选择的练习,进一步了解侧面描写的方法。

六、推荐书籍,探文猎奇

1.《刷子李》这篇课文及以上赏析的片段都出自冯骥才的《俗世奇人》,这本书是短篇小说集。

2.冯骥才先生为何要写这本书呢？这本书又写了些什么呢？请看《俗世奇人》的序。出示《俗世奇人》序的片段,了解创作背景,明确单元主题。

(这些奇人妙事,闻若未闻,倘若废置,岂不可惜？今日忽生一念,何不笔录下来,供后世赏玩之中,得之往昔此地之众生相也,故而随想随记,始作于今。每人一篇,各不相关,冠之总名"俗世奇人"耳?)

3.出示书的目录,猜奇人绝活。

请大家看看这本书的目录,猜猜这些奇人都有何绝活呢？欲知详情,请阅读《俗世奇人》。

【设计意图】本单元的人物主题"字里行间众生相,大千世界你我他",《俗世奇人》这本书生动诠释了这个主题。《刷子李》是本书的其中一篇。学习此文,认识一个奇人。阅读此书,才是打开众生相的钥匙。由"一篇"到"一本",实现了"1+1"拓展阅读。

【板书设计】

《刷子李》板书设计如图3所示。

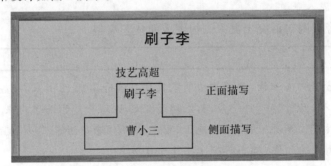

图3 《刷子李》板书设计

【设计意图】该板书简洁清晰,主要人物及特点一目了然,描写方法清清楚楚。板书巧妙地设计成"凸"字,也是本文强调的描写人物的一个重要方法,通过侧面描写凸显人物形象。

学方法　展特点　立形象

——"交流平台"与"初试身手"教学设计

【教材解读】

通过梳理,我们发现精读课文的《人物描写一组》是通过描写人物动作、外貌、神态等具体表现人物特点;《刷子李》一文不仅直接写了刷子李的语言、动作、外貌等,还描写了曹小三的举止、心理活动,从侧面反映出刷子李技艺高超。"交流平台"对单元学习目标进行总结归纳,梳理了写人文章的特点:运用具体事例,把人物写具体;用多种方法表现人物特点;描写周围人的反应,间接写出人物的特点。"初试身手"安排了两项学习任务,引导学生对描写方法进行运用,在实践中加深认识,体会其表达效果,为单元习作打下基础。

五年级上学期,学生已经学习了"结合具体事例写出人物的特点"的写作方法,本单元是在此基础上进一步学习写人的方法。在典型事例的基础上综合运用多种描写方法来表现人物特点,这是对写人习作的一个提升,也是本单元需要落实的重要目标。

【教学目标】

1.回顾精读课文,借助"交流平台",归纳、梳理并提炼出描写人物的基本方法。

2.通过对比,小组合作,运用所学的描写方法将一名同学的课间十分钟表现描写具体,体现出人物的特点。

3.通过"连一连""选一选"确定典型事例,初步学会根据家人特点选取典型事例的方法。

【教学重点】

通过梳理归纳,更加明白体现人物特点的描写方法,并尝试运用多种描写方法体现出人物特点。

【教学难点】

能够运用多种描写方法来表现人物的特点。

【教学过程】

一、借助平台,总结描写方法

1.归纳梳理,炼方法

(1)自由读一读"交流平台",这里面总结了几种方法?画出重点信息。(课件出示:交流

平台)

（2）汇报交流。

（3）提炼写人的基本方法。（随机板书）

选用典型事例，把人物特点写具体。

运用外貌、动作、语言、心理等多种描写方法来表现人物的特点。

描述周围人的反应，间接写出人物的特点。

2.类比发现，固方法

（1）本单元课文中，我们认识了许多个性鲜明的人物，作者主要运用哪些描写方法表现出人物鲜明的特点呢？师生合作完成导图（如图1所示）。（指名说）

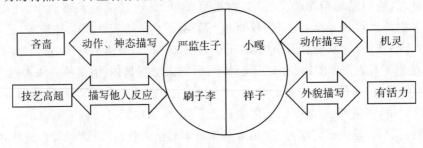

图1　思维导图

（2）引导学生梳理本单元课文在表现人物特点方面的相同点和不同点。

相同点：都选取最能表现人物特点的典型事例；用多种方法表现人物特点。

不同点：《人物描写一组》侧重通过直接描写，凸显人物特点；《刷子李》侧重通过描述他人的反应来表现人物特点，且注重细节描写。

（3）教师小结：在写人的文章中，我们要紧扣人物特点选取典型事例，可以抓住人物的语言、动作、神态、心理等细节描写，还可以通过侧面描写表现出人物的特点。

【设计意图】这一设计紧扣本单元的习作要素，通过"说特点""找方法"两个环节，促成了单元语文要素的落地。再将所学课文的描写方法进行对比，发现异同。这样一个来回，学生对方法的获得，不仅仅停留在归纳出笼统的方法，更明白方法要灵活运用，才能看见大千世界的你我他。

二、紧扣特点，辨析典型事例

1.辨析典型事例

（1）连一连，将人物特点和对应的典型事例用直线连起来。

热爱阅读的爸爸　　　　　　半夜在厨房里准备第二天的早饭

心灵手巧的奶奶　　　　　　用网兜捡起掉池塘里的皮球

勤劳的妈妈　　　　　　　　偶尔睡前看书

聪明的弟弟　　　　　　　　跟小红书学做了糖醋排骨

交流预设：偶尔睡前看书不具备典型性。

(2)辨一辨,看看下面哪几件是典型事例,能体现出人物特点。

分辨典型事例,详见表1。

表1 分辨典型事例

人物	特点	事例	典型事例(√)
妈妈	助人为乐	1.疫情期间,妈妈给同学们发书、送书	√
		2.妈妈每天帮我洗衣服	
		3.妈妈给运动员们准备解暑药品	
		4.下雨天,妈妈送同学回家	√

交流预设:"疫情期间、下雨天",选择这样的特殊时期、特殊环境下发生的事件更能体现出人物的特点。

小结:典型事例就是具有代表性的事件,我们可以选择在某一特殊情况下、某一特定环境中发生的具有代表性的事件进行描写,只有选取这样的事件才能把人物的特点表现得更清楚。

2.你的家人哪一位最有特点?可以用哪些典型事例来表现他的特点?照样子写一写,详见表2。

表2 梳理典型事例

家人	妈妈	
特点	乐于助人	
典型事例	①疫情期间,妈妈给同学们发书、送书 ②下雨天,妈妈送同学回家 ③邻居忘带钥匙了,妈妈邀请他来家里做客	①_____ ②_____ ③_____

3.交流展示评改。

【设计意图】通过"连一连""选一选"两道练习,让学生进一步明确"典型事例"的含义,在这基础上,再进行仿一仿选取典型事例,逐步让学生掌握选择典型事例的本领,突破难点,为后面写作做好铺垫。

三、合作修改,提升描写能力

1.展示同学课前完成的练笔片段,示范修改。

> "丁零零"下课铃一响,李明拿着绳子冲到操场上,跳了起来。他可是跳绳高手,一分钟跳260下,同学们都惊掉了下巴。

(1)学生交流预设:

选取的事例,是否体现人物跳绳技能高超的特点。

为突出人物身手敏捷的特点,应重点描写跳绳时的动作和周围同学的反应。

描写动作时,能否准确使用动词,展开想象,表现人物的动作轻盈熟练。

修改建议详见表3。

表3　修改建议

目标	方法	评价	修改建议
突出特点	典型事例	☆☆☆	选取一种特殊的跳绳本领,比如双飞、单脚跳等
	多种方法	☆☆☆	动作描写清楚
	侧面描写	☆☆☆	加入周围人的反应

(2)借助评价表,汇总反馈。

(3)修改后全班展示。

> "丁零零"下课铃一响,李明拿着绳子冲到操场上。"快看,李明双飞跳得也太厉害了吧!"随着一声惊呼,李明周围瞬间围满了同学。只见李明手中的绳子上下翻飞,如同轻快的海鸥在海面上悠然自得地俯冲又跃起,双臂紧贴着身体,手腕像装了螺旋桨似的转动,双脚如同弹簧,轻轻跃起,又轻轻落下,不留一点声响,只听到耳边"呼呼"的甩绳子的声音。"哇,连续跳了260下!"同学们都惊掉了下巴,可李明大气也没喘一下。

(4)读一读,对比修改前后的片段。

2.小组合作评一评,改一改。

(1)明确合作任务(详见表4)。

表4　合作任务

任务目标	完成目标
选	选一名同学的课间十分钟的描写片段
提	借助评价表提出修改建议
改	根据修改建议,修改片段
读	组里推选一名同学将修改后的片段进行展示

(2)小组内合作修改。

(3)展示修改成果。

小结:课间十分钟,同学们有的在讨论精彩的电视节目,成了一场"文艺评论会";有的在掰手腕,比一比谁的力气大;还有的同学甚至都不放过这点时间,努力写作业。课间十分钟的活动是丰富的,同学们在这短短的十分钟,淋漓尽致地展现自己的个性。只有留心观察,选择典型镜头,通过多种方法的细致描写和侧面描写,才能让人物的特点立在我们心中。

3.布置作业:课后继续修改自己的练笔习作,修改后读给同学听。

【设计意图】通过"课间十分钟"人物描写的前后对比,让学生直观地感受到合理地运用描写方法对人物特点的体现是至关重要的。小组合作修改,学以致用,提升修改能力。

【板书设计】

"交流平台"与"初试身手"板书设计如图 2 所示。

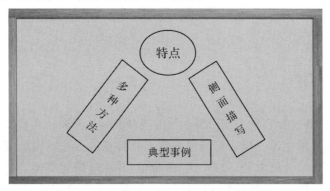

图 2 "交流平台"与"初试身手"板书设计

【设计意图】此板书凸显了本单元的语文要素,形象地展示了表达人物特点的描写方法。更绝妙的是此板书绘制了人的形象,让学生清晰明了地体会到要将心中的人物立起来,选取典型事例是基石,运用多种方法和侧面描写是途径。

关注人物　聚焦特点

——《我的朋友容容》《小守门员和他的观众们》教学设计

【教材解读】

习作例文《我的朋友容容》《小守门员和他的观众们》，从不同的角度示范了写人的方法，并以批注的形式引导学生进一步了解具体表现人物特点的方法。因此，在教学中应借助批注，找到"例"之所在，结合思考题，发挥"文"的价值，并通过搭建支架，实现"范"的作用。从而实现习作知识与具体、真实的写作实践相结合，并服务于写作实践。

【教学目标】

1.阅读例文，在读与悟的过程中，感受人物特点。
2.借助批注，学习作者通过典型事例、不同的描写方法表现人物特点的方法。
3.对比例文，体会写作方法上的同中有异，学习用恰当的方法刻画不同的人物。

【教学重难点】

感受例文的异同，学习写人物选用典型事例和不同的描写方法。

【教材过程】

一、猜谜导课，激发兴趣

中国的古典文学名著，是闪烁着灿烂光辉的经典之作，作品里栩栩如生的人物形象给我们留下了深刻的印象。现在让我们看提示，猜一猜他们是四大名著中的谁。

身长九尺，髯长二尺，义薄云天，单刀赴会。
身躯凛凛，相貌堂堂，疾恶如仇，景阳冈打虎。
黑脸短毛，长嘴大耳，圆身肥肚，贪吃懒惰。
性格孤傲，多愁善感，体弱多病，忍痛焚稿。

同学们会选取与这个人物相关的典型事例，运用描写人物的方法来表现人物的特点。这正如单元篇章页所说的"字里行间众生相，大千世界你我他"。一段文字或者一部作品写得好，字里行间可以描绘出众生世相。

【设计意图】采用看提示猜四大名著人物这种喜闻乐见的形式作为开场，不仅激发学生的学习热情，更重要的是引导学生直接关注文学作品中作者塑造人物形象的方法，站在写作的角度展开后续例文的学习。

二、例文引路,感悟写法

1. 对比题目,发现异同

今天,我们要学习两篇例文,又会认识怎样的人呢?(出示课文题目:《我的朋友容容》《小守门员和他的观众们》)

男生读一个,女生读一个,观察题目,你们有什么发现?

都是写人的。写一个人或写多个人。

2. 初读例文,交流印象

借助批注,默读课文,圈画关键语句,说一说文中人物给你留下了怎么样的印象。

预设一:我的朋友容容是一个助人为乐的人。

依据:我订了一份报纸,每天早上,容容总是搬着椅子,爬上去,踮起脚,从大门口的邮箱里取出报纸来,然后爬下椅子,奔来把报纸交给我:"任叔叔,报纸来啦!"(板书:动作)

预设二:我的朋友容容是一个忠于职守的人。

依据:我正在看报,容容走来,她看看我手里的报纸,忽然噘起嘴,挺委屈地走了。

从"噘起嘴"这一神态中感受到容容的忠于职守、天真可爱。(板书:神态)

预设三:我的朋友是一个天真、充满好奇的人。

依据:她好奇地问:"任叔叔,这是什么?"

"这是信。"

"信是什么?"

"信就是信。譬如说,我有个好朋友,我有话跟他讲,我就可以写一封信寄给他。信封上写上名字,就可以寄了。"(板书:语言)

预设四:《小守门员和他的观众们》第3、4、5自然段通过对观众的动作、神态描写表现出比赛的激烈。(板书:动作、神态)

【设计意图】通过引导学生从两篇例文的题目入手,发现两篇例文侧重描写的对象有所不同。再结合批注,自主阅读,畅谈人物初印象,从而了解两篇例文描写人物所采用的基本方法,初步显现人物的特点。

三、对比例文,习得写法

观察板书,你又有什么发现?(两篇例文都运用动作、语言、神态等描写表现人物特点)接下去让我们细细品味。

1. 聚焦动作,学会分解

老舍先生说:描写人物最难的是使人物能立得起来。

出示对比句:

▲我订了一份报纸,每天早上,容容总是从大门口的邮箱里取出报纸来,奔来把报纸交给我:"任叔叔,报纸来啦!"

▲我订了一份报纸,每天早上,容容总是搬着椅子,爬上去,踮起脚,从大门口的邮箱里

取出报纸来,然后爬下椅子,奔来把报纸交给我:"任叔叔,报纸来啦!"

请同学们读一读,比一比,这两句话有什么不同?

小结:如果像第一句只写一个大动作,语言会显得苍白无力,而且没有画面感;如果像作者这样将大动作分解成一系列小动作,语言就生动了,人物就立起来了,同时还丰富了读者的感受,这叫动作分解法。(板书:分解法)

《小守门员和他的观众们》中也有一处异曲同工的地方,我们再一起来读一读。

出示:

▲只见他分腿弯腰,上身前倾,目光警惕地注视着前方,膝盖磕破了也毫不在意,真像个专业的足球守门员!

两篇文章都用了连续性的动作描写表现人物的精神状态。我们也要从中受到启发,取其精华。

2.探究神态,引申猜想

连续性的动作会使语言更加连贯具体,让人印象深刻。神态描写又有哪些好处呢?

出示句子:

▲我正在看报,容容走来,她看看我手里的报纸,忽然噘起嘴,挺委屈地走了。

从这句话中你读出了什么?(从"噘起嘴"读出容容不高兴。)

为什么不高兴?(作者猜测跟报纸的事情有关,是因为作者自己把报纸取来了,忘了尊重容容的权利。)

是啊,容容一天没有取到报纸就发脾气,作者从她"噘起嘴"这个神态中猜出来了。这就叫神态猜想法。(板书:猜想法)

第二篇例文中有类似的运用"神态猜想法"的句子吗?

预设:那位大个子叔叔始终面带笑容,看得津津有味。孩子们踢得太精彩了,也许勾起了他小时候踢球的美好回忆。

看来通过观察人物的神态后展开合理的猜想,人物的性格特点就会更加饱满。

【设计意图】本环节引导学生进一步感悟动作、神态描写,让学生在句子品读中知晓:把大动作分解成一个个小动作,语言就更生动了,人物特点就更突出了;观察神态展开想象,也能帮我们了解一个人、走近一个人。

四、总结写法,升华情感

1.合作学习

同学们,这两篇例文描写的对象不同,侧重描写的角度也不同,接下去,按要求展开小组合作学习,请看合作小贴士。

> 合作小贴士:
> (1)读:再次默读例文,先自己对比两篇例文的异同。
> (2)议:组内交流,相互补充完善。
> (3)理:梳理完成表格(详见表1)。

表1 习作例文梳理

例文题目	相同点	不同点	
		内容	情感
《我的朋友容容》	两篇例文都综合运用动作、神态等描写人物的方法突出人物特点	通过对典型事例的描写突出人物特点	在互动中产生情感,通过文字表达出来
《小守门员和他的观众们》		通过群像描写,捕捉当下场面有特点的内容,结合外在的观察,猜想人物的特点	

2.课堂总结

两篇例文从不同的角度对人物进行了描写,这离不开作者细心的观察,更得益于用了适当的方法。容容是熟悉的朋友,可以借助具体的事例展开描写;小守门员与观众是大场景下的人,可以用捕捉特写、猜想神态的方法去刻画人物形象。不同的对象可以采用不同的方法。我们要学着把这些方法运用到自己平时的习作中,通过具体的描写,刻画好形形色色的人。

【设计意图】通过表格的形式进一步梳理两篇例文的异同,总结不同描写人物的方法,由点到面再回归到点进行总结,引领学生在品析的过程中学会刻画人物。

【板书设计】

习作例文板书设计如图1所示。

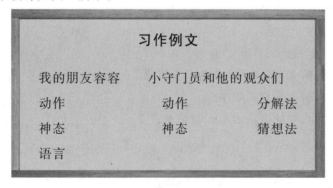

图1 习作例文板书设计

【设计意图】通过对比式的板书,帮助学生直观地感受两篇例文的异同,进一步体会不同的描写方法在突出对象的特点中起到的重要作用。通过动作分解让人物立起来,通过神态猜想让人物饱满起来,通过对比阅读让写作方法可观、可感、可悟。

让人物立起来

——《形形色色的人》教学设计

【教材解读】

本单元习作要素"选择一个人,选取典型事例,初步运用描写人物的基本方法,具体表现一个人的特点",写一篇写人的记叙文。

单元习作的第一部分通过列举帮助学生理解"形形色色的人",进而提出本次习作的内容和要求。第二部分以图示和对话气泡的形式,针对选择典型事例的方法进行指导。第三部分提出了围绕"有没有具体表现出人物特点"进行交流评改习作。教材启迪了学生人物习作思维,明确了人物习作要素,并展示人物习作过程。

进入五年级,学生对写人的习作已不陌生,但要"运用描写人物的方法具体地表现出一个人的特点",仍旧是个难题。因此,本次习作之前,已经围绕单元主题,通过课文《人物描写一组》《刷子李》、"交流平台"与"初试身手"、习作例文《我的朋友容容》《小守门员和他的观众们》的学习,体悟了人物描写在表现人物特点上的作用和人物描写的方法,选择同学和家人进行人物描写表现其特点的练习。本次习作要在之前的学习基础上,依据学情,紧扣人物描写的方法,进行习作实践,让学生掌握人物习作的方法。

【教学目标】

1.理解形形色色的人,选择一人作为习作对象。

2.能够根据人物特点选择典型事例。

3.能够运用描写人物的方法表现人物特点。

【教学重点】

选择典型事例和运用描写方法表现人物特点。

【教学难点】

运用描写方法表现人物特点。

【教学过程】

一、观众生相,选一个人

1.在本单元的学习中,我们认识了很多人,他们都有自己的特点。下面请观看视频,视频中有哪些人？各有什么特点？

挖鼻孔的孩子（调皮）　妈妈（急性子）　弟弟（吃货）　爸爸（睡神）

2.看来,我们身边有特点的人还真不少,那我们今天的目标就是要通过自己的习作展示形形色色的人。（板书:形形色色的人）

3.审题,选择要写的人。

(1)出示部分习作要素:我们每天都会接触到形形色色的人:小区里锻炼身体的爷爷奶奶,学校里的老师、同学,还有上学时遇到的公交司机、维持秩序的交通警察……

请看要求中的省略号,我们来补充还有哪些人。（妈妈、保安、志愿者、快递小哥、网约车司机、早餐店工作人员……）看来,生活中与我们接触的人真的形形色色! 那么这次习作有什么要求呢？

(2)再次出示部分习作要素:选择一个人写下来,运用本单元描写人物的方法,具体表现人物的特点,题目自拟。

学生默读,圈出关键词。（一个人　描写人物的方法　表现人物的特点　题目自拟）

(3)只选择一个人写,你选择写谁？

亲人（爸爸、妈妈……）

熟悉的人（伙伴、同学……）

有特点的陌生人（路上见到做好事的人、快递小哥……）

【设计意图】通过观看视频和补充省略号发现生活中的确有许许多多形形色色的人,先丰富和拓宽"形形色色的人"的外延,让习作与生活相连接。习作只是选择其中之一,降低了学生习作的难度,有利于学生选择习作的对象。

二、列出事例,选其典型

1.本单元学习过的描写人物的方法有哪些？（板书:典型事例　人物描写）

方法一:通过典型的事例表现人物特点。

方法二:通过描写外貌、动作、语言、心理等表现人物特点。

2.我们先来学习方法一:通过典型事例来表现一个人的特点。出示教材中的内容,引导学生选择典型事例,如图1所示。

事例1:
他读完一本故事书,能把所有的细节都记住。

事例2:
他记住了我昨天说过的一句话。

叔叔记忆力超群

事例3:
他能记住我的生日。

事例4:
那幅地图他只看了一遍,就能一点儿不差地画下来。

图1　素材中的典型事例

图 1 中哪些事例能体现"叔叔记忆力超群"?

为什么不选择第 2 个和第 3 个事例?请说明理由。

小结:看来典型事例是要根据人物特点来选择确定的。(板书:特点)

3.借助学习单一,选择典型事例,如图 2 所示。

```
┌─────────────────────────────────────────────┐
│                  学习单一                      │
│                                               │
│   人物:_____                       │
│   特点:_____                       │
│   事例:_____        │
│   _____         │
│   _____         │
└─────────────────────────────────────────────┘
```

图 2 学习单一

【设计意图】习作是实践性最强的语文活动,从复习认知走向习作的途径只能是实践。本环节学生通过两次实践认识。一是利用教材,明确典型事例的选择标准是人物的特点。二是通过学习单,学生对典型事例的选择有了进一步的思考。

三、巧用描写,表现特点

1."描写人物语言、动作、神态、心理和外貌表现人物特点"也有方法。

直接描写——通过直接描写主要人物语言、神态、动作等表现特点。

间接描写——通过描写与主要人物相关的其他人物表现特点。

2.运用描写方法,完成片段练习。

3.选择学生完成的学习单二,如图 3 所示。交流讲评:运用了哪些人物描写方法?表现出人物特点了吗?

```
┌─────────────────────────────────────────────┐
│                  学习单二                      │
│                                               │
│   人物:堂堂      特点:热爱阅读                 │
│   人物描写:我的同学堂堂非常喜欢阅读。下课了,大家都争先恐│
│   后地跑到教室外玩,只有堂堂一个人坐在位置上,捧着一本书,聚精会│
│   神地看着。我叫他去玩,他好像没有听见,理都不理我。│
└─────────────────────────────────────────────┘
```

图 3 学习单二

交流评价:运用动作、神态描写,表现了堂堂热爱阅读的特点。但是描写不够仔细,比如没有语言描写。修改后的学习单二,如图 4 所示。

学习单二

人物:<u>堂堂</u>　　特点:<u>热爱阅读</u>

人物描写:<u>我的同学堂堂非常喜欢阅读。下课铃还没结束,大家</u>
<u>都争先恐后地跑到教室外玩,原本安静的走廊顿时充满了欢声笑语。</u>
<u>课间只有短短的十分钟,谁肯放过这宝贵的时间不去放肆呢? 我正玩</u>
<u>得高兴,忽然瞥见空荡荡的教室里,只有堂堂一个人一动不动地坐在</u>
<u>位置上,双手捧着一本书,眼睛紧紧地盯着书页,忽而皱眉,忽而漾起</u>
<u>一丝笑意,不一会儿,就往下翻新的一页。"堂堂,出来玩呀!"我对着</u>
<u>他大叫,可他似乎没听见,头也没抬,继续沉浸在书的世界里。</u>

图 4　修改后的学习单二

【设计意图】唯有实践才能突破人物描写是表现人物特点、刻画人物的关键难点。此环节再次引导学生进行两次实践。一是完成学习单,进行人物描写的尝试。二是修改学习单,进行人物描写的完善。反复实践,多次锤炼,让学生从知识走向实践,在实践中,形成能力,达成语文素养。

四、自拟题目,完成习作

拟题方法很多。参考以下拟题方法,自拟题目。

以人名拟题:《小嘎子》《堂堂》……

以特点加人名拟题:《刷子李》《热爱阅读的堂堂》……

以人物关系拟题:《我的朋友容容》《我的伙伴堂堂》……

【设计意图】习作拟题的方式不拘一格,形式多样,提供多种拟题方法给学生以帮助,有利于学生打开拟题思路。题好一半文。学生找到适合自己的拟题,完成整篇习作就有了一个良好的开端!

【板书设计】

《形形色色的人》板书设计如图 5 所示。

图 5　《形形色色的人》板书设计

181

　　【设计意图】简洁明了地展示了本课的要点是本板书的特点。题目下用括号表示出从形形色色的人中选择"一人"。"特点"是中心,决定典型事例的取舍和人物描写的选取,有利于学生掌握人物习作的四个要点。

以立意为宗　铸文章之魂

——习作单元解读

　　"围绕中心意思写"是六年级上册习作单元的主题,对应的习作要素是"从不同方面或选取不同事例,表达中心意思"。

　　三年级的习作单元主题是"观察""想象",指向习作的两种最基础能力;四、五年级的习作单元主题分别是"写清楚一件事""写一篇游记""说明一个事物""形形色色的人",指向事、景、物、人四类最基本的习作内容。六年级上册的习作单元主题明显不同于之前年级,指向的是习作的方法! 教材为什么这样编排? 这样的编排具有怎样的实际意义? 老师们该怎样落实教材的编排?

一、习作立意,关联解析

　　1.联结学生习作,供实用表达之需

　　"文章中心不明确……""文章重点不突出……""流水账……"等,常见于学生的习作评价。"围绕中心意思写"直指学生习作中的问题,展现了解决学生习作问题的美好愿景。

　　写作中,"围绕中心意思写",准确清楚地表达作者观点、思路。首先,有助于学生把握文章的方向,解决学生习作中主题不明的问题,避免出现偏题、跑题的现象。其次,可以使习作内容环环相扣,更具条理性和连贯性,解决学生习作中条理不清的问题,提高写作的逻辑性和表达能力。再次,可以帮助学生有目的地筛选材料,使材料能够充分佐证观点,培养学生选材的能力。

　　2.基于课标要求,溯习作教学之源

　　"能抓住要点,乐于表达;表达有条理,敢于发表自己的意见,说清自己的观点;懂得写作是为了自我表达,珍视自己的独特感受,积累习作素材。"这是《义务教育语文课程标准(2022版)》在第三学段(5～6年级)"表达与交流"中的表述。

　　课标中提出的"要点""意见""观点""独特感受",对应的是语文教材中本单元习作表述——"中心意思"。习作中要清楚地表达自己的"要点""意见""观点""独特感受",那就是必须以它们为中心,围绕"中心意思"写。课标基于学生习作问题,提出习作目标,为习作教学指明了方向。

　　3.纵观教材,串要素关联之法

　　与其他习作的要求一样,"围绕中心意思写"并非突兀出现,而是在之前的习作基础上水到渠成地提出。详见表1。

表1　教材习作内容梳理

年级	册次	单元	题目或主题	主要要求
三	上	六	这儿真美	把身边的美景介绍给别人,习作的时候,围绕一个意思写
	下	六	身边那些有特点的人	写一个身边的人,用上合适的词语来形容,尝试写出他的特点
		七	国宝大熊猫	围绕大熊猫吃什么、生活在什么地方等问题介绍大熊猫,初步学习整合信息,介绍一种事物
四	上	一	推荐一个好地方	向同学推荐一个好地方,写清楚推荐的理由
	下	一	我的乐园	写自己喜欢的某个地方,表达出自己的感受
		四	我的动物朋友	写自己喜欢的动物,试着写出动物的特点
五	上	一	我的心爱之物	写出自己对一个事物的感受
		二	"漫画"老师	结合具体事例写出人物的特点
		六	我想对您说	把平时想对父母说的话用写信的方式告诉他们,用恰当的语言表达自己的看法和感受
		八	推荐一本书	向大家推荐一本书,重点写清楚推荐的理由
	下	一	那一刻,我长大了	写一件成长过程中印象最深刻的事,把重点部分写具体
		五	形形色色的人	初步运用描写人物的基本方法,尝试把一个人的特点写具体
六	上	一	变形记	发挥想象,把重点部分写得详细一些
		三	＿＿＿让生活更美好	用故事写出什么让自己的生活更美好,融入感情,表达看法

根据梳理的表1,我们不难发现,教材从习作的初始年级——三年级就提出"围绕一个意思写"。这是"围绕中心意思写"的雏形,而且这一思想一直贯穿于之后的习作中,且慢慢提升:写人围绕特点描写,写事过程有序有感受,推荐地方有理由,写物有特点与感受,还多次提出"重点部分写得详细一些"。习作中,无论写人记事,还是写景状物,都要"围绕中心意思写"。"中心意思"有时是"特点",有时是"感受",有时是"理由",但万变不离其宗!"围绕中心意思写"在不同类型的习作中逐步渗透!可以说,学生对"围绕中心意思写"的内容和形式已经不陌生了,具备了一定基础。

本单元习作是在学生已有的基础上,进行进阶学习。六年级转向重视中心意思和中心材料之间的合理架构,既"写清楚"又"写具体",从"围绕一个意思写好一段话"逐步过渡到"围绕中心意思写好一篇文章",从具体片段、方法的应用表达转向整篇文章的构思布局和情感表达。后者对思维的连贯性、逻辑性、层次性等方面的要求更高。另外,如何在众多材料中选取重要的部分写具体,也是练习中的一大难点。

二、单元教学内容解析

1.篇章页解析

篇章页以水波晕染为背景,暗示由一个中心点向四周扩散。本习作单元的人文主题——以立意为宗,而非以能文为本;词段要素——体会文章是怎样围绕中心意思来写的;习作要素——从不同方面或选取不同事例,表达中心意思。

"以立意为宗,不以能文为本",来源于南朝(梁)萧统《文选传》,用现代汉语解释,即写文章应以立意为宗旨,而不以擅长文采为根本。"立意"是指一篇文章所确定的主题,在本单元中指"中心意思"。阅读要素和习作要素把阅读和写作联系得十分紧密,明确本单元的教学重点,即在阅读中体会文章如何围绕中心意思来写及其有什么好处,并在习作中运用这样的方法,达到"立意为宗"的目的。

2.教学内容解析

本单元编排内容环环相扣,协调一致地指向增强学生"从不同方面或选取不同事例,表达中心意思"的习作能力。

(1)《夏天里的成长》节选自梁容若的散文《夏天》。课文采用常见的总分结构,首段总起文章的中心句,直接点明了中心意思——夏天是万物迅速生长的季节。围绕这一主题,分别从动植物的生长,山河大地、铁轨柏油路等事物的生长,以及儿童成长等方面进行了具体描写。文章鲜明地体现了选择不同的方面来充分表达一个中心,涉及内容多样且丰富,观察细腻,重点突出。

(2)《盼》节选自铁凝的同名短篇小说。课文题目即为中心意思——"盼"。全文围绕"盼"这一心理活动,描述了"我"得到新雨衣盼变天,下雨盼出门,不能出门盼雨停,雨停之后盼下雨,果真下雨穿新雨衣实现盼的过程。文章侧重选择不同的事例表现中心意思,强调将重要部分写详细具体。通过对语言、动作、心理的描写,生动地展现了在不同情况下"盼"的细腻心理。选取的事例和小学生生活接近,容易引起共鸣。

(3)"交流平台"结合《夏天里的成长》和《盼》的具体内容,归纳并明确了两种方法:一是围绕中心意思,从不同的方面或选取不同的事例可以把意思表达得更全面、更充分;二是围绕一个意思表述时,重要部分要写具体,才能给读者留下更深刻的印象,让学生对怎样"围绕中心意思写"有更深刻的认识。"初试身手"安排了围绕"戏迷爷爷"选择提供的材料和选择一两个题目说说可以从哪些事例或哪些方面来写。有梯度地着重训练学生围绕中心选择材料的能力,为后续习作中自主选择材料奠定基础。

(4)"习作例文"从不同角度为学生习作提供范例。《爸爸的计划》围绕"计划"这一中心词,通过罗列爸爸给每个人订各种各样的计划突出"爱制订计划"这个中心意思,选取两个典型事例突出"爸爸执行计划一丝不苟",非常具体地描述了爸爸给"我"制订暑假计划的经过,让人印象深刻。课文借助旁批和课后练习,启发学生关注选取事例的不同角度以及详略安排。《小站》的中心意思是"小",小站的"小"体现在列车停靠的时间、小站的建筑规模、小站的布置、小站的周边环境、小站的运行方式上。作者从不同方面对小站的"小"进行了全面描述,使中心意思表达得更充分。课文利用课后练习,引导学生理解选择不同方面表达中心意思要有层次,利用旁批引导学生关注小站特征的描写。两篇习作例文,一篇写人,一篇写景,给学生提供不同文体的范例、围绕中心意思的写法。

(5)习作主题是"围绕中心意思写",要求学生从"甜""乐""泪"等 12 个汉字中选择一个感受最深的或选其他的字,想清楚要表达的中心意思,从不同的方面或选择不同的事例来写。这里所指的中心意思,既有汉字的字面意思,又有对汉字的审美体验。比如,"甜"字既能让人想象糖果等食物带来的味觉甜蜜,又能让人联想到生活中那些令人欣喜和骄傲的成长瞬间。

习作要素还提到"可以写生活中发生过的事,也可以写想象的故事"。这里的"想象"不同于以往发散思维虚构的遐想,而是可以有"虚构"的影子。如《盼》中的主人公未必是铁凝本人,那种盼望着披上新雨衣的事情也不一定是真的,但铁凝所描绘的"盼望的心理"却真实地留在每个人的内心深处。

三、教学思考

为了帮助和引导学生在阅读中感悟真意、在习作中写出真意,教学中应从以下几点出发。

1. 整合教学资源

本单元的写作表达训练要素是"从不同方面或选取不同事例,表达中心意思",引导学生围绕中心意思进行写作,不跑题,知道选择恰当的素材。解读教材可发现,《夏天里的成长》和《小站》写法相似,《盼》和《爸爸的计划》手法相通。根据这种内容上的"关联性"重新组合、整合教学资源,可将《夏天里的成长》和《小站》结合起来,引导学生找到"从不同方面表达中心意思"的写法,这就是任务一——"深深领悟生活真谛"。将《盼》与《爸爸的计划》组合,学习"选取不同事例来突出中心"的表达秘诀,此为任务二——"细细体会同龄人的心情"。在此基础上,还要注意任务一和任务二之间的联系,以及和最后的习作的关联。在完成前两个学习任务的基础上,同学们围绕中心明确了选材的方法,顺利进入了习作环节,形成了层层递进的学习阶梯。

2. 统整学习任务

生活是习作的源泉,学生的习作同样离不开生活。本单元的学习旨在引导学生关心生活、热爱生活,培养学生的慧眼、慧心,将生活、学生、习作连接起来。篇章页引用"以立意为宗,不以能文为本"一句,"立意"与"能文"相对,强调的是作文本身要突出中心,重视语言表达。由此,本单元将"以立意为宗"的主题具化为"生活处处有真意"。"生活"也是最真实的学习大情境,引导学生在生活中寻找、发现、捕捉"亮点",将单元主任务统整为"寻找那个最亮的点",引导学生在阅读中品味、感悟,链接相关阅读材料,在交流中梳理总结写作方法,运用所学方法围绕中心意思选择素材,最终能够在习作中全面、充分地抒写自己眼中的"真意"。

3. 发挥评价功能

评价是教学的重要组成部分。评价的价值不仅在于了解学生的学习过程和学习成果,更为重要的是通过评价,能够让学生明确努力和完善的方向,激发学生的学习潜力。课堂中的师生评价、生生评价、自我评价等都要有明确统一的评价标准,让评价成为推动学生继续深入学习的重要手段。

例如,针对学生在初始习作中可能暴露出的问题——无法根据已确定的中心合理描写,教师可以继续运用《夏天里的成长》这篇课文,引导学生对习作进行自我评价。对照课文,作者围绕"夏天是万物迅速生长的季节"这一中心,分别写了三个不同的层面,凸显了世间万物迅速生长这一主题。学生运用这样的构思和围绕中心选择素材的创作技巧,对自身的初始习作进行二次修改。这样教学,能更好地凸显教材的单元语文要素,助推学生表达能力的提升。

以意为宗　以读促写

——《夏天里的成长》教学设计

【教材解读】

《夏天里的成长》是本习作单元的首篇精读课文。文章首句"夏天是万物迅速生长的季节",总领全文,点明中心,紧接着选取"动植物生长""事物生长""人的成长"三个不同方面进行描述,角度多样,文末提升主题,结构清晰,层层递进。

本单元的语文阅读要素是"体会文章是怎样围绕中心意思来写的",以及"从不同方面或选取不同事例,表达中心思想"。《夏天里的成长》这篇文章中心明确,视角多样,高度契合了单元语文要素,是绝佳的阅读和习作范例。

【教学目标】

1.学习并掌握"苞""苔""藓"等9个生字,重点理解"苔藓""菜畦"等词语。

2.通过找中心句,明确文章的中心意思,梳理文章内容,理解从哪些方面来表达中心意思。

3.体会本文的表达特点,领悟文章最后一句话的意思,懂得人一定要珍惜时间的道理。

【教学重点】

学习抓中心句把握课文中心意思的方法,学习围绕中心意思从不同方面来写。

【教学难点】

领悟文章的多种表达方法,理解最后一句话的含义,懂得一定要珍惜时间的道理。

【教学过程】

一、导读引课,明确要素

这节课,我们一起走进本册的第五单元。先来看篇章页的人文主题:以立意为宗,不以能文为本。

——[南朝梁]萧统

萧统的这句话显而易见地告诉我们,写文章应以立意为宗旨,而不以擅长文采为根本。今天让我们一起走进作家梁容若的《夏天里的成长》(板书课文题目),看看文章是怎样围绕中心意思来写的。

【设计意图】这一环节,以单元篇章页的人文主题——"以立意为宗,不以能文为本"为抓手,既明确了学习的要求,又为即将展开的学习建立概念框架,目的明确,彰显任务的驱动作用。

二、检查预习,理清脉络

1.课前预习课文,说说课文是围绕哪个中心意思写的?用波浪线画出。"夏天是万物迅速生长的季节"就是这篇文章的中心句,中心句以整个小节的形式出现在文章的开头,非常突出地点明了文章的中心,使读者一目了然。

2.作者围绕"夏天是万物迅速生长的季节"这一中心句具体写了哪些内容?默读课文,完成段落梳理(详见表1)。

表 1 段落梳理

段落	写了哪些事物	从哪方面写的
第 2 自然段		
第 3 自然段		
第 4 自然段		

师生交流。(板书:动植物生长 事物生长 人的成长)

(3)我们不难发现文章围绕"夏天是万物迅速生长的季节"这一中心句,从不同方面介绍。浏览第2~4自然段,思考构段方式有什么特点。

交流小结:每个自然段都有中心句。

▲生物从小到大,本来是天天长的,不过夏天的长是飞快的长,跳跃的长,活生生的看得见的长。

▲随着太阳威力的增加、温度的增加,什么都在生长。

▲人也是一样,要赶时候,赶热天,尽量地用力地长。

中心句出现的位置有所不同,有的在段首,有的在段中,有的在段尾。那么为什么要写中心句呢?

交流小结:中心句能够使文章中心更加明确,让读者一读就了然于胸。

【设计意图】在预习的基础上,对生字新词有重点地进行检查,既突破重难点,为理解内容奠定基础,又节约了教学时间。画出中心句,利用表格梳理内容,学习课文从不同方面来写的方法。

三、品读探究,领悟表达

1.学习第2自然段

请同学们自由读课文的第2自然段,找出作者描写生物在"夏天里飞快的长,跳跃的长,活生生的看得见的长"的句子。

▲你在豆棚瓜架上看绿蔓,一天可以长出几寸;

你到竹子林、高粱地里听声音,在叭叭的声响里,一夜可以多出半节。

▲昨天是苞蕾,今天是鲜花,明天就变成了小果实。

▲一块白石头,几天不见,就长满了苔藓;一片黄泥土,几天不见,就变成了草坪菜畦。

▲邻家的小猫小狗小鸡小鸭,个把月不过来,再见面,它已经有了妈妈的一半大。

(1)数一数,作者选择了几种生物写夏天的长是飞快的长?(十种)学生感知从不同方面和多个方面写才有说服力。

(2)自己读一读喜欢的句子,它们给你留下怎样的感觉?(炎热的夏日里生物都在使劲儿地生长。)

(3)作者为什么能够写得这么形象呢?

交流小结:都有表示时间的词语(一天 一夜 昨天 今天 明天 几天 个把月),都有表示成长程度的词语(几寸 半节 长满 一半大)。其方式:事物+时间+程度=印象。

小结:作者选取了具有代表性的事物,并抓住事物的特点,用上恰当的时间词和表程度的词语进行描写,来突出"快速生长"这个中心,给人留下了深刻的印象。

(4)小练笔:夏天还有哪些生物生长迅速?请你仿照课文中的句子说上一句。

【设计意图】在之前表格梳理内容的基础上,本环节通过找句子、数数量、探写法、小练笔等一系列简易操作,运用层层深入的方法,引导学生细致入微地体会怎样围绕中心意思从不同方面写,从而很好地完成了本堂课一开始提出的学习任务,巧妙地引导学生体会了阅读方法和写作奥秘。

2.学习第3、4自然段

课文还从哪些方面写了夏天里的成长? 我们来读第3、4自然段。

(1)比较第2、3自然段的内容。

第3自然段所写的事物跟第2自然段有什么不一样?

交流小结:第2自然段写的是动植物,第3自然段写的是更多的事物。第3自然段不仅涉及有生命的动植物,还有无生命的铁路、柏油路,它们在夏天也在长,可见作者观察敏锐;第3自然段比第2自然段选材范围广,层层递进。我们在写作的时候也可以学习这种方法。

(2)学习第4自然段

同学们,有生命的植物、动物和不具生命的山水、铁轨甚至马路在夏天里都在生长,说明夏天的确是万物迅速生长的时期,那么人也是一样的,也是在一天天地长大。人在夏天里的生长有什么特点呢? 请读一读文章的最后一个自然段。

出示:

▲人也是一样,要赶时候,赶热天,尽量地用力地长。

"热天"作者比喻人的什么时期?(指的是青少年时期。)

在这个好时期我们可以长点什么?(长知识、长身体、长本领、长能力……)

我们把句中的"人"改成"我",读句子,感受人也要努力成长。

①这一段是写人的成长,引用了两句农业谚语,有什么用意?(其一起铺垫作用,其二以物喻人。)

②理解本段的中心句。

小结：自然界的一切事物都在夏天里有力量地生长着，希望同学们能够在自己人生的夏天里同样有力量地生长，等到了秋天才会有好的收成。

【设计意图】通过比较、思考交流、角色代入等策略，继续引导学生体会文章紧扣中心意思，从不同方面描述，并层层递进来组织材料，把课文的中心表达得更全面、更充分、更深入。

四、梳理归纳，总结写法

这节课你学会了什么？（文章要围绕中心意思从不同方面写；运用多种表达方法，把中心意思生动、具体地写出来⋯⋯）

大家收获满满。我们要把这种写作方法迁移到自己的写作之中，学习紧紧围绕文章的中心，选取适合的材料进行谋篇布局，让我们的写作也在学习中成长。

【设计意图】有针对性地回顾、总结，不仅让学生把"围绕文章的中心意思写"的习作方法了然于胸，提升学生的习作水平，更是提出了新的学习任务，为下一次的学习增加动力。

【板书设计】

《夏天里的成长》板书设计如图 1 所示。

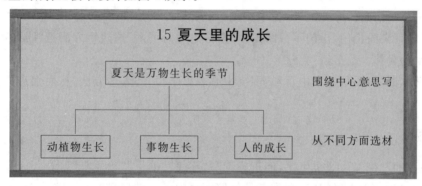

图 1 《夏天里的成长》板书设计

【设计意图】此板书分主板书和副板书。主板书让学生便捷地了解文章的结构，起到提纲挈领的作用。副板书凸显了文章的写作特点，也是要求学生掌握的语文素养。整个板书简洁明了，要点清晰。

悟盼之切　写情之真

——《盼》教学设计

【教材解读】

　　《盼》是本习作单元中的一篇精读课文。本文围绕"盼"字选取了四件不同的事情，又通过"我"的心理变化突出"盼"这一中心思想。文章篇幅虽然较长，但是所写的内容、选取的事例和小学生的生活接近，容易产生共鸣。特别是对于"我"的心理描写具体生动，形式多样。通过孩子丰富的内心，我们感受到一个孩子盼下雨天能穿上新雨衣的童真童趣。

　　课文在表达上很好地体现了本单元的语文要素：体会文章是怎样围绕中心意思来写；从不同的方面或选取不同的事例，表达中心意思。首先文题"盼"就明确了本课中心。其次围绕这一中心，作者以孩子的视角、第一人称的写法，选取了得到雨衣、盼穿雨衣、穿上雨衣这几件事把中心写清楚。除此之外，为了突出"盼穿雨衣"这一重要部分，作者又从"初得雨衣盼变天、下起雨来盼出门、出门不成盼雨停、雨停之后盼下雨"这四个方面把"盼"这一中心表达得更为生动具体。

　　在教学本课时，要从文本中学习"围绕中心意思来写"的表达方法，从而促进学生习作水平的提升。

【教学目标】

1. 会写"袖""篷"等13个生字，能正确读写"斗篷""袖子""遮盖"等词语。
2. 把握文章的中心思想，理解作者是如何围绕中心安排材料展开叙述的。
3. 通过圈画、朗读描写心理的句子，感受课文是如何把心理活动写具体、写生动的。
4. 迁移运用，能围绕一个意思，按事例梳理习作提纲，为单元习作打好基础。

【教学重点】

　　体会文章如何围绕"盼"这个中心意思，选取不同事例把它清晰地表达出来。

【教学难点】

　　体会作者通过人物的语言、动作和景物等来描写"盼"的心理活动。

【教学过程】

一、激趣导入，引出文题

1. 创设任务情境

六年级将开展一次"一字表心声"主题征文活动，要求大家选择生活中感受最深的一个汉字写一篇习作。让你感受最深的是哪一个汉字？理由有哪些？

2. 引出课文题目

著名作家铁凝给我们做了一个很好的示范。她选择了生活中感受最深的一个汉字"盼"作为题目（板书课文题目）。

作者围绕一个"盼"字，选取了哪些事例？又是怎样具体生动描写的呢？让我们一起走进《盼》这篇文章。

【设计意图】这一环节通过创设习作征文比赛的情境，引出课文题目，并提出了相应的阅读要求。学生明确学习任务，学起来会更积极主动。

二、整体感知，了解选材

默读课文，思考课文是通过哪些事情来写"盼"的，完成《语文作业本》第3题。

1. 检查字词

请看课后生字表，同桌互读，有念错的及时帮助正音。

出示第一组词语：嘟囔　窸窣　浸湿

读着读着，你发现这组词构词上有什么特点？（都是由两个相同部首的字组成的词语。）谁能根据部首来推测一下"嘟囔"的意思？（连续不断地小声自言自语，多表示不满。）根据部首推测词意，是一种不错的方法。

出示第二组：淡绿色的雨衣　透明的绿袖子　甜丝丝的雨点

读一读这组短语，想一想这与课文题目有什么关系。（作者对雨特别期待，有雨就可以穿淡绿色、有透明的绿袖子的雨衣，享受甜丝丝的雨点。）

2. 明确选材

浏览课文，课文围绕"盼"写了"我"的哪些表现？填一填思维导图（如图1所示）。

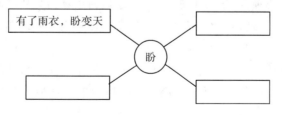

图1　思维导图

预设：第二件事情是下雨盼外出；第三件事情是没法出门盼雨停；第四件事情是盼来雨

天,快乐出门。

小结:课文围绕"盼",选取了四个不同的事例。这提示我们写文章的时候,应该紧扣中心,选取事例,这样才能突出中心意思。

【设计意图】本环节在学习字词的基础上,借助《语文作业本》,利用思维导图引导学生归纳四个事例,其目的是让学生了解作者选取适用的材料,来反映"盼"这一中心意思。

三、聚焦心理,体会表达

同学们,"盼"本义就是一种心理活动。本文在写作上最大的特点就是运用语言、动作、心理等多种描写,尤其是对人物的心理描写,来反映人物的内心世界。

1. 内心独白

课文哪些地方具体描写了"盼"这一心理活动?选出你认为最生动的两处,说说这样写的好处。

▲每天放学路上我都在想:太阳把天烤得这样干,还能长云彩吗?为什么我一有了雨衣,天气预报总是"晴"呢?

"我"的心里在想什么?作者是怎样来表达这一心理的?在边上写自己的感悟及好处,再读一读。

预设一:这一段心理描写既生动又有趣,非常具有孩子气,反映了儿童天真、可爱的特点。"我"为了能穿上新雨衣,便日夜盼望下雨,可老天偏偏和"我"作对。

预设二:作者责怪太阳和天气预报,一副蛮不讲理的样子,让人读来既感觉亲切,又觉得好笑。

这是作者的内心独白,充满童真的想法,充满对雨天的期待,从而把"盼"这一心理活动写具体了。我们试着把这种心理通过朗读表现出来。用同样的方法,小组交流课文中其他内心独白的句子。

小结:内心独白式的心理活动描写,形式丰富。比如用"想""觉得"直接点明;比如用"担心"这类表示心情的词语来提示;比如既没有直接点明心理活动的词语,也没有描写心情的词语,却在表达人物内心想法……作者就是运用形式多样的内心独白把"我"的不同心情串联起来,把"盼"这一心理活动写具体了。

2. 环境烘托

这篇文章除了"内心独白"描写十分成功外,还运用景物描写从侧面来表现人物心理。

▲路灯照着大雨冲刷过的马路,马路上像铺了一层明晃晃的玻璃;路灯照着路旁的小杨树,小杨树上像挂满了珍珠玛瑙。

(这一句运用比喻的修辞手法,把马路比作玻璃,把雨珠比作珍珠玛瑙,表达了作者盼望雨停的心愿达成后,内心由担心到放心、轻松的心情。)借助环境描写来衬托人物心情,同样突出人物内心的"盼"。

【设计意图】本环节着眼于课后练习题,巧设学习任务,聚焦学习重难点。依据课后练习题,细化出两个学习任务,以任务驱动学习,能调动学生的主观能动性和探索新知的欲望。

在学生思维火花的多次碰撞后,共同破译并归纳作者的"写法秘密"。学生有了写作的法宝,自然跃跃欲试。

四、迁移运用,内化提升

1.仿写练习

作者用心理活动直接描写蕾蕾"盼"穿雨衣的情感变化。你能试着用这方法写一写参加运动会 800 米比赛时的那份"紧张"吗?

运动会 800 米比赛马上要开始了,裁判举着发令枪准备发令的时候。我……

提示:把"紧张"具体化,可以从"裁判举着发令枪的样子,裁判举着发令枪时的表情,老师对每位运动员的眼神,联想老师的期待"等四个不同方面,来表现自己内心的紧张。

2.学生交流

小组间相互分享,推荐自己觉得最有意思的片段描写进行集体交流、集体评议。

小结:我们通过《盼》一课的学习,不仅知道了可以选取不同的事例表现中心意思,而且知道了通过对心理的直接描写和借景抒情,来为表达中心服务。这为今后的写作表达打造了一把金钥匙。

【设计意图】本环节通过情景写话,以达到巩固"对心理的直接描写和借景抒情"的表达方式的目的,做到活学活用,形成能力,为后续的习作打下良好的基础。

【板书设计】

《盼》板书设计如图 2 所示。

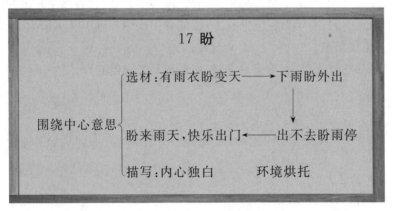

图 2 《盼》板书设计

【设计意图】本课板书紧扣文章中心内容,既通过提炼关键词句的方式呈现内容,又有习作方法的呈现,为学生如何围绕中心意思选材、学会构思起到推动作用。

交流得法　初试用法

——"交流平台"与"初试身手"教学设计

【教材解读】

本册的"交流平台"在《夏天里的成长》《盼》两篇精读课文学习的基础上,梳理并总结了"围绕中心意思写清楚"的两个要点:一是在选材时,要从不同的方面或者选取不同的事例来写;二是在表达时,要围绕中心意思,将重要的部分写得详细些。

"初试身手"安排了辨析和片段练习两项语言实践活动。第一部分是围绕"戏迷爷爷",提供了八件事例,判断哪些材料可以用来表达中心意思,旨在训练学生围绕中心选材的能力。第二部分提供了六个题目,让学生选择一两个题目,联系自己的生活实际进行材料的列举。文中出示的题目包含写人、记事、状物等不同方面的内容,提供多样性的选择,充分考虑不同学生的生活体验。学生在这一语言实践中,"明确中心—联系生活搜集素材—围绕中心选择材料—组织语言表达",形成围绕中心意思表达的能力,为习作练习打下基础。

【教学目标】

1.联系已学课文和"交流平台",梳理总结出"围绕中心意思"表达的具体方法。

2.结合本单元"初试身手",交流选材方法,能够围绕中心意思从不同方面或选择不同事例组织材料,并拟成提纲。

3.利用思维导图有逻辑、有重点地选材,展示成果并交流互评。

【教学重点】

明白"围绕中心意思"写的具体方法,能从不同方面或选取不同事例拟定提纲。

【教学难点】

多角度、有逻辑、有重点地选材。

【教学过程】

一、时事热词明"中心"

1.出示《咬文嚼字》编辑部公布的"2022 年十大流行语"(踔厉奋发、勇毅前行,中国式现代化,新赛道,雪糕刺客,天花板,沉浸式,大白,拿捏,精神内耗,烟火气)。

2.哪个词语吸引了你的注意?由这个词语你想到了什么?(学生自由表达)

3.由一个词联想到相关的人、事、物,那么,我们可以说这个词语就是要表达的中心意思。(板书:中心意思)

【设计意图】联系时政热点,从学生的兴趣点出发,用"热点词"激发学生交流表达。在学生汇报时,教师点评重点关注事件是否与主题贴切,为后面的选择精准事例埋下伏笔。

二、回顾梳理明"方法"

1."交流平台",梳理方法

请同学们仔细阅读"交流平台",找一找,围绕中心意思写的方法有哪些。"交流平台"如图1所示。

交流平台

> 　　中心意思确立后,怎样才能把这个意思表达得更全面、更充分呢?可以围绕中心意思,从不同的方面或者选取不同的事例来写。如,《夏天里的成长》为了表现夏天是万物生长的季节,就选择了各种各样的事物作为例子,让我们深深感受到了夏日的生机与活力。
>
> 　　在围绕一个意思表达时,要将重要部分写得详细些、具体些,才能给读者留下更深刻的印象。如,课文《盼》紧扣"盼"字,具体写了"我"放学路上惊喜地发现下雨了,兴冲冲地跑回家,想借买酱油的机会穿上新雨衣,却未能如愿……这些具体生动的描写,让我们对"盼"的心情感同身受。

图1 "交流平台"

预设一:写文章要先确立好中心意思。

预设二:从不同方面或者选取不同事例才能把中心意思表达得更全面、更充分。

预设三:围绕一个意思表达时,要将重要部分写得详细、具体。

小结:通过"交流平台",我们发现围绕中心意思,先要确定好中心,可以从不同方面或者选取不同事例来写,并且要把重要部分写具体详细。(板书:不同方面　不同事例　重要内容详细具体)

2.回顾课文,支架借力

(1)这个单元,我们一起学了两篇精读课文《夏天里的成长》和《盼》,它们是怎么围绕中心意思展开写的呢?师生合作完成思维导图(如图2所示)。

图2 思维导图

(2)请同学仔细品读下面的句子,说一说你有什么发现。

▲每天放学路上我都在想:太阳把天烤得这样干,还能长云彩吗?为什么我一有了雨

衣,天气预报就总是"晴"呢?

▲路上行人都加快了走路的速度,我却放慢了脚步,心想,雨点儿打在头上,才是世界上最美的事呢!

▲昨天是苞蕾,今天是鲜花,明天就变成了小果实。一块白石头,几天不见,就长满苔藓;一片黄泥地,几天不见,就变成了草坪菜畦。

根据学生交流小结:两篇课文都是围绕中心意思写的,《夏天里的成长》选取不同事物,从不同的方面生动说明"夏天是万物迅速生长的季节";《盼》围绕中心意思"盼"选取不同事例,作者详细具体描写了"我"得到雨衣后强烈盼望穿上的内心活动,突出中心意思。

(3)我们这一册中,很多课文也是围绕中心意思来写的(出示教材目录),你能举例说一说吗?

《竹节人》围绕"竹节人之趣",写了"如何制作""趣玩竹节人""老师趣玩"等事例。(老师引导学生提炼中心词:有趣)

《灯光》围绕"灯光",写了"天安门前璀璨之灯光""书上插图之灯光""战场上微弱之火光",表达了作者对革命烈士的缅怀与崇敬之情。(老师引导学生提炼中心词:崇敬)

小结:正如萧统所言,写文章以立意为宗。这些课文之所以给我们留下深刻的印象,是因为中心意思明确,围绕中心意思写,从而表达得更全面、更充分了。

【设计意图】阅读"交流平台",提炼梳理出表达中心意思的方法。回顾学过的课文,采用思维导图形式,引导学生清楚地明白"围绕中心意思"可以选择不同的事例和不同的方面来写。这一板块的设计给学生提供选材支架,将理论与实践相结合。

三、初试身手学"选材"

1.出示教材"初试身手"。

下面是一名同学围绕"戏迷爷爷"这个题目选的材料。请你判断一下,哪些材料可以用来表达中心意思,在后面的括号里打"√"。

①跑了几十里地去看戏。　　　　　　　　　　　　　　　　（　　　）

②常给我们讲故事。　　　　　　　　　　　　　　　　　　（　　　）

③在爷爷的倡导下,街道组织了业余戏班子。　　　　　　　（　　　）

④干活时会哼上两句流行歌曲。　　　　　　　　　　　　　（　　　）

⑤边炒菜边做戏曲里的动作,把菜炒煳了。　　　　　　　　（　　　）

⑥到文化馆拜师学戏。　　　　　　　　　　　　　　　　　（　　　）

⑦每天看书看到很晚。　　　　　　　　　　　　　　　　　（　　　）

⑧一看到戏曲表演就占着电视。　　　　　　　　　　　　　（　　　）

2.通过题目,明确中心意思"戏迷"。

3.请学生逐句判断,并说说理由。

4.①③⑤⑥⑧这么多的材料,你可以给它们分分类,试着用思维导图的形式写一写。

预设如图3所示。

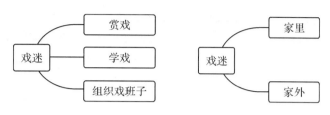

图3 预设

5.重要内容写详细具体。

围绕"戏迷",作者选取了五件事例,那每一件事我们都要进行描写吗?哪些重要部分我们可以描写得具体些呢?具体情况如图4所示。

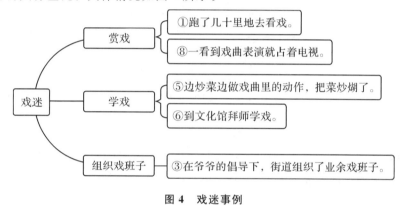

图4 戏迷事例

预设一:同一类的事例,我们可以进行筛选,比如和赏戏有关的有两件事,我们就可以选择一件事写清楚。

预设二:爷爷学戏时专注的神态、反复练习的动作,这些内容可以写具体详细些。

预设三:爷爷看戏时着迷的样子、情不自禁跟着哼唱可以写具体详细些。

总结:抓住题目中"戏迷"这个中心,选择与之联系紧密、能充分表达中心思想的材料,可以从不同的活动范围、不同的活动形式选择,能突出中心意思的内容要描写具体详细些。

【设计意图】这一板块主要训练学生甄别选择材料的能力。通过课文中的示例,完成选择,交流中明确选择材料以中心意为依据。根据思维导图,将所选择的材料进行分类,让学生明确"围绕中心意思"可以从多个角度选择材料,这样的选材内容更丰富,也更能突出中心意思。

四、围绕中心选"素材"

1.选择题目拟提纲

选择其中的一个题目,圈出中心词,想一想围绕中心词,可以从哪几个方面或者选择哪些事例来展开描写,用简洁的语言把事例写下来。

从下面的题目中选一两个,说说可以选择哪些事例或从哪些方面来写。

好斗的公鸡　　弟弟变了　　　　闲不住的奶奶
忙碌的早晨　　欢声笑语满校园　　那些温暖的时光

学生选好题目,确定中心意思,独立完成思维导图(如图 5 所示)。

我选的题目是＿＿＿＿＿＿＿＿＿＿

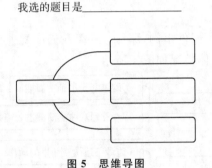

图 5　思维导图

2.选同一个题目归为一组,合作学习

(1)互相分享选材,围绕中心意思选材的打"√"。

(2)将小组内围绕中心的素材分类,并完成思维导图(如图 6 所示)。

预设:

我选的题目是＿＿＿＿闲不住的奶奶

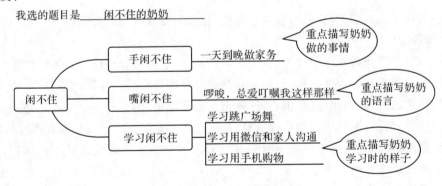

图 6　完成的思维导图示例

3.反馈交流

交流过程中关注学生是否围绕中心进行选材。

4.自主修改

请你对自己提纲中的材料进行调整,可以删去无关紧要的材料,也可以对材料进行补充。

【设计意图】学生自主选择题目,充分尊重其个人生活经验。合作学习,打开素材选择的思路。小组评价模式让学生经历"评价—反思"过程,为自主修改提纲材料做好铺垫。"写一评一改"的学习模式,让学生对"围绕中心意思"选择恰当材料有了更深入的认知,为后面的习作打下基础。

【板书设计】

"交流平台"与"初试身手"板书设计如图 7 所示。

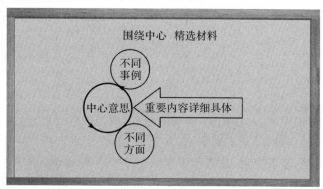

图7 "交流平台"与"初试身手"板书设计

【设计意图】板书的设计,明晰了上课的流程,明确了学习内容,将如何围绕中心意思表达的方法形象直观地展示给学生。

让"能文"和"立意"两翼齐飞

——《爸爸的计划》《小站》教学设计

【教材解读】

研读两篇例文可以发现,习作例文《爸爸的计划》围绕爸爸爱订计划这一中心意思,选取了订"日常计划"和"暑假计划"的典型事例,并把订"暑假计划"这一与"我"有关联的事例写得非常具体,详略得当,重点突出,让人印象深刻。习作例文《小站》的中心意思是"小",小站的"小"体现在列车停靠的时间上,体现在小站的建筑上,体现在小站的周围环境中,也体现在小站的运行模式上,作者从不同方面描述了小站的"小",让中心意思得到了全面、充分地表达。两篇习作例文一篇写人,一篇写景,为学生提供不同文体范例,学习围绕中心意思写的方法。

这两篇例文语言流畅质朴,接近学生的语言表达水平,表达方法却各有侧重。在教学过程中,要引导学生借助文中批注,将写作知识从抽象还原到具体——原来围绕中心意思可以从不同事例写,印象深刻的部分详写,其他内容略写;可以从正面和侧面进行描写,突出中心意思。

【教学目标】

1.通过对两篇例文的对比阅读,借助旁批了解作者是如何围绕中心意思写的。

2.明确作者是怎样围绕中心意思选择材料和角度把重点部分写具体的,并迁移运用到自己的习作之中。

3.尝试围绕一个意思选择不同的事例或从不同的方面写,将重要的部分写详细、写具体。

【教学重点】

通过例文对比阅读,了解围绕中心思想写的方法。

【教学难点】

尝试围绕一个意思选择不同的事例或从不同的方面写,将重要的部分写详细、写具体。

【教学过程】

一、勾连旧知,引入文题

1.同学们,在这个单元中,我们学习了表达中心的两种方式,分别是从不同方面表现中心和用不同事例表达中心。我们一起回顾一下。

交流反馈,导图(如图1所示)呈现。

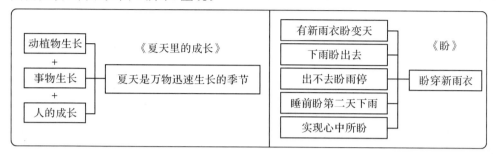

图1 导图

小结:题目中的"成长"和"盼"凸显了课文表达的中心;《夏天里的成长》从不同方面表达中心意思,《盼》选择具体的事例来突出中心。

2.今天我们还要继续学习"围绕中心意思写"的方法。请看习作例文,读课文题目,猜猜作者的中心思想是什么。出示课文题目,学生读课文题目。

《爸爸的计划》 《小站》

预设:《爸爸的计划》可能写爸爸制订了哪些计划,怎么执行计划等。《小站》可能写小站是怎么样的。

【设计意图】通过回顾本单元的两篇精读课文,以思维导图的形式出示直观的对比图,帮助学生进一步理解"围绕中心意思写"可以从不同方面来表达,也可以用不同事例来突出中心,对于学习例文,有潜移默化的效果。

二、对比阅读,探究异同

1.发现相同

同学们,课前我们与文本进行了对话,《爸爸的计划》和《小站》作为本单元的习作例文,与本单元学的两篇精读课文之间有哪些相同之处呢?请同学们再默读课文,说说你的发现(详见表1)。

预设一:它们都是围绕中心意思写的。

预设二:《夏天里的成长》和《小站》是从不同方面表达中心意思,《盼》和《爸爸的计划》都选择不同事例来突出中心。(板书:中心意思)

表1 习作梳理

习作题目	《爸爸的计划》	《小站》
主要内容	爸爸给大家订计划	列车停靠时间短
	爸爸严格执行计划	小站出入的人少
	爸爸给"我"订暑假计划	小站的环境温馨
中心思想	爸爸爱订计划	小站虽小,但给人温暖

小结:同学们都很善于阅读,善于发现,善于提炼。这两篇习作例文的重点是引导我们如何"围绕中心意思写",在精读课文的基础上又给我们提供了习作范例。

2.比较不同

观察表1,《爸爸的计划》和《小站》的不同之处又在哪里呢? 能给我们"能文""立意"带来哪些启发? 反馈交流。

(1)立意方式不同:《爸爸的计划》题目并非中心意思,而是写作的对象和内容。中心意思是表现爸爸爱订计划和一丝不苟地执行计划,并围绕这个中心意思选取了不同的事例展开。《小站》的中心意思就是"小",作者从不同方面描述了小站的"小",让中心意思得到了全面、充分地表达。

(2)叙述方法不同:《爸爸的计划》这篇例文通过罗列爸爸给每个人订的计划突出了爸爸爱订计划的特点,通过"比如""又如"连接了两个典型的事例突出"爸爸执行计划一丝不苟"。《小站》这篇例文借小站的设施与所见景象体现小站之"小"。"只有慢车才会停靠,一眼望去就只能看到车站的简单样子:一间小屋,几根木栅栏,三五个人影"等,都集中体现了小站的"小"。

小结:"围绕中心意思写"可以像《爸爸的计划》一样借助"一般性罗列+典型事例"的方式突出中心,事例越丰富,中心意思越明确。也可以像《小站》一样"多方面"突出中心,角度越广,中心意思越明显。无论是哪种方法,都要围绕中心意思选择合理的事例、角度。(板书:选材合理)

(3)主题思想不同:有计划的爸爸做事真的那么顺利流畅吗? 如此小的站就真的不如大站吗?

▲哪怕外面打雷下雨,雨水打湿了窗帘,打湿了写字台上他正在拟订的计划,他也是先关气窗再关门窗。

小结:爸爸太执着于他的计划了,即使计划给生活带来麻烦也严格执行。

▲小站虽小,但是该有的功能它一样也不少,也能给旅客们带来温暖。

小结:有计划就一定严格执行,即使有麻烦也要一丝不苟;站虽小功能却并不比大站差。看来,中心意思可以用明贬实褒或对比反衬的方法侧面突出。(板书:对比反衬)

【设计意图】此环节,引导学生通过对比两篇例文的表达特点,进一步感知"围绕中心意思写"可以多事例、多方面地正面叙述,也可以通过对比烘托等方法侧面突出,进一步开拓学生的习作思路。

三、小组合作,体会表达

1.小组合作:梳理批注与课文相应的内容,进行对照理解,说说两篇例文是如何在确定中心意思的基础上循序渐进突出中心的,具体情况如图2所示。

合作小贴士：

（一、二两组聚焦《爸爸的计划》）

①理：梳理例文中的事例。

②思：事例如何突出中心。

③议：组内展开交流汇报。

合作小贴士：

（三、四两组聚焦《小站》）

①画：画突出中心的词句。

②补：完成如下思维导图。

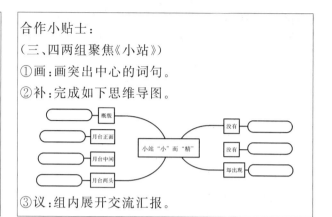

③议：组内展开交流汇报。

图 2　习作例文交流反馈

2.全班交流、汇报,体会例文在表达上的妙处。

预设一:《爸爸的计划》先选了"妈妈、外婆、我爸爸、自己"四人不同的计划,再选了爸爸严格执行家务计划和就寝的时间计划,最后用具体的语言、神态,重点描写了爸爸制订暑假计划的事,有详有略,突出中心。

预设二:从"只有慢车才停靠两三分钟""一间红瓦灰墙的小屋""几根木栅栏""三五个人影""小黑板""小小的喷水池"等词句中,我们体会到小站的小而精心。

预设三:《小站》一文中出现了多次"小"字,让我们感受到这个站确实很小,但最后两段不再写小站的"小",而是将"光秃秃的石头山与活泼的喷泉、灿烂的杏花"进行对比,突出小站温馨的特点,进一步突出小站小而精心的特点。

预设四:《小站》这篇例文在围绕中心意思写的时候先由月台前到月台中间,再到月台两头,最后写小站的全貌,有一定的顺序。

小结:《爸爸的计划》聚焦与自己相关的、感受最深的典型事例作为重点部分具体写,而次要的事例简单写、罗列写,详略得当。《小站》一文注重有序表达,并用对比的方式突出"小站虽小却给旅客带来温暖的春意"这一主题,提升了文章的立意,让文章的中心更新颖、更深刻。（板书:重点具体、有序表达）

【设计意图】通过品读两篇例文的语言,引导学生明确有详有略的写作方法——抓住典型事例写具体,与关系不大的事例简单写。而在选择从不同方面突出中心意思的习作实践中,注意有序表达。这一环节旨在引导学生在"立好意"的基础上,也能写好文。

四、学习迁移,巩固策略

1.出示病文

我的好朋友小丁

小丁是我的好朋友,他个子很高,双脚双手都很长,是我们班的篮球队员。

小丁特别乐于助人。有一次,轮到我值日,可是我突然肚子疼,他就主动帮我扫地,还陪我去了医务室。

小丁鬼点子特别多,是个创意大王。每次在美术课上,他都有许多新奇的作品,引得我和同学们羡慕不已。

小丁爱看课外书,是班级里的小博士。每次下课,他都安静地坐在位置上看书,即使旁边有人在吵闹,也无法对他产生任何影响。

小丁还是篮球高手,他的长手长脚在篮球运动中是最好的武器,每次学校举行年级篮球比赛,他都是年级MVP。

这就是我的好朋友小丁。

2.讨论交流

从"围绕中心意思写"这个角度分析,这篇文章有什么问题?

预设一:选择的事例太多,缺少中心意思,不够具体,无法给人留下深刻的印象。

预设二:用几件事写人,一定要围绕这个人的特点写,选择的事件都要有内在的联系,小丁鬼点子多,是个创意大王和爱看课外书,是班级的小博士,这两件事有内在联系,而主动帮"我"扫地和打篮球这两件事没有什么关系。

3.尝试选择一个中心改写

略

4.班级展读,评价

小结:围绕中心意思去写要注意从不同的方面或者选取不同的事例,将重要部分写详细、写具体。同时选择一定的顺序,有序表达,把不符合中心意思的内容删去。

【设计意图】采用修改病文的方式展开小练笔,通过运用将"围绕中心意思写"这一要素落到实处,加深印象,为后续的习作教学打好基础。

【板书设计】

习作例文板书设计如图3所示。

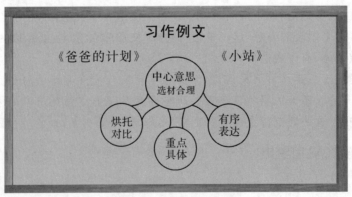

图3 习作例文板书设计

【设计意图】板书通过关键词的罗列,直观地帮助学生回顾本节课所习得的写作方法,清晰地将围绕中心意思表达的方法逐个展现出来,帮助学生立意、得法、成文。

选好材料 详写重点

——《围绕中心意思写》教学设计

【教材解读】

研读习作教材第一部分,以汉字的内涵引出话题,提示学生选择一个感受最深的汉字写一篇习作。教材提供了"甜""乐""泪""悔"等十二个汉字让学生选择,极其简练,但内涵非常丰富,能帮助学生拓宽选材思路。习作时,学生可以从教材中选择其中一个汉字,也可以根据自己的生活经验选择其他的汉字。可以写生活中发生过的事情,也可以写想象的故事。第二部分,教材提示学生完成习作的思路:第一,围绕选定汉字,想清楚自己要表达的中心意思;第二,用拟提纲的方式选择材料,从不同的方面或选择不同的事例来写;第三,写好后与同学交流,看看他能不能体会到你写的中心意思,进一步落实本单元的习作要素。

教材的编排紧扣单元习作重点,全过程指导学生掌握"围绕中心意思写"的基本方法,突破习作的重点和难点,力求让学生形成习作能力。

【教学目标】

1.根据生活感受选择汉字,确定中心意思。

2.围绕中心意思选择不同的方面或不同的事例组织材料,并拟成提纲,重要的部分写得详细、具体。

3.根据是否围绕中心意思、是否写具体,交流互评并修改习作。

【教学重点】

围绕中心意思从不同的方面或选择不同的事例来写。

【教学难点】

掌握将重点部分写详细、写具体。

【教学流程】

一、复习方法,明确写作过程

同学们,本次单元习作的主题是"围绕中心意思写"。精读课文、习作例文提供了优秀的借鉴,"交流平台"与"初试身手"总结了方法。(板书课文题目)

1.谁来说说"围绕中心意思写"的方法？

方法一：从不同方面或者选取不同的事例来更充分全面地表达中心意思。

方法二：重要部分写得详细、具体，才能给读者留下更深刻的印象。

2.本次单元习作又有什么要求呢？请看教材。（出示教材,如图1所示）

图1　习作页

请同学们自己默读,说说从中获取的信息。

根据学生交流,进行总结：

要求一：选择一个汉字。

要求二：拟定一个提纲。

要求三：围绕中心来写。

要求四：写后读读并修改。

（板书：选—拟—写—改。）

【设计意图】基于六年级同学已具备的学习能力,设计了此环节,既复习了习作方法,又明确了习作要素,简洁高效,靶向目标。

二、选择汉字,拟列提纲

1.首先我们要选择汉字,明确中心意思。教材给我们提供了不少汉字,看看你对哪个字的感受最深？当然也可以选择其他汉字。

预设一："悔",有一次听写测试,我没有认真准备,结果错了好几个,我真后悔。

预设二："甜",在运动会上,我跳高取得了第一名,我很开心,就像吃了蜜一样甜。

预设三："忙",妈妈整天都很忙,早上要为我做早饭,送我上学,再去上班,下班回来,还要做家务。

2.将你选择的印象最深的汉字,写在学习单中心的圆内,如图2所示。

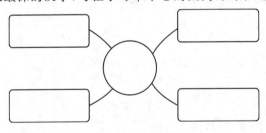

图2　学习单

3.为了能够更加全面充分地表达中心意思,需要从不同的方面或选择不同事例写。就像精读课文或习作例文一样。（课件出示课文提纲,如图3所示）

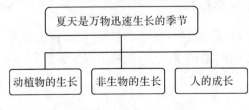

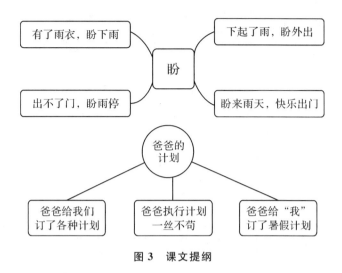

图 3　课文提纲

4.围绕你刚才写下的汉字,你准备从哪些方面或选择哪些事例来写呢?请将你的思考写在学习单上,形成习作提纲。

5.同桌交流评价:所选事例,是否与中心意思一致?是否丰富?给符合的事例打上√。如图 4 所示。

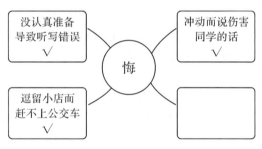

图 4　习作提纲

【设计意图】建立在学生生活经验的基础上,根据自己的感受选择汉字,确定中心意思,再借助已学课文提纲选择不同方面或事例,遵循习作过程,层层推进,拓展学生思路,达成选择丰富的材料列出提纲的目的。

三、书写重点,评改片段

1.围绕中心意思写还有一个重要的方法:重要部分写得详细些、具体些,才能给读者留下更深刻的印象。如何写得详细具体?请看下面的例子。出示语句:

▲路灯照着大雨冲刷过的马路,马路上像铺了一层明晃晃的玻璃;路灯照着路旁的小杨树,小杨树上像挂满了珍珠玛瑙。可雨点儿要是淋在淡绿色的雨衣上,那一定比珍珠玛瑙还好看。(环境、心理描写)

▲月台中间有一个小小的喷水池,显然是精心设计的。喷水池中间堆起一座小小的假山,假山上栽着一棵尺把高的小树。(景物描写、使用恰当的词语)

▲你在棚架上看瓜藤,一天可以长出几寸;你到竹子林、高粱地里听声音,在叭叭的声响

里,一夜可以多出半节。(列举事物、景物描写)

2.审视自己的提纲:哪些材料是重要部分,用五角星标注,并运用一定的方法把重要部分写详细具体。

3.根据标准,集体评改学生书写的重点片段。(出示评改表格,详见表1)

(比赛片段)大家目不转睛地盯着,气氛很紧张。有的肩膀一耸一耸,仿佛参加比赛的是他。有的咬紧牙关握紧拳头,生怕稍一放松就要输掉。这时不知是谁大喊一声:"加油!"顿时,教室里炸开了锅。"小陈必胜!""小杨必胜!"两名选手受到鼓舞,瞬间又充满了力量。小陈瞪大眼睛,脖子上的青筋暴出,向对方发起猛烈攻击。小杨见势不妙,头一偏,准备打小陈个措手不及。如果小杨此举成功,将一举秒杀对手,到时候,小陈可就无力回天了。

表1 评改表

评改项目	中心	具体	方法	等级	建议
自己评改	(是 否)围绕中心意思	(是 否)具体详细	___		
组内评改	(是 否)围绕中心意思	(是 否)具体详细	___		

4.小组成员之间互评片段。根据评改建议,学生修改自己的习作。

小结:围绕中心意思写是一种重要的写作本领。这节课,同学们在之前学习的基础上,复习巩固了方法,了解了习作过程,选择了表示中心意思的汉字,列提纲,写详细了重点片段。

【设计意图】温故而知新,学以致用。回顾并运用具体的方法,将重要部分写得详细生动,并通过集体评改、自我评改、组内评改,不断提高学生围绕中心意思写的能力。

【板书设计】

"围绕中心意思写"板书设计如图5所示。

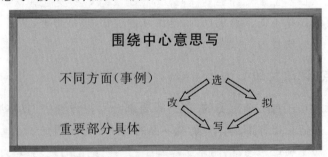

图5 "围绕中心意思写"板书设计

【设计意图】此板书,简明扼要地展示了"围绕中心意思写"的两个重要技法,完整展现了整个习作过程,有助于学生形成稳定的写作能力。

六年级下册

流泻于笔尖的真情

——习作单元解读

六下习作单元的人文主题是"让真情在笔尖流露",语文要素为"体会文章是怎样表达情感的"和"选择合适的内容写出真情实感",人文主题与语文要素高度契合,指向融情表达。如何更好地落实教材编排本册习作单元的意图,切实抓好习作能力要素的学习、训练,有效达成教学目标呢? 我们从以下三个方面去解读。

一、习作单元编排解析

1.定序:纵向梳理习作单元教学脉络

本单元是整个小学阶段的最后一个习作单元。在之前的写人、写事、写景、写物中融入自己的情感,让学生学习表达真情实感,这既是对小学阶段一以贯之的习作要素的总结,又是进一步强化,形成真情表达的能力。从中让学生进一步认识:情感是习作的灵魂,亦是将来习作表达的准则。教材习作单元编排,详见表1。

表1　教材习作单元编排

册次	课标要求	习作要素	能力要素
三年级上册	第二学段:观察周围世界,能不拘形式地写下自己的见闻、感受和想象	留心观察	观察
三年级下册		展开大胆的想象	想象
四年级上册		把一件事情写清楚	把事情写清楚
四年级下册		按一定的顺序写景物	按顺序写景物
五年级上册	第三学段:内容具体,感情真实	运用说明方法介绍一种事物	写说明性文章
五年级下册		学习描写人物的方法	描写人物
六年级上册		围绕中心意思写	围绕中心意思写
六年级下册		表达真情实感	表达真情实感

2.定位:横向归纳"融情表达"具体安排

分析本册六个单元的能力指向,不难发现,"习作单元"与"单元习作"有着高度的融合性。这一册教材中第一、四、六单元清晰地提出了"表达体验""心愿""情感"等要求。由此可见,第三单元的习作是从整体性、专题性的角度对"融情表达"进行显性化的指导,以引导学生学习语文更加关注表达,促进语文写作能力的提高。

对"融情表达"的能力训练编排,教材不单单与本册的单元习作融合关联,三到六年级的教材习作训练中都有渗透(详见表2)。正是有了前期的一系列练习,六年级下册进行统整性、专题性的提炼与强化,显得水到渠成。

表2　教材中的习作能力训练编排

册次	单元	训练要求
三年级上册	第七单元	《我有一个想法》:留心生活,把自己的想法记录下来
	第八单元	《那次玩得真高兴》:学写一件简单的事,表达出当时快乐的心情
三年级下册	第一单元	《我的植物朋友》:试着把观察和感受到的写清楚
	第四单元	《我做了一项小实验》:把小实验过程写清楚,还可以写一写做实验时的心情等
四年级上册	第六单元	《记一次游戏》:把游戏过程写清楚,还可以写写当时的心情
	第八单元	《我的心儿怦怦跳》:写一件事,能写出自己的感受
四年级下册	第一单元	《我的乐园》:写最喜欢的地方,表达自己快乐的感受
	第六单元	《我学会了_____》:按一定顺序把最有成就感的事情写清楚,再把学做这件事情的经历、体会和同学分享
五年级上册	第一单元	《我的心爱之物》:写自己的心爱之物,表达自己的喜爱之情
	第六单元	《我想对您说》:给父母写一封信,用恰当语言表达自己的看法和感受
五年级下册	第一单元	《那一刻,我长大了》:把事情的经过写清楚,重点部分写具体,记录当时的真实感受
	第二单元	《写读后感》:学写读后感,写出自己的感想,感想要真实、具体
	第四单元	《他___了》:尝试运用动作、语言、神态描写,表现人物内心
	第六单元	《神奇的探险之旅》:把事情发展变化的过程写具体,还能写出心情的变化
	第八单元	《漫画的启示》:写清楚漫画内容,写出自己的思考
六年级上册	第三单元	《让生活更美好》:写美好生活体验,试着表达自己的情感
	第八单元	《有你,真好》:通过具体事例写一个人,表达出自己的情感

综上可知,课标、教材对学生学习在习作中表达真情实感极为重视,那么编写者在习作单元板块的设计和文本的选择上又做了哪些安排?真正落实课程标准所提出的要求,让学生的习作水平和能力能够真正达到标准。

二、习作单元板块解析

1.篇章页解析

篇章页的左上角,直接点出了本单元主题——"让真情在笔尖流露"。这句话既告诉我们"表达真情实感"是核心要旨,将统领整个单元的学习,又引导学生"真真切切作文,实实在在做人"。篇章页的右下角,编者具体指出了语文要素"体会文章是怎样表达情感的",选择合适的内容写出真情实感。"体会作者是怎样表达情感的"中的"怎样"一词已经表明了在课文阅读的过程中要体会、学习作者是如何表达情感的写作方法。"选择合适的内容写出真情实感"是指向表达,把阅读中学习到的表达方法,运用到习作中去。通过聚焦习作单元的篇章页,我们可以迅速抓准单元教学的内核,设置契合要求的教学目标。

2.单元内容解析

(1)精读课文解析

本单元两篇精读课文情感的抒发既真切自然,又各具特色。《匆匆》是现代作家朱自清的一篇脍炙人口的散文。课文紧扣"匆匆"二字,具体细腻地刻画了时间的飞速流逝,表达了作者对"时光转瞬逝,弹指一挥间"的无奈和惋惜。《那个星期天》是史铁生的长篇小说《务虚笔记》的第四章《童年之门》中的一个小节。文章回忆了自己小时候因为妈妈答应带出去玩,结果等了一天,妈妈都没有兑现承诺的事情,展现了小孩子从兴奋期待到疑惑不解,再到焦急不安,最后极度失望委屈的心情变化过程。通过比较阅读,我们很容易就发现这两篇名家之作在情感表达方式上的不同:《匆匆》以成人的视角,运用了排比、比喻、拟人等多种修辞手法,以直接抒情为主;《那个星期天》以儿童的视角叙述,把感情融入具体的人、事、景物中,以间接抒情为主。教学中,充分利用课后的练习题,让学生真正从阅读中学习表达方式。

(2)"交流平台"与"初试身手"解析

本单元的"交流平台"总结出精读课文所学到的表达真情实感的方法。"我们把心里话直接写出来,抒发自己的情感",与《匆匆》相对应,直抒胸臆表达情感,为直接抒情。"有时,我们把情感融入具体的人、事或景物之中,在叙述的时候自然而然地流露情感",与《那个星期天》相对应,为间接抒情。"交流平台"再次向同学们展示了前面所学的表达情感的写作策略。

"初试身手"的定位是"初试"。教学时,可以先让学生读一读"初试身手"中提供的两个实例,明晰这两个例子表达情感的方法——把情感融入具体的人、事、景物之中。在此基础上,引导学生选择一两个生活情境,写出心情"好"与"不好"两个片段,尝试运用把情感融入景物之中的表达方法,这也是对前面学习成果的检验和迁移。

(3)习作例文解析

本单元安排了两篇习作例文:《别了,语文课》《阳光的两种用法》。这两篇例文都是记叙童年往事的范例,其教学功能更是直接指向习作,为学生的习作提供了方法、思路和模板,为完成单元习作服务。两篇例文从"插入独白""选择典型事例"等角度提醒学生,表达真情实感是有方法的。教学时,要以旁批和课后练习作为教学的重点,习作例文《阳光的两种用法》这一课第二处批注提到:"老阳儿"起到了贯穿全文情感脉络的作用。在教学中,可以让学生数一数"老阳儿"这一词出现的次数,有意识地引导学生探究"一词串全文"这种耳目一新、别出心裁的表达方式,适时鼓励学生大胆地在自己的习作中运用这种写法。

(4)习作解析

本次习作是叙事。对于六年级学生来说,写清事情的起因、经过、结果,已非难事,难的是如何让情感在叙事中自然表达,这也是本次习作指导的要点。教材安排两部分内容。第一部分创设写作的情境,提供两种不同情绪的词语,帮助学生打开写作思路。第二部分中,"印象深刻"是写作内容的要求,"自然表达真实情感和可写出情感的变化"是习作表达的要求,"同学交流"是交流分享要求。教学中,教师要给学生搭建习作支架,帮助学生提升习作水平。

三、习作单元教学思考

1. 方法支架,让学生"学"有抓手

(1)精读课文"习"法

习作单元中精读课文的教学目标直接指向表达方法。教师要深入剖析文本,帮助学生学习表达奥妙。比如在执教《匆匆》时,我们就可以紧扣抽象的时间、具象化的语句,去揣摩作者所传递出来的对时间"无奈、忧伤、遗憾"等情感,并通过表3的填写,让学生直观地了解作者表达情感的门道——直接抒情。

表3 直接抒情

例句	写了什么	强调什么	描述手法
句子一:燕子去了,……有再开的时候。	事物更替	时间一去不复返	排比
句子二:洗手的日子,……从我脚边飞去了。	生活场景	时间流逝之快	拟人 排比 反复
句子三:在默默里算着,……没有声音,也没有影子。	"我"的生活	时间无声无息离去	比喻

《那个星期天》又有哪些表达情感的方法呢?我们可以通过对课文重点句子的品读、批注,在自主探究中让学生发现作者"融情于人、融情于景、融情于事"的表达方法。

(2)习作例文"得"法

习作例文的教学定位是让学生进一步感知写法。本单元的"习作例文"是《别了,语文课》《阳光的两种用法》。对比精读课文,这两篇文章多了旁批。教学时,可以通过对指向性明确的批注的学习,让学生获得写作方法,借"例"促学,"例"尽其用。

2. 表达支架,让学生"练"有重点

教师在准确把握编排特点、文章体裁以及学生认知需要的基础上,可尝试阶梯式习作教学,将单元习作这一任务进行拆分,变成若干个练笔小任务,巧妙地安排在课文学习、作业练习中,每次聚焦一点,点点相连,铺展练笔链条。

(1)第一次练笔,练"直接抒情"

本单元第一篇精读课文《匆匆》就是很典型的"直接抒情"的范文。课上,结合课后习题"课文中有两处使用了一连串的问句,说说表达了作者怎样的内心感受,体会这样表达有什么好处"。引导学生关注第1、4自然段,指导学生整体地读这两个自然段,在品读交流中体会用连串问句表达的好处:畅快、直接,能紧紧吸引读者的目光,具有撼动人心的力量。

再引导学生练笔:根据下面的情境,运用一连串问句来表达当时的情感。

这次语文检测,我没有认真复习,考试时粗心大意,考砸了,望着卷子上鲜红的 75 分,我泪如雨下。_____

(2)第二次练笔,练"融情于事"

《那个星期天》一大特色在于通过具体事例表达情感。课堂中,可以先带领学生走进第 4 自然段,从四个具体事例"跳房子""看云彩走""拨弄蚁穴""看画报"感受"这段时光不好挨",读懂作者等待时越来越强烈的焦急心情。

再结合本单元的习作内容设计相应练笔环节:生活中,我们也会有高兴、伤心、生气等不同心情,那时的你会做什么事情呢? 能不能模仿作者的写法,用上一两个具体事例将当时的心情表达出来?

(3)第三次练笔,练"景随情动"

细读"初试身手"这个栏目提供的材料,不难发现,两个示例都写了"花儿""鸟儿",但作者对相同的景物却有着不一样的感受,这是由心情决定的。第一个示例作者的愿望得以实现,内心高兴,于是"花儿对我微笑,鸟儿欢唱"。第二个示例作者输掉了比赛,心情糟糕,于是"花儿耷拉着脑袋,鸟儿在讥笑我"。这就是"融情于景""景随情动"的写法。教学时,可引导学生结合自己的生活经验,比如放学路上,看到天上的云、路旁的树……当心情愉快时,你看到这些景色是怎样的? 当心情不好时,你对这些景色又会有什么样的感受? 在充分交流的基础上,教师设置小练笔,让学生实践将情感融入具体的人、事、景物,为后续的写作教学打下基础。

3. 学习支架,让学生"写"有方向

习作单元教学,教师要因学情而用,顺学情而导,真正发挥习作单元各板块的功能,让学生在感知具体写法中,练习尝试,自我建构,最终实现习作能力的提升。

(1)实现"生活"向"素材"的转化

教师要引导学生做到文章的真情表达,创设真实的任务情境。比如在设计"让真情自然流露"的教学时,我们可以考虑"小学生活即将结束"这一牵动学生情感的特殊时段,设置"制作成长记录册"这一真实情境,让他们去寻找校园生活中过往的美好,自然地抒发自己的真情,让学生自然而然地将小学生活中令人印象深刻的事转化为习作素材。

(2)促进"读文"与"习法"的融通

本次习作,如何引导学生在习作中自然表达自己的真情实感,是习作教学的重点,也是难点。细读板块,不难发现,习作与单元内的精读课文和习作例文紧密相关,后者为前者起到了示范指导的作用。教学中,我们借助精读课文和习作例文,明晰三"融"之法,引导学生或仿其形,或仿其神,或仿其意。"读文"中"习法",让学生在已有写事能力的基础上,更自然地用文字表达真情实感。

(3)落实"习得"向"分享"的推进

完成习作以后,通过同伴之间的分享交流,可以进一步明确表达情感的方法,让学生的习作能力得到巩固、提升与发展。

教师可以创设分享的情境:"在本单元学习过程中,我们通过对名家名篇的阅读,感受到了文章表达的真情实感,领会到文章情感抒发的精妙之处。接下来,我们将用文字留存的难忘时刻进行分享,让更多的人了解你的所思所想。"

教师还可对倾听者提出明确要求:指导倾听者有质量地听,分享者积极互动交流。"从哪里感受到了作者的情感?""情感有变化吗?""情感是怎样表达出来的?"带着这些思考,及时追问分享者,帮助分享者充实分享的内容。在分享时,如果发现有共性问题,教师可以引导学生再次切换到课文、例文中,以指导学生说得更生动、更精彩。

"习得"向"分享"的推进,帮助学生无形中把握了习作的要点,也提高了习作的水平,可谓一举两得。总而言之,分享交流,可以巩固写法,化知为能,加深印象。

直接抒情见真意

——《匆匆》教学设计

【教材解读】

《匆匆》是现代作家朱自清的一篇脍炙人口的散文。课文紧扣"匆匆"二字,具体细腻地刻画了时间的飞速流逝,表达了作者对"滔滔逝水,急急流年,时光转瞬逝,弹指一挥间"的无奈和惋惜,提醒我们:时光在不知不觉中溜走,要珍惜时间,勿虚度年华。

文章构思精巧,匠心独运,以叩问为纽带,联结全篇。运用排比、拟人、比喻等多种修辞手法,把看似虚无的时间转化成了具体可感的事物,让时间形象化。语言充满节奏美和旋律美,流畅轻灵,清新秀丽,富有浓郁的抒情之美,隽永悠远。

虽说六年级的学生对时间有一定的认识,但如此细腻地感知时间对学生来说有一定的难度,所以在教学过程中要强化与生活的联系,加强阅读实践,在读中品味语言、积累语言,在读中体会作者表达的感情,在读中领悟作者的表达方法。

【教学目标】

1.学会本课"藏""挪"等6个生字,正确读写"确乎""徘徊""赤裸裸"等11个词语。

2.通过表格梳理、领会写法等形式体会时间的匆匆。

3.研读关键句段,感受作者表达情感的方法。

4.仿照段落,表达自己对时光流逝的感情。

【教学重点】

抓住重点句段,体会作者对时光流逝的感受,体会文章表达方法上的特点。

【教学难点】

学习作者表达情感的方法,并进行迁移运用。

【教学过程】

第一课时

一、导入新课,激情趣

1.出示走动的钟面:说说你看到了什么,感受到什么。

交流小结:看到闹钟的分针、秒针不停地走。感受到时间一刻不停地流逝。

2.看到这个场景,你想起哪些关于时间的名言?

> ▲一寸光阴一寸金,寸金难买寸光阴。
>
> ▲少年易学老难成,一寸光阴不可轻。
>
> ▲莫等闲,白了少年头,空悲切。

3.导入新课:时间,对于我们每个人来说,都十分公平,不多一秒,也不少一秒,但每个人对它的情感、对它的感受却完全不一样,今天就让我们去了解中国现代散文家朱自清对时间的认识。(板书题目:匆匆)

4.作者简介:朱自清(1898—1948)原名自华,号秋实,后改名自清,字佩弦。我国著名的诗人和散文家。他的著作特色鲜明,影响很大,代表性文章有《荷塘月色》《背影》等。《匆匆》选自他的散文集《踪迹》。

【设计意图】通过看闹钟谈感受、回忆名句导入新课,调动学生对时间的认知,让学生感受时间的匆匆。介绍作者朱自清及相关背景,为学习课文、理解内容、体会情感奠定基础。

二、整体感知,明结构

1.课前,大家对课文进行了预习,许多同学觉得"蒸"难记住,下面我们先来看看"蒸"的汉字演变过程。指导书写:上下布局要紧凑,"蒸"的捺画舒展,四点底托上。

2.出示第一组:跨过 溜走 挪移 徘徊

这组词语在课文中具体描写时间过得匆匆。

3.出示第二组:头涔涔 泪潸潸 赤裸裸

这组词语通过"我"的表现写出了时间匆匆,让作者心中有些恍惚。

4.作者在《匆匆》中着重感叹什么?

出示句子:我们的日子为什么一去不复返呢?(板书:日子一去不复返)

学生感知:这句话出现了两次,分别出现在课文开头和结尾。首尾呼应,表达了作者对时光流逝的无奈和惋惜之情。

【设计意图】在奠定作者情感的基础上,通过词组分类和重点句子的学习,进一步理解课文内容和领会作者的感情基调,与下一步学习进行无缝衔接。

三、揣摩形象,悟情感

1.课文中哪些句子让我们既可以触摸到时间,又能表达作者对时光流逝的无奈和惋惜之情? 默读课文,画出相关的语句。

▲燕子去了,有再来的时候;杨柳枯了,有再青的时候;桃花谢了,有再开的时候。

▲洗手的时候,日子从水盆里过去;吃饭的时候,日子从饭碗里过去;默默时,便从凝然的双眼前过去;伸出手遮挽时,他又从遮挽着的手边过去;天黑时,我躺在床上,他便伶伶俐俐地从我身上跨过,从我脚边飞去了。

▲在默默里算着,八千多日子已经从我手中溜去,像针尖上一滴水滴在大海里……

▲过去的日子如轻烟,被微风吹散了;如薄雾,被初阳蒸融了。

2.聚焦第一句:燕子去了,有再来的时候;杨柳枯了,有再青的时候;桃花谢了,有再开的时候。

(1)句子中用了三组反义词"来—去 枯—青 谢—开"想告诉我们什么?(三种景物属于季节更替,都能重新再来。)起什么作用?(作者用自然界事物可以循环与时间作对比,引出日子一去不复返的特点。)

(2)我们把这段话换成诗歌来读一读。(读中感受排比的方法和对逝去日子的深深留恋。)

燕子去了,

有再来的时候;

杨柳枯了,

有再青的时候;

桃花谢了,

有再开的时候。

但是,聪明的,

你告诉我,

我们的日子为什么一去不复返呢?

3.出示:

▲洗手的时候,日子从水盆里过去;吃饭的时候,日子从饭碗里过去;默默时,便从凝然的双眼前过去;伸出手遮挽时,他又从遮挽着的手边过去;天黑时,我躺在床上,他便伶伶俐俐地从我身上跨过,从我脚边飞去了。

作者列举平常的生活场景"洗手 吃饭 默默时 睡觉时",想告诉我们什么?(时间在人们不经意间的生活中来去匆匆。)起什么作用?(作者把它放进具体的生活场景,让人感受到时间流逝犹如弹指一挥间。)指导朗读。

4.根据第一、二句的学习整理表格(详见表1),学习第三、四句,完成并交流。

表1 句子梳理

例句	写了什么	强调什么
句子一	季节更替	时间一去不复返
句子二	生活场景	时间流逝之快
句子三		
句子四		

5.学习了以上的句子,我们渐渐地发现《匆匆》一文的语言形式的最大秘密,在于把抽象的时间具象化了,把本来看不见、摸不着的时间写得形象可感。除此之外,还有什么秘招让作者写得如此感人?句子梳理完整表格(详见表2)。

表2　句子梳理完整表格

例句	写了什么	强调什么	修辞手法
句子一	季节更替	时间一去不复返	排比
句子二	生活场景	时间流逝之快	拟人、排比、反复
句子三	"我"的生活	时间无声无息离去	比喻
句子四	对时间的感觉	时间流逝无痕	比喻

作者运用拟人、比喻、排比、反复等修辞手法,让你感受到了什么?(富有真情实感,更让人体会到作者对时光流逝的无奈和惋惜。)我们再读一读,把这种情感通过我们的朗读表现出来。

【设计意图】这个教学环节是围绕课文的关键句,从对抽象的时间具象化的语句中,揣摩作者所传递出来的对时间流逝"无奈、忧伤、遗憾"等情感,并通过表格填写,摸索作者表达情感的门道。

四、理解迁移,促内化

1.通过这节课的学习,你对时间的流逝有什么感触?仿照课文第3自然段,用一段话把你的感触写下来。

交流,出示评价标准:(1)把抽象时间形象化;(2)把自己的用意、情意藏在话语中。

2.同学们,一节课就这样匆匆结束了,课文中两处使用了一连串的问句,它表达了作者怎样的内心感受呢?

【设计意图】对于六年级学生来说,仿写不仅仅止于写法,还在于开拓思维与丰富情感。通过小练笔,从读文延伸到了自己对时间的感触,懂得要珍惜时间,勿虚度年华,实现人文性和工具性的统一。

【板书设计】

《匆匆》板书设计如图1所示。

匆　匆

日子一去不复返

季节更替:燕子　杨柳　　桃花

生活场景:洗手　吃饭　默默时　睡觉时

"我"的生活:头涔涔　泪潸潸

对时间的感觉:如轻烟　如薄雾

珍惜时光

图1　《匆匆》板书设计

【设计意图】此板书突出了课文的重点,把摸不着的时间具象化,丰富了学生的情感,启发学生的思维,有助于体会作者表达感情的方法。

第二课时

一、复习回顾,明目标

同学们,这节课我们继续学习朱自清的散文《匆匆》,回顾上节课所学的内容,填写表格(详见表3)。

表3　《匆匆》梳理

时间	描写画面	运用的修辞	表达作者的心情
八千多日子			
	洗手、吃饭……		

作者运用比喻、排比、拟人等修辞手法,将抽象的时间形象化,并把自己的情感融入其中。《匆匆》这篇散文,除了上面这一写作特色外,还有一大特点,你们发现了吗? 问句特别多。连用一连串的问句,这样的写法又有什么好处? 这节课我们重点探究。(板书:连问句)

【设计意图】通过表格的形式,回顾上节课的内容,重点夯实表达情感的方法,然后直接跟学生交代本节课学习的重点,提醒学生有目的、有重点地学习,提高课堂效率。

二、感悟问句,破难点

浏览课文,数数课文中共出现了多少个问句? 主要分布在哪些段落? (共11个问句,分别在文章的第1自然段和第4自然段。)

聚焦第1自然段中的问句,出示:但是,聪明的,你告诉我,我们的日子为什么一去不复返呢? ——是有人偷了他们吧:那是谁? 又藏在何处呢? 是他们自己逃走了吧:现在又到了哪里?

这些连问的句子有什么特点? (不断追问,后一个问题几乎是前一个问题的答案,问得十分直接,表达出作者对时间匆匆的感受。)

他用这些问句表达怎样的一种情感? (作者对时光流逝感到疑惑、着急、怅然若失。)让我们把这些情感渗入句子,读出作者的疑惑、着急、怅然若失。

聚焦第4自然段中的问句,完成选择题。

作者反复追问,这样写的好处是(　　　)(填序号)

①表明作者很疑惑,不知道日子到底去哪里了。

②说明作者是一个刨根问底的人,很想知道这些问题的答案。

③吸引读者的目光,具有震撼人心的力量。

这11个问句中,你们对哪个问句特别感兴趣? 找出来,进行小组合作学习。

合作小贴士:1.确定研读之句
2.品表达之妙
3.读抒发之情

反馈示例:表达了作者为自己浪费的那八千多日子而感到惋惜,抒发了作为人不能甘心平庸地活着,不能虚度年华,要做出一番成就的思想感情,同时也告诉我们要珍惜时光,不能白走一趟。

合作小结:从11个问句中,你发现作者的情感产生了怎样的变化?(无奈到留恋、珍惜)文中一连串的问句像一条线,在全文中巧妙地起到了牵引情感的作用,层层紧扣,使得文章情感更加生动、立体,让读者更易于理解、共情。同时也教给我们表达情感的方法——直接抒情。(板书:直接抒情)

【设计意图】通过有策略、有导向的对问句的感悟,破解本课的阅读之难,学生进一步感受作者抒发情感的方法——直接抒情,同时也丰富了学生的阅读体验。

三、了解背景,知《匆匆》

1.朱自清是在怎样的社会背景下写《匆匆》的呢?请阅读下面的材料。

《匆匆》这篇散文写于1922年3月28日,当时作者朱自清已经24岁。"五四"运动时,朱自清为光明和新时代的到来而欢呼。"五四"高潮过后,由于旧的糟粕没有清除,新的社会蓝图又没形成,朱自清很想为国家做出贡献,但是他找不到方向,没有目标,于是陷入了思想苦闷中,徘徊于人生的十字路口。在犹豫、徘徊中,眼看宝贵的时光从身边白白地流逝,促动作者写下了这篇感人的散文。

你觉得作者写这篇文章是想表达一种什么情怀?(不甘心虚度年华,要有所作为。)

2.同学们,时光匆匆而逝,过去的已经过去,未来的时日,你将如何珍惜呢?

【设计意图】课末插入朱自清写此篇散文的社会背景介绍,不仅与文本教学水乳交融,而且引导学生走进文本深处,揣摩作者的情意,领会表达的艺术。

四、拓展延伸,懂惜时

当面对人生短暂、岁月匆匆,古往今来,许多文人墨客写下了不少珍惜时间、珍惜生命的名篇,告诫我们要珍视在自己身边流逝的分分秒秒。最后让我们一起朗诵《明日歌》。

明日歌

明日复明日,明日何其多。

我生待明日,万事成蹉跎。

世人若被明日累,春去秋来老将至。

朝看水东流,暮看日西坠。

百年明日能几何?请君听我明日歌。

同学们,时光老人不会因为谁而停止脚步,我们只有珍惜时间,才能把握生命中的每一天。课后可以摘录自己有感触的语句,让它时时刻刻提醒我们珍惜时光。板书:珍惜时光

【设计意图】课最后,让学生齐诵《明日歌》,让"珍惜时光"这一意念深深地扎根在学生脑海中,达到"课已结,意未尽"的良好效果。

【板书设计】

《匆匆》板书设计如图 2 所示。

图 2 《匆匆》板书设计

【设计意图】此板书虽简单,但浓缩了本节课的重点和难点,也可以说是人文性和工具性的完美统一,称得上简洁而不简单。

间接抒情也真诚

——《那个星期天》教学设计

【教材解读】

《那个星期天》是史铁生的长篇小说《务虚笔记》第四章《童年之门》中的一个小节,回忆了自己小时候妈妈答应带出去玩,结果等了一天,妈妈都没有兑现承诺的事情。文章展现了小孩子从兴奋期待到疑惑不解,再到焦急不安,最后极度失望委屈的心情变化过程。

《那个星期天》作为精读课文被编排在六年级下册习作单元,它所承担的功能,就是体会文章是怎样表达情感的。因此,本课教学重在引导学生从课文的字里行间,感受作者从满怀希望到失望透顶,直至彻底绝望的细腻情感变化,并利用课后题引导学生与《匆匆》一文进行比较,了解感情表达的异同,以实现《义务教育语文课程标准(2022 年版)》第三学段"阅读鉴赏"提出:"在阅读中揣摩文章的表达顺序,体会作者的思想感情,初步领悟文章基本的表达方法。"

【教学目标】

1. 学会"媚""蚁"等 13 个字,理解"蚁穴""翻箱倒柜""念叨"等 15 个词语。

2. 学习作者把情感融入具体的人、事或景物之中,在叙述时自然而然地流露情感的写作方法。

3. 比较《匆匆》和《那个星期天》在表达情感的方式上的相同点和不同点。

【教学重点】

学习作者在具体细致的表达中真实自然地表达内心感受的写作方法。

【教学难点】

比较《匆匆》和《那个星期天》在表达情感的方式上的相同点和不同点。

【教学过程】

一、检查预习,了解大意

1. 了解作者

课前大家根据预习单进行了预习,同桌之间交流作者史铁生的相关信息。

(课件出示史铁生简介)史铁生(1951—2010),中国作家、散文家,1951 年 1 月 4 日生于北京,初中毕业后于 1969 年到陕北延安地区插队,三年后因为双腿瘫痪回到北京。著有小说《务虚笔记》《我的遥远的清平潭》《命若琴弦》、散文《我与地坛》《合欢树》《病隙碎笔》等。

2.检查字词

把自己认为容易念错的生字与同桌进行交流。

请看下面两组词语,先自己轻声读读,然后说说你的发现。

第一组　焦急　兴奋　孤独　惆怅

第二组　念念叨叨　一声不吭　一动不动

第一组是表现人物感情的词语,第二组是表现"我"急切想出去玩的具体反应的词语。

3.了解大意

请快速浏览课文,把图 1 中母亲做的事和相对应的"我"的内心变化补充完整。

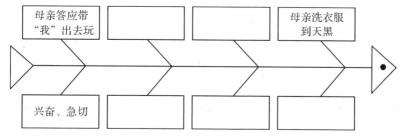

图 1 《那个星期天》内容梳理

借助思维导图说说课文的主要内容。(写了"我"在一个星期天里等待母亲带自己出去玩的经历,细腻生动地表现了主人公的心理变化过程。)

【设计意图】通过交流信息、词语分类学习和根据课文内容填写思维导图,一方面梳理文章行文顺序,另一方面了解"我"的心理变化,与本单元的学习要求紧密结合起来。

二、感受变化,体会表达

1.好的文章往往都流露着真情实感,读来令人动容。《那个星期天》一文也是同样的。作者是怎样让真情在纸上纵情地绽放的?大家先聚焦第一场景,读一读语句,从"我""盼"着母亲快点洗完衣服,就能够带"我"出去玩了,表达了"我"怎样的心情?(完成表格填写)

2.这种急切的心情作者是怎样反映出来的?写写批注。(这里结合对"我"的动作描写,加上详细、生动的心理描写,把"我"等待母亲的急切心情表现得恰到好处。)

这种将情感融入人的表达方法,我们可以概括为"融情于人"。(板书:融情于人)

指导朗读:让我们把自己的理解带入句子中来朗读,进一步感受作者当时心情的急切。

概括学法:提炼心情—感悟写法—发现方法,详见表 1。

表1　学法梳理

语句	心情	感悟	表达方法
我蹲在她身边,看着她洗。我一声不吭,盼着。我想我再不离开半步,再不把觉睡过头。我想衣服一洗完我马上拉起她就走,决不许她再耽搁	急切	这里结合对"我"的动作描写,加上详细、生动的心理描写,把"我"等待母亲的急切心情表现得恰到好处	融情于人
我现在还能感觉到那光线漫长而急遽的变化,孤独而惆怅的黄昏的到来,并且听得见母亲咔嚓咔嚓搓衣服的声音,那声音无休止就像时光的脚步			
我蹲在院子的地上,用树枝拨弄着一个蚁穴,爬着去找更多的蚁穴。院子里就我一个孩子,没人跟我玩			

3.学生按学法学习感悟表格中另外的语句。

示例:"我"现在还能感觉到那光线漫长而急遽的变化,孤独而惆怅的黄昏的到来,并且听得见母亲咔嚓咔嚓搓衣服的声音,那声音永无休止就像时光的脚步。

提炼心情——悲伤、失望

感悟写法——作者用"光线漫长而急遽的变化"表达了自己悲伤的心情,用"咔嚓咔嚓搓衣服的声音""永无休止"来反映当时作者的心情是失望的。

发现方法,相应板书——融情于景　融情于事

小结:课文中将情感融入具体的人、事或景物之中,这种间接抒情的方法细腻生动地表现了"我"的心情变化。

【设计意图】一切景语皆情语。学生通过对课文重点句子的品读,了解作者如何把情感融入具体的人、事或景物之中的写作方法,并知道抽象的心情附着于具体的人、事、景物上,能让人物的心情变得具体可感。

三、拓展练习,实践运用

王国维说:"以我观物,故物皆着我之色彩。"补充表格内容(详见表2),注意把情感融入具体的景物之中。

表2　补充内容

高兴(写太阳)	悲伤(写太阳)
温暖	
灿烂的光芒	
	嘲笑
从上面选择一种心情,用上相关内容,写几句话:	
_____	
_____	

【设计意图】学生模仿课文片段进行表达创作,把情感融入具体的景物之中,这也是本单元的习作要素,为后续的写作教学打下基础。

四、对比总结,提炼写法

《匆匆》和《那个星期天》都表达了作者真实的情感,这两篇课文在表达情感的方式上,有哪些相同点和不同点? 完成表3。

表3　梳理表达情感的方式

课文题目	表达情感的方式	
	相同点	不同点
《匆匆》		
《那个星期天》		

交流反馈并小结:《匆匆》和《那个星期天》都表达了作者真实的情感。在表达方式上的不同点是:《匆匆》是散文,以成人的视角,运用了排比、比喻、拟人等多种修辞手法,以直接抒情为主,兼有借景抒情和借日常小事抒情;《那个星期天》是记叙文,按照时间顺序,以儿童的视角,采用叙述的方式,主要是把感情融入具体的人、事、景中。(板书:直接抒情)

"感人心者,莫先乎情。"通过本单元这两篇精读课文的学习,用心体会两位作家是怎样表达真情实感的,并大致梳理出写作策略:直接抒情和借助其他物体间接抒情,让读写能力得到进一步提高。在今后的写作中,要学会根据内容选择合适的方式来表达自己的真情实感。

【设计意图】通过比较异同,学生明白情感表达,既可以直接抒情,也可以间接抒情,还可以运用把直接抒情与间接抒情相结合等多种方法,让表达更加丰满、更加生动。

【板书设计】

《那个星期天》板书设计如图2所示。

图2　《那个星期天》板书设计

【设计意图】此板书紧扣单元的要素,凸显习作单元教学的特色,浓缩了本课的写作特色,又揭示与《匆匆》不同的抒情方法,化抽象为直观,学生一目了然。

情以物迁　辞以情发

——"交流平台"与"初试身手"教学设计

【教材解读】

与具体有形的人、事、景、物比较,情感可以说是抽象无形的。如何让无形的情感从学生的笔尖畅快地流露,让读者自然地感受到呢?本习作单元的主题就是"让真情在笔尖流露",培养学生"体会文章是怎样表达情感的;选择合适的内容写出真情实感"的能力。

"交流平台"结合《匆匆》和《那个星期天》两篇精读课文,围绕"如何表达真情实感"展开交流,梳理、总结出"直接抒发自己的情感"和"把情感融入具体的人、事或景物之中"两种方法。"初试身手"目的是引导学生尝试运用上述方法表达自己的真情实感,是学生对本单元写作方法的初步运用。重点训练"借景抒情"。教材提供了两个示例。第一个示例是心情不同对身边事物的感受也会不同,通过对比赏析,生动诠释了"物随心转,境由心生"。第二个示例是让学生自由选择一两个情境,尝试写出"好"或"不好"两种心情,进一步感受"物随心转,境由心生"。

【教学目标】

1.结合课文,借助交流平台梳理并总结表达真情实感的方法。

2.学会抒发自己的真情实感。能选择一两个情境,就"好"与"不好"这两种心情,运用把情感融入景物中的方法分别写几句话。

【教学重难点】

能选择一两个情境,就心情"好"与"不好"这两种心情,运用把情感融入景物中的方法分别写话。

【教学过程】

一、解析名言,明确目标

1.南朝文学理论家刘勰曾经说过这样一句话(出示):岁有其物,物有其容;情以物迁,辞以情发。——南朝刘勰《文心雕龙》

2."读书百遍,其义自见。"谁来说说这句话的意思?(一年四季有不同的景物,不同的景物有不同的形貌;人的感情随着景物而变化,语言抒发出这些感情的变化。)

刘勰告诉我们写文章可以借助自然景物抒发自己的真情实感。(板书:真情实感)

【**设计意图**】以刘勰的名言导入,在学生理解其义的基础上,明白本堂课的学习目标:写文章可以借助自然景物抒发自己的真情实感。

二、回顾课文,总结方法

1.学习任务一

默读"交流平台"(如图 1 所示)的内容,思考:本单元的交流平台主要交流什么?

|交流平台|

"情以物迁,辞以情发"。写文章就像说话一样,要抒发自己的真实情感。

有时,我们把情感融入具体的人、事或景物之中,在叙述中自然而然地流露情感。如,《那个星期天》有一段叙述了"我"怎样"挨时光":"我踏着一块块方砖跳,跳房子,等母亲回来。我看着天看着云彩走,等母亲回来……"借助写"跳房子""看着云彩走"这些举动,真实自然地表达了"我"等待时"焦急又兴奋"的情感。

有时,我们也可以把心里想说的话直接写出来,抒发自己的情感。如《匆匆》第4自然段,作者用一连串的问句,表达了对时间飞逝的惋惜和感叹,很能打动读者,容易使读者产生相同的感受。

图 1 交流平台

交流小结:抒发自己的真情实感的方法既可以直接抒情也可以间接抒情。(板书:直接抒情　间接抒情)

2.通过前面两篇课文的学习,我们真真切切地感受到了作者的真情实感,请判断下面的语句分别运用了哪种抒情方法。

(1)过去的日子如轻烟,被微风吹散了;如薄雾,被初阳蒸融了。我留着些什么痕迹呢?我何曾留着像游丝样的痕迹呢?我赤裸裸来到这世界,转眼间也将赤裸裸的回去吧?但不能平的,为什么偏要白白走这一遭啊?(直接抒情)

小结:这段话作者运用比喻、反问等多种修辞手法,直接表达出对时间飞逝的惋惜和感叹。(板书:巧用修辞)

(2)我踏着一块块方砖跳,跳房子,等母亲回来。我看着天看着云彩走,等母亲回来,焦急又兴奋。我蹲在院子的地上,用树枝拨弄着一个蚁穴,爬着去找更多的蚁穴。院子里就我一个孩子,没人跟我玩。(间接抒情)

小结:作者叙述了跳方砖、跳房子、看着天、看着云、拨弄蚁穴等事情,细腻地间接表达了"我"等待母亲买菜回来时一个人焦急、孤独与无聊的心情。(板书:叙事表达)

(3)燕子去了,有再来的时候;杨柳枯了,有再青的时候;桃花谢了,有再开的时候。但是,聪明的,你告诉我,我们的日子为什么一去不复返呢?(间接抒情+直接抒情)

小结:选取大自然景物的荣枯告诉我们时间飞逝,生动地表达作者对时光逝去而无法挽留的无奈。(板书:景物描写)

总结:我们无论采用哪一种抒情方法,有时是直接表达,有时是借助事例,有时是借助景物,抒发的情感都要真实,让真情自然地在笔尖流露。

【设计意图】借助交流平台总结出抒发真情实感的方法,通过回顾课文加深了直接抒情和间接抒情的方法的感知,即巧用修辞、叙事表达、景物描写。这样层层深入引导,为初试身手奠定基础。

三、情境导向,渗入方法

1.学习任务二

我们都生活在一定的环境中,当心情不同时,对身边事物的感受也会有所不同。请浏览"初试身手"的例子,想一想在表达情感上有什么相同之处呢?"初试身手"如图2所示。

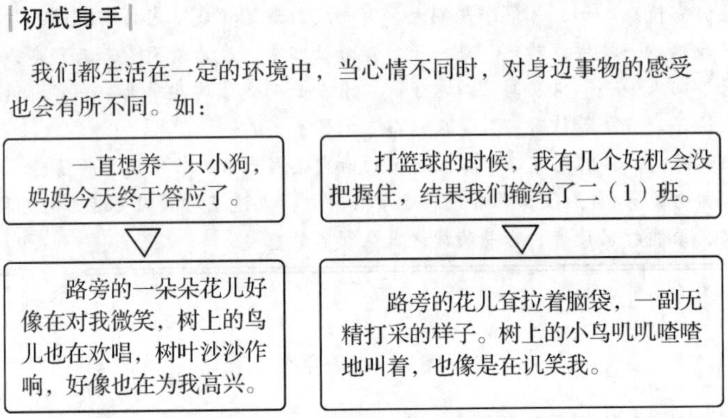

| 初试身手 |

我们都生活在一定的环境中,当心情不同时,对身边事物的感受也会有所不同。如:

图 2　初试身手

交流:其一,都是借景抒情,从"看到的景物""听到的景物"等方面表达感情;其二,都运用了拟人的修辞手法,比如"微笑""欢唱""无精打采""讥笑"等;其三,都表达出了自己的真情实感……

2.根据学生的交流,汇总梳理出表达真情实感的评价表(详见表1)。

表 1　评价表

评价内容	自评	组评
能感受到真情☆☆☆		
多角度借景抒情☆☆☆		
叙事抒情☆☆☆		
巧用修辞☆☆☆		

3.学习任务三

假设妈妈不同意"我"养狗,我们班的篮球赛赢了,该如何借景抒情呢?学习交流后发现只要把交流平台中两段景物描写的语段对调就可以表达各自的心情。

还可以选择哪些景物表达妈妈同意养狗的喜悦心情和篮球赛输了的难过心情呢?(学生自由交流)

小结:不同的心情下看同样的景物,感受会不一样。正如王国维在《人间词话》中所说: "有我之境,以我观物,故物我皆著我之色彩。"所以,我们可以把情感融入眼前的事物中,让事物做我们的情感代言人。

【设计意图】一切景语皆情语。此环节从发现抒情的相同点,互换心情借景表达,到畅想还有哪些景物可以抒发情感,都是帮助学生打开借景抒情的维度,吃透这一方法。汇总成评价表,让学生在借景抒情这一表达手法上有了依托。

四、学法迁移,运用方法

1. 明确任务

我们了解了借景抒情,现在来小试牛刀。请看图3。

从下面的情境中选择一两个,就心情"好"与"不好"这两种状态,分别写几句话。

| 走在小巷里 | 奔跑在田野上 | 弹琴 | 钓鱼 | …… |

图 3　写话练句

2. 学生按照学习任务清单,进行习作目标推进,详见表2。

表 2　任务目标和完成目标

任务目标	完成目标
选	选一个情境
绘	绘制素材导图
写	根据素材导图,组员各自尝试表达情感
改	根据评价表,组内自评、互评、修改

3. 分工完成

(1)选择一两个情境,就心情"好"与"不好"这两种状态,绘制如图4所示的素材导图。

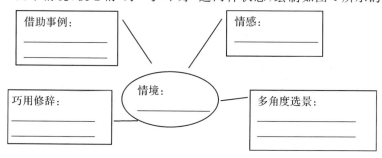

图 4　素材导图

(2)根据导图,每个学生独立写几句话。

(3)结合评价表,自主评价,小组评价并提出修改建议。

(4)根据修改意见,修改句段。

4.推荐展示

【设计意图】小组合作,任务清晰,分工协作,发挥团体的力量,让方法的运用落到实处,写有所得。好文不厌百回改,在自主评价、小组评价中让学生再次体会表达方法,并进行修改,写有提升。

五、总结回顾,升华主题

境由心生,物随心转。心之所向,境之所在。文章要写出真情实感,要巧妙地运用多种情感表达方法,注意描写人物所处环境中的景物,抓住景物的特征,增强描写的感染力,从而有力地突出人物的心境。正如刘勰所言:情以物迁,辞以情发。

【设计意图】课堂总结,首尾呼应,再次明确"情以物迁,辞以情发",复习表情达意的方法,特别注意对人物所处环境中的景物的描写,可以充分表现人物的心境。

【板书设计】

"交流平台"与"初试身手"板书设计如图5所示。

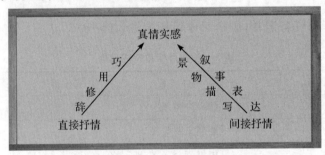

图5 "交流平台"与"初试身手"板书设计

【设计意图】此板书帮助学生明确本课的学习重点,清楚地展现了表达情感的两种基本方法,细致地展现了两种表达情感的具体方法,直观形象,有助于学生理解和运用。

笔尖下的情感我做主

——《别了,语文课》《阳光的两种用法》教学设计

【教材解读】

本单元安排了《别了,语文课》《阳光的两种用法》两篇习作例文。这两篇例文与前面两篇精读课文相比,内容浅显易懂,都围绕"如何表达出真情实感"展开。它起着对精读课文习得"表达自己的真情"的方法进行内化、巩固和提升的作用,为学生习作提供了范例。

《别了,语文课》关键让学生在读中体会"我"的情感变化;《阳光的两种用法》让学生体会作者塑造的充满智慧和爱的母亲形象。在教学时,教师要充分发挥例文旁批和课后练习的作用,学生从中受到启发,进一步积累表达范式,能在今后的习作中让真情在笔尖流露。

【教学目标】

1.了解两篇例文的内容,从中体会充满爱和感恩的情感。

2.通过例文和旁批,思考课后的问题,掌握两位作者表达真情实感的方法。

3.学习描写具体事物或人的写作方法,让真情流露于笔尖。

【教学重点】

指导阅读例文,掌握例文的描写方法,重点把握情感的表达。

【教学难点】

体会作者如何将自己对人、事、物的情感表达出来。

【教学过程】

一、引出例文,了解作者

好的文章往往都流露着真情实感,读来令人感动。我们从前面两篇精读课文《匆匆》《那个星期天》已经初步感受到这一点。《别了,语文课》《阳光的两种用法》这两篇习作例文又用了怎样的方法来表达自己的真情实感,让我们一起去探索。

对这两篇文章的作者,你有哪些了解?

《别了,语文课》的作者何紫(1938—1991),原名何送柏,广东顺德人。在澳门出生,幼年随母亲来香港定居,在香港接受教育,曾任教师三年,香港著名儿童文学家。

《阳光的两种用法》的作者肖复兴,1947年出生,中国著名作家,原籍河北沧州,1968年

到黑龙江生产建设兵团插队当知青。曾任《人民文学》杂志社副主编,国务院新闻办中国网专栏作家、专家。

【设计意图】以单元的语文要素为轴心,寥寥几句,既是对前面精读课文的回顾,又是对将要学习的两篇习作例文提出要求,学生心中有了明确的目标,变被动接受为主动探索,同时学生也了解了作者。

二、检查预习,了解内容

1.学习任务一

读两组词语,说说你发现了什么?试着围绕词语来说说两篇例文的主要内容。

胡思乱想　　　全神贯注　　　饶有兴趣
温暖的气息　　温暖的怀抱　　温暖的心

第一组词语来自哪一篇课文?结合课文说说从这些词语中你可以获得什么信息?(具体写"我"对语文课情感的变化:厌恶—喜爱—热泪盈眶。)

第二组来自哪一篇课文?从这些短语中你又了解到什么?(当年母亲和毕大妈利用阳光来温暖家人,表现了母亲和毕大妈的伟大。)

《别了,语文课》写作者开始对语文课"厌恶",后来因全家移民和张先生教导对语文课产生"喜爱"之情。

《阳光的两种用法》讲述母亲在冬天把阳光叠在被子里以及毕大妈在夏天把阳光煮在水里两件事,表达了对母亲和毕大妈这种"智慧和温暖的心"的赞颂。

2.学习任务二

(1)理清内容,完成思维导图(如图1所示)。

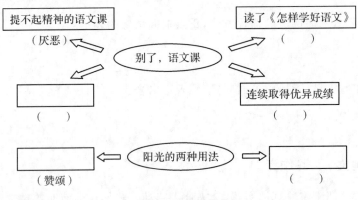

图1　思维导图

(2)反馈交流修改后的思维导图(如图2所示)。

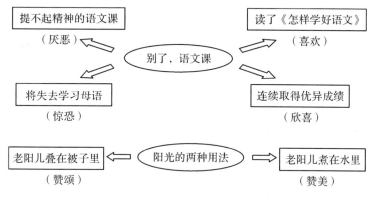

图 2 修改后的思维导图

【设计意图】此环节通过检查预习,引导学生借助词语,概括课文的主要内容,然后填写思维导图,了解具体实例及所表达的情感,为品文赏句作好铺垫。

三、对照旁批,比较异同

1. 旁批助学

学习任务三:习作例文与前面的精读课文比较,内容浅显易懂,而且有助学的功能——有旁批。这两篇例文共有五处旁批,分别起什么作用呢?

请找出与旁批相关的内容。

例文《别了,语文课》旁批从三个角度提示怎样表达真情实感:一是可以用具体事例表达情感;二是内心独白可以直接表达情感;三是要选择合适的材料表达情感。

例文《阳光的两种用法》旁批从两个角度提示怎样表达真情实感:一是通过具体的事例表达情感;二是可以围绕一条主线表达情感。

表达情感方法的异同,详见表1。

表 1 表达情感方法的异同

习作例文	表达情感的相同方法	表达情感的不同方法
《别了,语文课》		
《阳光的两种用法》		

交流:《别了,语文课》《阳光的两种用法》作者不一样,事例不一样,表达的情感不一样,但是在写作上有一个最主要的相同点,那就是都选用了恰当的事例。

《别了,语文课》还采用了内心独白,其好处:直接而强烈地表达了"我"懊悔、留恋的心情。《阳光的两种用法》另外采用了关键词贯穿全文,即作者反复提到的"老阳儿",起到了贯穿全文情感脉络的作用。其好处:贯穿文章情感脉络,表达了对阳光般温暖光明的母爱的赞美。

2.研读共学

学习任务四:选择其中一篇课文中的事例或细节,品一品作者是怎样把自己的真情自然流露的,然后小组内交流。

示例一:告别语文课

▲老师的留言,简单的一句留言,作者却刻骨铭心,激励他继续学习母语;师生送的礼物都非常特别,都与祖国的文字息息相关,进一步表达了作者热爱语文的情感。这仿佛告诉我们读者,他会一如既往地热爱语文、热爱祖国。读着读着,作者这种热爱语文的情感跃然纸上。

示例二:老阳儿在文中的作用

▲把老阳儿叠起来,把老阳儿煮在水里,阳光成了居家过日子的一把好手,老阳儿带给我们温暖与快乐。母亲这种智慧与温暖的心,尤其是在艰苦日子里磨炼出的一点儿本事,成为我们生命中不可或缺的老阳儿。母亲就是照亮和温暖我们生命的老阳儿,是我们所有幸福和感恩的来源。因此,更深一层老阳儿指的是人们在艰苦的生活中创造出智慧,渡过一个又一个难关。

【设计意图】引导学生对照批注提示,感受作者借助事例来表达自己的情感。在这基础上,进行个性化深度品读,有了如何表达自己的真情实感的认识,从中明白文章"不精不诚不能动人"的道理。

四、梳理内容,总结方法

通过这两篇习作例文的学习,我们不仅了解表达情感的方法,而且知道其中的好处,详见表2。

表2　表达情感的方法及好处

习作例文	表达情感的方法	好处
《别了,语文课》	用具体事例	自然、含蓄
	内心独白	直白、明了
《阳光的两种用法》	用具体事例	自然、含蓄
	线索贯穿	在不同人物、事件之间建立联系,使文章浑然一体,突出主题

作者表达的情感不一样,但都需要具体的事物或具体的事例来表达,再根据需要选用其他表达方法。相信同学们一定对在习作中怎样更好地表达自己的情感有了新的感悟。

【设计意图】俗话说"编筐编篓,全在收口"。课文总结在课堂教学中的地位不可低估。通过对例文表达情感方法的回顾,有效地促进学生对写作方法的深入了解,并能在写作过程中加以运用。

【板书设计】

习作例文板书设计如图 3 所示。

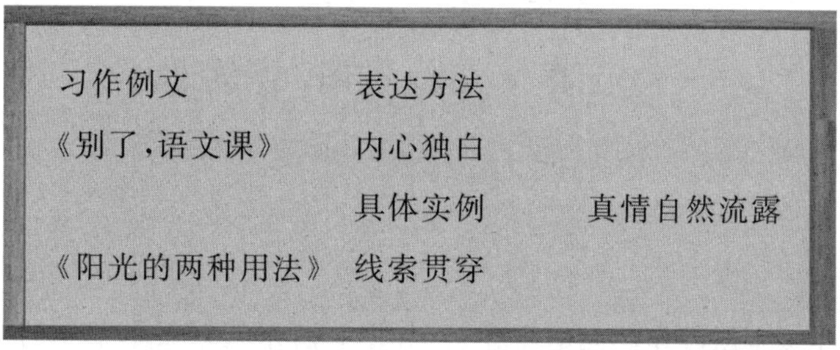

图 3 习作例文板书设计

【设计意图】板书是一种教学艺术,是师生双边活动的缩影,真实反映了教学过程。此板书紧扣这一单元的语文要素,重点突出,并让阅读与写作融为一体。

理清思路 真实表达

——《让真情自然流露》教学设计

【教材解读】

反复研读六年级下册习作单元的习作页（如图 1 所示），联系本单元的精读课文等其他学习内容，可以看出习作页包含着丰富的内容。

标题《让真情自然流露》中的关键词是“真情”和“自然”。正如“交流平台”所说的一样——情以物迁，辞以情发。写文章就像说话一样，要抒发自己的真实情感。“生活中经历的一切，都会带给我们各种各样的情感体验”。虽然“一切”的表述比较模糊，但也表明情感是伴随生活的经历自然产生的。可见，“能写简单的记实作文和想象作文，内容具体，感情真实”，这既是课标要求，也是表达的自然需要。

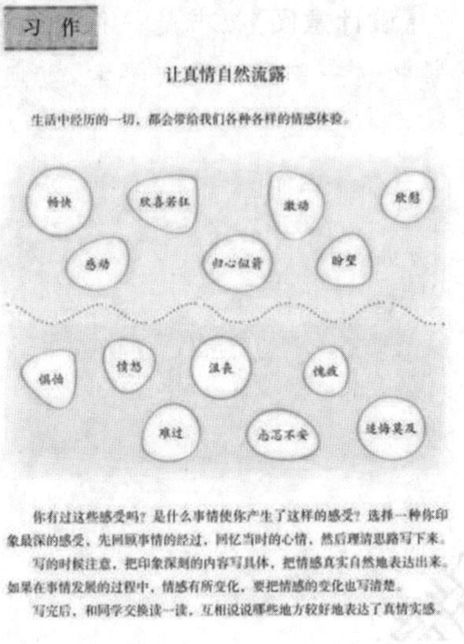
习作

让真情自然流露

生活中经历的一切，都会带给我们各种各样的情感体验。

你有过这些感受吗？是什么事情使你产生了这样的感受？选择一种你印象最深的感受，先回顾事情的经过，回忆当时的心情，然后理清思路写下来。

写的时候注意，把印象深刻的内容写具体，把情感真实自然地表达出来。如果在事情发展的过程中，情感有所变化，要把情感的变化也写清楚。

写完后，和同学交换读一读，互相说说哪些地方较好地表达了真情实感。

图 1　习作页

怎么写呢？要求是：选择一种印象最深的感受；先回顾事情的经过；回忆当时的心情；理清思路，把印象深刻的内容写具体；把情感真实自然地表达出来；如果有情感变化，把情感的变化自然表达出来。看似比较繁多的要求，却紧紧围绕“真情实感”：选材时，从“感受”入手；构思时，回顾事情的经过，注意回忆当时的“心情”；写作时，要写具体内容，尤其是“情感”或“情感变化”。“把情感真实自然地表达出来”贯穿习作的整个过程。

为保证习作的达成，习作前，提供了两组共 14 个双色词语，一组是积极的情感体验，另一组是消极的情感体验。这些词语旨在激活学生的情感体验，打开习作的思路。习作后，围绕“哪些地方较好地表达了真情实感”进行评改。

【教学目标】

1. 通过回顾生活经历，激发学生吐露内心情感的欲望。
2. 选择合适的内容，把感受最深的事写具体。
3. 通过习作例文支架，学生相互分享习作，根据同学意见适当修改习作。

【教学重点】

写具体印象深刻的内容,真实自然地表达情感。

【教学难点】

写清楚事情的经过及其伴随事情发展产生的情感延续或变化。

【教学过程】

一、创设情境,畅聊情感

(老师故意迟到进入教室)同学们,不好意思,老师迟到了,真是对不起大家,刚才有点事情耽误了,所以迟到了!很想了解一下,上课铃声之后,老师迟迟没有出现,同学们的心情是怎样的?(预设:焦急、期待、忐忑、兴奋……)老师终于出现在讲台上了,你的心情又是怎样的?(预设:安心、疑惑、高兴……)

同学们,其实生活就是由不计其数的这样的时刻组成的,每一个时刻都伴随着情感的产生。

预设:到了学校发现没有带书,心情是紧张和焦急的;向隔壁班的伙伴借到了书,心情是兴奋和感激的;与同学约定周六早上一起去骑车,心情是期待的……

的确是这样的,生活中经历的一切,都会带给我们各种各样的情感体验。把生活的经历清楚明白地写进作文中,在作文中让真情自然流露,是作文一个重要功能!(板书:让真情自然流露)

【设计意图】创设真实的情景,引发学生真实的情感体验,引导学生回顾生活的经历和情感体验,认识生活,激发情感,习作自然流露情感。此环节提高了学生对习作和情感的认知,克服写作的畏难心理,激发写作兴趣,紧扣本次习作重点。

二、借鉴例文,书写情感

1. 根据之前的畅聊,选择一次经历,写一个片段,注意流露出真实的情感。(板书:生活经历 真情流露)那到底怎么写出情感呢?本单元的课文就是极好的范例。(出示课文范例)

范例一:钟声响了,第一堂课是语文。以前我上语文课时总是懒洋洋提不起劲,奇怪,今天我翻开语文书,别有一番滋味,我的脑子也不再胡思乱想,全神贯注地听张先生授课。我为什么会忽然喜欢上语文课,觉得张先生每一句话都那么动听?这一堂课好像过得特别快,一下子就听到了下课钟声。(写法提示:在叙述事情中对比,用问句写出疑惑,表现喜欢上语文课。)

范例二:这段时光不好挨。我踏着一块块方砖跳,跳房子,等母亲回来。我看着天看着云彩走,等母亲回来,焦急又兴奋。(写法提示:在叙述事情中直接抒发等待的焦急又兴奋。)

范例三:我看着盆里的衣服和盆外的衣服,我看着太阳,看着光线,我一声不吭。看着盆里揉动的衣服和绽开的泡沫,我感觉到周围的光线渐渐暗下去,渐渐地凉下去沉郁下去,越来越远越来越缥缈,我一声不吭,忽然有点儿明白了。(写法提示:在描绘景物和自己的表现中流露渐渐失望之情。)

2.学生自读片段,选择学生全班交流。交流要点:写了什么事? 抒发了什么情感? 运用了什么方法抒发情感?

【设计意图】畅聊或多或少带着随意与宽松,书写不可或缺的是严谨与恰当,如何实现表达方式的转变? 课文是极好的例子。采用课文范例,为学生习作提供榜样式的帮助,让学生习作既有文可依,又降低了习作难度。片段习作是整篇习作的基础,在片段中运用的方法同样可以运用到整篇的习作中,所以此片段习作为整篇习作做了尝试,奠定了基础。

三、画心情图,再次书写

1.正如事情总有个过程,情感会随着事情的发展延续或变化。把事情的经过和情感的延续或变化画成曲线图(如图 2 所示),这是个有趣的事情。

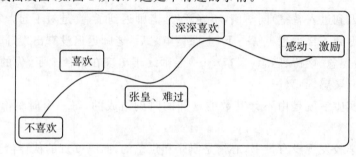

图 2 《别了,语文课》情感曲线图

2.请你也来给自己的生活经历和情感延续或变化画一画"情感曲线图"(如图 3 所示)。(板书:曲线)

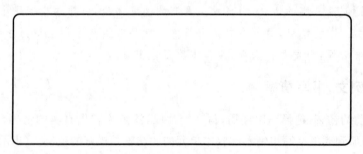

图 3 情感曲线图

3.小组交流"情感曲线图"。

组员轮流解释并推举全班交流的同学。交流解释要点:这儿的事情是什么? 情感是怎样的?

4.自拟题目,完成习作。

拟题的方法很多,比如,以直接抒情的方式拟题:《别了,语文课》;以点出关键时间的方式拟题:《那个星期天》;以概括事情的方式拟题:《阳光的两种用法》;以关键物品拟题:《腊八粥》;以地点拟题:《草原》《桥》……同学们,学着这些方法,根据畅聊内容和情感曲线图给自己的文章拟一个题目,完成习作。

【设计意图】画"情感曲线图",直观形象地展现了事情的发展过程中感情的延续或变化过程,引导学生进行习作的构思,培养学生习作中的线性思维,带动习作从片段到整篇的提升,并根据一定的方法拟定题目。

四、佳作欣赏,修改习作

1. 请优秀习作作者展示并朗读习作。同学观看、倾听、思考、交流:

(1)这篇文章哪些地方写出了当时的真情实感?

(2)运用了哪些方法来表达情感?

(3)选择了哪些合适的内容来抒发情感?

(4)还有什么值得改进的地方? 请提出合理的建议。

2. 请同桌互相欣赏,互相修改,给习作做批注。交流展示修改成果,示例如图4所示。

风雨中的父爱

父爱不一定会像茶水那样浓烈,但它会像静静的芳草一般,散发出缕缕清香;父爱不一定会像阳光那样耀眼,但它会在某个角落里淡淡发光;父爱不一定会像盾牌一样让我们不受一丝伤害,但它会像大树一样,张开双臂,默默承受风雨的击打。父爱真的如此伟大吗?

> 以排比句作为开头,凸显了父爱如芳草般散发清香,如大树般深沉的特点,它是那么低调而温暖。

天阴沉沉的,云被盖上了一层银灰色的薄纱。此时,正下着雨,雨点一个接一个地落下,落在树叶上,落在雨伞上,落在发黄的小草上。风,放肆地,猛烈地,刮过一条条街道,掠过一棵棵大树。伴随着风,不仅有汽车的鸣笛声,还有父亲那亲切的话语:"冷不冷? 躲到爸爸身后。"这温暖的话语犹如寒风中的一丝烛光。我习惯性地缩了缩身。由于忘带雨披,所以,我和父亲只能暴露在灰蒙蒙的天空下、凛冽的寒风中。

> 恶劣的天气与父亲温暖的话语形成鲜明对比。父亲质朴的语言中都是满满的关爱。

我紧皱着眉头,望着路旁摇动的大树,倾听着雨落在路面上的声音,感受着脸上密密麻麻的雨点。我继续皱着眉,担忧地望着父亲:"爸爸,你冷不冷?""冷? 你是不是在开玩笑?"父亲回头瞟了我一眼,"就这么点雨,一点儿也不冷! 你冷不冷,来,再坐前面一点!"

也许我太天真了,也许是我太信任父亲了,我竟相信了他的话。冷风呼呼地吹着,放肆地舔着我的脸颊。我靠着父亲温暖的、厚实的背,心里别提多高兴:我有这么一个强壮的父亲! 真好!

路边的风景突然静止了。到学校了。我下了车,却看见了这么一幕:父亲的脸上留着许许多多的水滴,但他仍亲切地对着我微笑,脸上的一条条或深或浅的皱纹,怎么也掩饰不了岁月的痕迹。他的衣服也湿透,紧紧地贴在身上……

> 对父亲的外貌描写刻画传神,一个"言行不一"却关心孩子的父亲形象跃然纸上。

进校门的路上,我回头望着父亲,那个身影在风雨中越来越小。不久,晶莹的水珠遮住了我的双眼,不知是雨还是泪。远处,父亲也越来越模糊……

图4 习作批注示例

【设计意图】文章三分写七分改。通过集中评改和同桌互相评改,采用写批注的方式,欣赏习作中优秀的部分,激励学生,鼓励学生习作的积极性,发现需要修改之处,促进学生在写作中多读、多思、多改,在修改中提高写作水平。

【板书设计】

习作教学板书设计如图 5 所示。

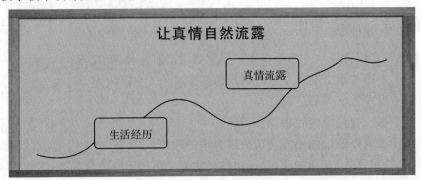

图 5 习作教学板书设计

【设计意图】本板书突出了本次习作的重点：写具体生活经历和表达出真情实感，而且生动地体现了情感的变化过程，简洁明确，有助于学生把握。